王彩平◎著

突破危机

政府如何有效沟通

图书在版编目（CIP）数据

突破危机：政府如何有效沟通/王彩平著.—北京：国家行政学院出版社，2016.5

ISBN 978-7-5150-1797-6

Ⅰ.①突… Ⅱ.①王… Ⅲ.①突发事件-传播媒介-研究-中国 Ⅳ.①G206.2

中国版本图书馆CIP数据核字（2016）第109970号

书　　名	突破危机——政府如何有效沟通
作　　者	王彩平
责任编辑	陈　科　张翠侠
出版发行	国家行政学院出版社 （北京市海淀区长春桥路6号　100089） （010）68920640　68929037 http：//cbs.nsa.gov.cn
编 辑 部	（010）68928764　68922648
印　　刷	北京佳顺印务有限公司
版　　次	2016年5月北京第1版
印　　次	2017年9月北京第3次印刷
开　　本	787毫米×1092毫米　16开
印　　张	16
字　　数	223千字
书　　号	ISBN 978-7-5150-1797-6
定　　价	38.00元

本书如有印装质量问题，可随时调换。联系电话：（010）68929022

前言

2015年，是一个多事之秋，这一年里，发生了很多大事，从2015元旦之夜的上海陈毅广场踩踏事件开始，到6月2日长江游轮“东方之星”在湖北监利翻沉，从8月12日天津港瑞海公司危化品仓库爆炸，到年底深圳光明新区受纳场发生“12·20”滑坡事件，都对中国政府的应急管理工作提出了巨大的挑战。事实上，无论是自然灾害，还是事故灾难，突发事件发生，基本上就意味着悲剧的来临，但能不能很好地应对，则体现了政府的公共管理水平和应急处置能力。

恩格斯曾经说过：没有哪一次巨大的历史灾难不是以历史的进步为补偿的。2013年2月1日，时任国务院总理温家宝同志在《求是》杂志上发表文章，他指出，“‘非典’疫情以及由此引发的我们治国理政理念的转变和一系列重大经济社会政策的调整，无论是对我国经济社会发展来说，还是对政府改革和建设来说，都是一件具有标志性意义的大事。”“非典”不仅推动了中国突发公共卫生事件整套机制的建立，而且推动中国政府建立完善了应急管理的“一案三制”（“一案”指应急预案、“三制”指体制、机制和法制）体系，同时，《政府信息公开条例》等一系列法律法规文件的出台以及三级新闻发言人制度的建立，使中国政府的信息公开工作也打开了新局面。

回顾2015年发生的这几起事件的危机沟通情况，其中不乏有一些很好的做法，得到了社会舆论的充分肯定，但也存在很多问题。尤其是毗邻首都北京的直辖市天津，在发生了“8·12”天津港瑞海公司危化品仓库爆炸这样的恶性事故之后，政府在新闻发布中暴露出了种种应对不当或失措问题，令人难以置信，引起了社会的广泛评议。

“8·12”事件同样引起了中央领导的高度重视，事故发生后，国务院领导马上指示国家行政学院临时举办一个省部级领导干部培训班，培训的主要内容就是重特大安全生产事故的应急处置和舆情应对，旨在提高省部级领导干部和各级政府突发事件应急处置和舆论引导的能力。2016年年初，中办、国办联合印发《关于全面推进政务公开工作的意见》，要求加强突发事件、公共安全、重大疫情等信息发布，规定负责处置的地方和部门是信息发布第一责任人，遇有重大突发事件、重要社会关切等，主要负责人要当好“第一新闻发言人”，带头接受媒体采访，表明立场态度，发出权威声音。

不难看出，提高政府在突发事件中的危机沟通能力，永远都在路上。这是一句老话，但绝不是陈词滥调。危机沟通是个系统工程：第一，需要有完善的制度体系作为支撑，但从目前的情况来看，相关法律的制定，制度的完善，都还有很多不足之处，法律法规制度与现实的不适应不时体现出来；第二，危机沟通需要整个政府体系良好的协调与配合，在这方面，科层制先天性的结构缺陷、部门之间的信息孤岛等，都严重制约着危机沟通工作的顺利进行；第三，危机沟通的具体执行者是各级政府官员，对于一个在“沉默是金”的传统文化环境中成长起来的官员来说，当突然被抛入一个开放的媒介环境，甚至要直接面对境外媒体记者的时候，无论是在思想认识方面，还是在素质能力方面，都还存在着很大的提升空间。因此，我们必须清楚地认识到，做好危机沟通工作，其实是水滴石穿，非一日之功也。

正因为如此，在理论研究领域，危机沟通也是一个系统而庞杂的工程，涉猎的领域很广，包括政治学、公共管理学、新闻传播学、社会心理学，等等。对这一主题进行研究，既需要构建宏观的理论框架，也需要给出具体的行为建议，研究的难度可想而知。近年来，与危机沟通主题相关的研究文献逐渐多了起来，但综观这些研究，其关注的重点往往不相一致，有的侧重于政府管理，有的侧重于危机公关，有的则侧重于舆论引导，很难一以贯之。因此，当笔者试图在更广泛的范围内展开相关研究时，深感力所不逮，所以，本书权且作为一个引子抛出，以期今后进一步探究完善，是为记。

目录

第一部分

挑战篇

目前，我国正处在经济转轨与社会转型的特殊时期，各类矛盾与问题凸显，由此引发的各类突发事件多发频发，同时，随着技术的发展，市场经济的深化和政府职能的转变，政府所处的舆论监督环境也发生了深刻的变化，从而使政府在突发事件舆论引导以及危机沟通等方面面临着前所未有的新挑战。

挑战之一：政府与媒体的关系变化了

新中国成立以来，我国的各级媒体都是党和政府的宣传工具，在管理上被纳入国家行政系统组织内，是行政拨款的事业单位，接受各级党委政府的管理。但是，改革开放以来，政府与媒体之间的关系越来越复杂化，政府不能再以上级的姿态，以行政领导的方式来管理媒体，这就使得在突发事件发生后，政府与媒体之间形成了一种博弈关系，能不能处理好与媒体的关系，成为政府有效应对突发事件的关键因素之一。

目前，在突发事件发生后，参与报道的新闻媒体主要有中央媒体、地方媒体、市场化媒体和境外媒体四大类，从管理的视角来看，在这四大类媒体中，除了地方媒体之外，其他三类媒体都不可以再沿用过去行政管理的方式来进行管理。

以天津市滨海新区“8·12”危险品仓库爆炸事故为例。

2015年8月13日下午3时许，河北一家化工企业的老板带着一群技术人员急匆匆地赶到天津港，并且找到了公安部“8·12”特别重大火灾爆炸事故现场指挥部。他们告诉指挥部工作人员，自己公司还有

700吨的氰化钠在发生爆炸的瑞海国际物流有限公司的仓库里。①

这是一个随时都能点燃公众情绪炸点的信息，要不要向社会发布这个信息呢？在天津港爆炸事故发生后举办的一期省部级领导干部培训班上，笔者对原始信息略作处理后在课堂上提出了这个问题：

一次危化品爆炸事故发生后，指挥部接到报告，仓库里还有700吨氰化钠。这个时候，关于是否公布这一事实有两种意见。一种意见认为必须公布，必须满足公众的知情权。另一种意见认为，氰化钠已经在控制范围内，讲了反而会带来不必要的恐慌，关键是看我们的处置效果，完全没必要公布。遇到这样的问题，假定你是决策者，会向社会公布吗？

从互动情况来看，学员更倾向于支持第二种意见。关于这一点，在座的专家也支持这一观点，认为当知情权与其他公共安全权利发生冲突的时候，恐怕还是要让位知情权。但是，在当今的媒体格局下，是否发布这一信息并不单单取决于政府的主观愿望，在这个事件中，《新京报》率先将这一消息进行了报道：

天津消防指挥部：爆炸物主要为硝酸类化学品

新京报快讯（记者涂重航）今天下午5点，发生爆炸的瑞海国际物流有限公司相关负责人表示，昨晚他在睡觉时听到爆炸声，平时都住在货场的他，立即让人报警。正在现场协助救援的他强调，事故发生时先爆炸后起火。

据现场消防指挥部消息，当时发生爆炸的地点存放着硝酸钾、硝酸钠等硝酸盐物质。这些固体氧化剂遇热、碰撞都容易爆炸。目前此处已被炸成一个大坑。

记者现场了解到，目前已检出液碱、碘化氢、硫氢化钠、硫化钠等4种物质。另据厂家前来反映，出事货场目前还存放至少700多吨氰化钠，这些剧毒化学物分别装在木箱和铁桶中。50公斤一桶存放在集装箱里。

---

① 刘伊曼，刘旭，刘彤丹：《天津爆炸企业氰化钠暂存量或超70倍涉严重违规》，《南方都市报》，2015年8月15日。

目前消防救援正全力处置氰化钠，已准备15%的双氧水，准备将它们拉走，但据现场检测，下水沟里已检出氰化钠，说明已经泄漏。

据了解，出事货场“瑞海国际”是天津港口三个可存放化学物品的货场之一，另外两个分属中化集团。①

这条消息引起了轩然大波，但这显然并不是政府愿意看到的结果。那么，《新京报》为什么要报道这则消息呢？

首先，不同于新华社、《人民日报》等中央媒体，《新京报》等市场化媒体的生存来源不是财政拨款，而是市场运作收入，其中主要经济收益是广告，而广告商是否愿意在市场化媒体上投放广告，取决于报纸（市场化媒体）报道的内容是否具有足够的吸引力，报纸本身是否具有足够的影响力，影响力越大，广告就越多，报纸才能经营得越好，因此，哪怕是为了基本的生存需要，市场化媒体也必须努力挖掘爆炸性的新闻线索，力争树立自己个性化的品牌形象。

其次，在如今的媒介格局中，市场化媒体及其从业人员或多或少带有一种道德优越感，在他们看来，无论是中央媒体也好，行业媒体也罢，由于天然地携带着宣传工具的功能，在报道内容上受到官方的诸多限制，并不能算是真正的媒体，只有市场化媒体才具有社会公器的职能，才能真正从公众利益而不是某个政治或经济利益集团出发去报道新闻，才能真正体现新闻的专业性。新闻专业主义是西方的一种新闻理论，与“喉舌论”不同，新闻专业主义更加强调报道的客观公正性，是西方新闻工作者恪守的最主要的新闻职业规范，也是市场化媒体选择判断新闻的基本标准。

再次，长期以来，中国各级政府习惯采用“内紧外松”的危机沟通策略，当可能带来负面新闻的突发事件发生后，负责事件处置的某一级政府在动用人、财、物等各种应急资源进行紧急处置的同时，并不习惯也不善于进行信息发布，使突发事件信息总是处于一种秘而不宣的状态，更有甚者，会通过封、堵、截等方式来对信息进行封锁。

---

① 涂重航：《天津消防指挥部：爆炸物主要为硝酸类化学品》，《新京报》，2015年8月13日。

因此，在媒体看来，越是政府不希望发布的消息，其背后一定潜藏着一些有违公众利益的事实，就越愿意主动去深度挖掘背后的真相。

突发新闻因其发生的突然性且往往具有灾难性，最能吸引受众眼球，成为社会舆论关注的热点和焦点，因此，突发事件现场一定是各级各类媒体记者角逐的重要场地，在这个没有硝烟的战场上，抢占新闻“第一落点”，是在竞争中脱颖而出的制胜法宝，而如果错失新闻的“第一落点”不能做到先声夺人，记者一定会不遗余力地挖掘新闻的“第二落点”，力图实现新闻突围。

所谓新闻“第一落点”，指的是记者第一时间抵达新闻现场发出的报道，显著特征是速度快，现场感强。新闻“第一落点”能够真实记录突发事件有代表性的画面和决定性的瞬间，快速捕捉新闻现场稍纵即逝的细节和生动感人的故事，通过及时采访当事人、目击者、参与救援者、权威部门处理事件者等相关人员，获取关键事实和重要数据，为受众还原事件发生过程，呈现事件客观面貌。

而新闻“第二落点”，指的是从运用纵深思维和发散思维对新闻事件进行深度开掘，广度拓展，从事件的另一个时间点或新的角度组织报道。寻找新闻“第二落点”，通常是在错失“第一落点”之后的无奈选择，但通过追踪报道事件的新变动、新发现和新进展，在追问中质疑，在质疑中查证，往往能够以点带面，透过现象发现本质，揭示事物发展规律，在为受众解疑释惑的同时，也带来更加深刻的认识。因此，寻找新闻“第二落点”，越来越成为媒体在日趋激烈的市场竞争中采取的重要策略。[①]事实上，近年来，不少记者在赶赴新闻现场后，由于官方封堵总是被迫转战新闻“第二落点”，这正是突发事件发生后屡屡出现舆情次生灾害的主要原因。

2015年5月2日，黑龙江省绥化市庆安县农民徐纯合带着母亲和3个未成年的孩子出行，在庆安火车站堵住安检口，并与警察发生冲突，将自己女儿扔向警察，抢夺警械枪支，被铁路警察李乐斌开枪击毙。

---

① 参见黄德华：《如何抢好突发新闻的“第一落点”与“第二落点”》，《传媒》，2014年9月上。

从事发直到5月13日，“庆安枪击事件”通过网络迅速发酵，在舆情发酵过程中，网民带着典型的“罗宾汉情结”[①]，为当事人徐纯合贴上了“访民”的标签，舆论一边倒地偏向徐纯合，谣传他在火车站遭遇基层干部截访，一怒之下才阻挠其他乘客上车，与警察发生冲突，又因为他手上没有枪，所以民警滥用枪支，草菅人命。

一时间，庆安枪击案闹得沸沸扬扬，引发了中国网络舆论的又一次抨击怒潮。但是，面对公众强烈要求公开现场视频的诉求，庆安县政府和相关部门一直没有给出任何回应，“久拖不决，疑窦丛生”，这种态度导致事件真相像谜团一般引人遐思，让事态开始升级。

据当地媒体报道，庆安县副县长董国生在枪击案次日迅速慰问受伤民警，并肯定了民警“坚持与歹徒搏斗的行为”。网友迅速曝出其户籍年龄、学历造假以及妻子在政府机构“吃空饷”等问题。5月12日，董国生被宣布停职接受调查。此后，庆安县检察院干警隋伟忠在网上实名举报该院检察长魏鹏飞超标用车、悬挂假车牌等行为，引发大量网友评论。[②] 根据中青舆情监测研究中心的监测结果显示，从5月4日至15日，对庆安官员的举报就如同一场不可预估的灾难一样接踵而至，仅仅在微博平台上出现的各类负面报道就达到了207条，其中官员举报达到了30多起，内容涉及各行各业，方方面面。[③]

新华社、《中国日报》《环球时报》等中央级媒体及其他媒体，在事件发酵过程中，纷纷通过微博、评论文章等形式呼吁庆安官方尽快发布调查进展、公布现场视频。新华社以评论《真相别总靠“倒逼”》表达关切：“有关部门更应公布完整的录像和调查结果，来证明开枪的决定必要和适当”仅靠有限的信息公开和警方人员讲述，显然无法平息公众的疑问，更无法缓解人们对开枪的疑惧。既然事发在众目睽睽之下，现场也有监控录像，不妨公开完整的视频，邀请更权威中立的部

---

① 所谓“罗宾汉情结”，指的是扶弱抑强，无条件地同情声援农民工、下岗工人、摊贩、访民、被强拆的业主等弱势群体的情结。

② 林斐然，程媛媛，李骁晋：《庆安枪击案舆情“拔萝卜带泥”》，《新京报》，2015年5月14日。

③ 钟旭：《舆情分析：庆安枪击案引发的舆论反思》，中青舆情，2015年5月15日。

门参与调查，以此赢获公信力。”英文版的。@中国日报特意译出社论中一段文字，搁置于微博之上以正视听，主题是“没有什么比掩盖真相更愚蠢”。@环球时报则接力发声追问：“就是一个视频的事情，却恰恰就是迟迟不给公布，非要最后闹到舆论发酵，公信力被透支才高兴??? 这样的局面，也曾经不止一次在基层官方部门上演。可怎么吃了那么多教训，一些地方官们还是学不会怎么处理这类舆论广泛关注的问题呢?”①

在各方压力之下，5 月 14 日，庆安枪击案的视频资料终于通过央视呈现在公众视野中。调查结论称，相关部门组成的调查组进行现场勘查、尸体及枪弹检验，调取现场视频资料，赴济南等 10 余城市，找到 60 多名目击证人，逐一调查取证。调查认为，民警李乐斌开枪是正当履行职务行为。而此时，距离事发当日已经过去了整整 12 天时间。

在公布候车室监控视频的同时，徐纯合一家的火车票也被晒了出来。他们买的是到辽宁金州的车票，是去走亲戚，不可能跑到北京上访。晒出火车票有力地击破了徐纯合是访民、遭遇截访的谣言。

晒出火车票，公布视频，公布调查结果，用事实说话，徐纯合最终被还原成一个失意的中年男人，从监控视频看还是一个酒后肇事、向空中抛出亲生女儿的危险分子，于是，舆论出现了“U”型反转。

对此，《人民日报》发表时评《庆安枪案一波三折谁该反思》一针见血地指出，这本是一次正当履行职务行为，却演变成一波三折的舆论事件，如果当地政府在应对舆论时能够处理得当，或许就能避免无谓的“次生灾害”。红网则发表评论《新闻搭车，是谁的悲哀》，认为由庆安事件引起“新闻搭车”现象，能解一时之急，却不是长久之计，要让“新闻搭车”现象减少，就必须大力建设法治，将解决矛盾纳入法制轨道，同时大力加强舆论监督，让舆论监督在公民需要时不会缺位。

---

① 《高压难疏一声枪响——关于庆安枪击案的舆情思考》，来源：红网舆情中心，2015 年 5 月 15 日。

案例

一座没有新闻的城市

天津港“8·12”特别重大火灾爆炸事故发生后，网络上流传着这样一个段子：全世界都在看天津，而天津在看韩剧。网友爆料，天津早新闻播报事故新闻1分钟，领导画面占40秒，其他新闻均无涉及。天津二套，《每日笑吧》。天津三套，《狄仁杰》。天津四套，炒菜节目。天津五套，外国搞笑录像。天津六套，《法制中国》。天津公共频道，港片《夺命金》。天津国际，求职。最奇葩的要属上星媒体天津卫视，从8时40分开始，整个上午都在播放韩剧《糟糠之妻俱乐部》，一放就是4集。还有评论说，爆炸发生20分钟后，CNN就播了相关新闻，而爆炸已过去10小时，天津卫视还在播韩剧。很多人都懵了，难道爆炸与天津无关？为何全球的媒体都在聚焦爆炸事故时，天津的媒体能全体置若罔闻？

人们再次高呼天津是“一座没有新闻的城市”，3年前的旧账又被翻了出来。2012年6月30日，蓟县发生大火，最先介入的是东方卫视晚间新闻，天津本地媒体在该事件中集体缺位，普遍失语，当时，《中国青年报》评论员曹林发微博称天津是“一座没有新闻的城市”，他写道：“严厉的新闻管制，造成这座城市严重的信息封闭，平常外界看不到这座城市有什么新闻发生，正面负面都是如此。这种管制也造成天津媒体的封闭和媒体人的封闭，难出知名媒体，难出拿得出手的名记，当地媒体和媒体人与外界也少有联系。天津媒体不监督异地，异地媒体也监督不了天津”。

和其他许多黑色幽默的段子一样，这都是网友对社会现象进行戏仿、解构、嘲讽的一种方式，从表面看来，人们是在表达或发泄对天津媒体不作为的不满，所揭示的是近年来突发事件发生后本地媒体集体失语的共性问题，而其深层次的指向，则是政府如何处理与媒体尤其是本地媒体关系的问题。

面对突发事件，本地媒体具有地域优势，本地媒体的记者往往能最先抵达事件现场并获得第一手资料，但是，当采访完成后，常常会因为程序问题或者得不到"上头"首肯不能刊载，不能播出，不能发声，从而陷入被网友情绪围殴的被动局面，就像网友们集体要求天津电视台台长引咎辞职一样。

本地媒体在突发事件面前集体失语，被人们形象地称为"灯下黑"，是近几年来被网友广为诟病的一个现象，这些段子，借助于互联网的"水波效应"，将民意成几何级数倍放大，倒逼政府解决好新时期媒体管理的问题。

诚然，媒体并不是公共信息发布的主体，突发事件的新闻必须根据相关规定由政府负责或授权发布，但是，当"集体失语"和"没有新闻"成为常态，一定会挫败地方媒体的积极性，使其出现职业迷茫，甚至使命恐慌。比如，面对潮水般涌来的诘问，天津电视台主持人滕桓感到很冤枉，她在微信中辩驳："央视记者凌晨4点多才赶到事故现场，此前央视、外媒的报道从何而来?"她知道天津台的记者一夜无眠在爆炸现场工作，因此"请不了解情况的人，不要讥讽谩骂我的同仁!"更为重要的是，这样的"假装看不见"，看上去是地方媒体失去了话语权，事实上，真正失去话语权的是政府，最终受到挫伤的是政府的公信力——"传统媒体的沉默，会使受到压制的舆论产生一种强烈的逆反心态。这种遮掩，向舆论传递的是一种此事'必有黑幕'的暗示。带着这样的情绪去解读，无阳光，无公信，无论此后政府做多少补救，公布何种'真相'，民众都难以相信。"①

正如英国著名政论家、诗人约翰·弥尔顿所说，在观点的自由市场上，让真理和谎言自由去竞争，真理最终会胜出。笔者认为，在突发事件发生后的舆论场上，让事实和谣言自由去竞争，事实最终一定会胜出。"与中央和省级强势媒体相比，地方传统媒体在政策把握、资源、影响力等方面略逊一筹，在时效性上又无法与新媒体相比，但是地方传统媒体依然可以通过准确定位，选准报道角度，以舆情疏导为报道取向，体现出独有的传播价值。"② 因此，各级政府一定要构建新

---

① 曹林：《有些事，无法假装看不见》，《中国青年报》，2012年7月4日第2版。

② 汪媛：《突发事件中地方传统媒体失语反思》，《青年记者》，2014年第14期。

的传播策略，充分发挥地方媒体天时、地利、人和等多方面优势，将治下的党报、电台、电视台等媒体视作智囊和工具，学会给他们派任务，让他们主动分时间、分步骤把事故信息和新闻线索提供出去，积极疏导公众情绪，正确引导社会舆论，从而形成有利的舆论博弈格局，协助政府化解危机，重塑政府和媒体的公信力。

由此可见，在面对新的舆论环境时，政府由来已久的已经固化的执政理念面临着新的挑战，并因此凸显出诸多问题，这就告诫我们，在处理当前政府与媒体之间的关系时，各级政府和领导干部一定要认识到当前媒体结构越来越多元化的变化趋势，转变过去居高临下的管控观念，充分认识到媒体监督是塑造政府公信力的良好机会，尊重各类媒体记者所持的不同的采访诉求，积极主动释放相关信息，营造健康的媒介生态。

延伸阅读

认识媒体

掷出窗外”与“扒粪运动”

1906 年的某一个早晨，美国第 26 任总统西奥多·罗斯福在白宫吃早餐，他一边吃，一边看一本叫作《屠场》（The Jungle）（1906 年）的小说，看着看着，他突然大叫一声，跳起来，把口中尚未嚼完的食物吐出来，又把盘中剩下的一截香肠用力抛到了窗户外面。

为什么会这样呢?

《屠场》一书，是以揭露真相为己任的新闻记者厄普顿·辛克莱（Upton Sinclair）根据其在芝加哥达哈姆家族的联合畜产品加工厂里的所见所闻写成的纪实小说，1906 年 2 月出版，迅速风行，很快被翻译成 17 种文字，直接导致美国出口到欧洲的肉类骤减了 50%。书中写道：“在那里，从欧洲退货回来的火腿，长了白色霉菌，切碎后填入香肠；仓库存放过久已经变味的牛油，重新融化，添加硼砂、甘油去味后，返回顾客餐桌；在香肠车间，为制服成群结队的老鼠，到处摆放着有毒面包做的诱饵，毒死的老鼠和生肉被一起铲进绞肉机；工人在一个水槽里搓洗油污的双手，然后水槽里的水用来配置调料加到香肠里去；人们早已习惯在生肉上走来走去，甚至直接在上面吐痰，而有的工人是肺结核病人……一个工人不慎滑进了正在滚开的炼猪油的大锅里，但谁也没有注意到。几天以后，人只剩下了一副骨架，其余的连同所炼的猪油一起拿到市场上去出售了。”

就是这副耸人听闻的骨架，让老罗斯福彻底崩溃，他再也吃不下早饭了，但他还是无法相信辛克莱所描述的这一切，会不会是作者过度夸张的描述呢？鉴于此书引起的巨大影响力，老罗斯福邀请辛克莱来到白宫，在讨论中，辛克莱说服了总统派人调查此事的真伪。之后，劳动部部长 Charles Neill 和社会工作者 James Bronson Reynolds 根据调查情况写出了一份关于肉类加工业的调查报告，老罗斯福总统看到了更加触目惊心的事实，《屠场》中的描述，不过是冰山一角。

老罗斯福最终决定将此报告公之于世，从而推动美国国会通过了《纯净食品与药品管理法》与《肉类检查法》，并创建了FDA（美国食品药品监督管理局；U. S. Food and Drug Administration）的前身，要求对所有肉制品都要进行严格检验，美国食品药品从此慢慢安全起来，公众也逐渐恢复了信心。①

掷出窗外的故事发生在美国的镀金时代②。所谓的镀金时代，指的是从南北战争结束到20世纪初的那一段美国历史。当时的美国，工业化极速发展，社会财富急剧增长，但同时，商业投机风气猖獗，政治腐败严重，贫富差别急剧扩大，社会道德整体败坏，不少人以不正当手段发财致富，假冒伪劣产品充斥于市场之中，各种社会矛盾突然尖锐起来，有历史学家认为，这个表面上蓬勃发展的“黄金时代”，不过是一个“镀金时代”罢了。

1883年，美国一家报纸刊登了一幅政治漫画“工厂的保护者”，形象地揭示了“镀金时代”美国社会的一个侧面。在这幅漫画里，一艘

---

① 参考《FDA的成长简史》，逍遥/凤凰网博客，2014年4月1日。

② 《镀金时代》是马克·吐温发表于1873年的一部长篇小说，通过对一位企业家兼政客的描写，揭露了西部投机家、东部企业家和政府官吏三位一体掠夺国家和人民财富的黑幕。后来这一形象化的概念也成为这个时代的代称。

船的上面坐着几位大腹便便的工厂主和企业主，而在船的下面，在水中苦苦撑起这艘船的，则是一群衣衫褴褛的劳工，在这幅漫画中，社会剥削的意味呼之欲出。

工厂的保护者

在这样一个历史时期，1903 年 1 月，《麦克卢尔》杂志 1 月号同时刊载了林肯·斯蒂芬斯的《明尼阿波利斯之羞》、埃达·塔贝尔的《美孚石油公司史：1872 年石油战》和雷·贝克的《工作的权利》三篇文章，分别从政界、企业界和劳工界三大领域对美国社会进行无情揭露，掀起了长达 10 年的“扒粪运动”。

这场运动中的职业揭发者是 12 位男记者和 1 位女记者，他们撰写了 600 多篇黑幕揭发文章和 90 本著作，占黑幕揭发文章总数的 1/3①。厄普顿·辛克莱是其中最负盛名的扒粪者之一。1906 年以后的 30 年间，辛克莱继续创作揭露社会黑暗面的长篇小说，其中比较重要的有描写科罗拉多州煤矿工人罢工事件的《煤炭大王》（1917 年），抨击垄断资本家并被改编成电影《黑金企业》的《石油》（1927 年），揭露政治腐败和警察暴行的《波士顿》（1928 年）等。

“扒粪”运动历时十余年之久，一些著名作家也参与其中，如弗兰

① 郝羚：《美国的扒粪运动》，《羊城晚报》，2013 年 6 月 10 日。

克·诺里斯（FrankNorris）的《章鱼》《深渊》，对一些大公司的种种恶行作了生动、逼真的揭露。西奥多·罗斯福总统把从事揭露新闻写作的记者们挖苦为“扒粪男子”，把他们比喻为著名的宗教小说班扬的《天路历程》中的“扒粪者”，手拿粪耙，目不旁视，只知道朝下看，看不到任何美好的事物，满目都是地上的秽物。但他没想到的是，“扒粪”这一带有谩骂之意的词反而在那个特殊的历史时期得到了公众的“首肯”，成为一种受人赞许的尊称，记者们于是自称“黑幕揭发者”（muckraker，直译为“扒粪的人”），“扒粪运动”之名由此得来[①]。

“扒粪”运动，不仅没有动摇美国社会的基础，反而促使社会猛醒，促其自我调节、改革，各种立法如潮水般涌来，涉及社会生活的方方面面。除了前面提到的《纯净食品和药物管理法》《肉类检查法》之外，《反托拉斯法》等法律也相继被制定，此外，“扒粪”运动，还促使底层百姓、中产阶级乃至一些大资本家形成了改革共识，针对社会问题，全社会自上而下的改革措施陆续出台，在妇女选举权、创制权、复决权、罢免权、选民直接投票的预选、减少任官人数、比例代表制、住房、教育、劳工、社会保险和社会福利等方面，都做了重大改革[②]。总之，扒粪”运动推动了美国的“进步主义运动”，完善了社会制度建设，令“镀金时代”的美国社会转型安全“着陆”。

“扒粪”运动，显示出大众传媒是“监督权力的镜鉴”的强大力量，正如美国著名报人普利策所言：倘若一个国家是一条航行在大海上的船，新闻记者就是船头的瞭望者，他要在一望无际的海面上观察一切，审视海上的不测风云和浅滩暗礁，及时发出警告。

2015年9月3日，3岁的叙利亚小难民艾兰·库尔迪的遗体趴在海滩上的照片占据了欧洲各大报的头版，英国《每日邮报》惊呼：“人间惨剧的一个小遇难者！”意大利《共和国报》评论：“一张令世界沉默的照片。”[③] 这张难民危机爆发以来最揪心的画面，引起了全世界的

---

① 雷颐：《拯救美国的“扒粪运动”》，《经济观察报》，2011年8月20日。

② 《美国黑幕揭发报道经典作品集》，海南出版社2000年版，第6页。

③ 《这是一张令世界沉默的照片 3岁小难民伏尸海滩谁之过?》，《云南信息报》，2015年9月5日。

广泛震惊和反思，成为欧洲难民危机的转折点。德国宣布接受叙利亚难民不设上限；一直强硬的英国首相也改口说可以再接收几千人，并且承诺在未来 5 年内接收 2 万人；一直没表态的美国总统奥巴马也顶住共和党的压力宣布接收 1 万人；在德国的小镇，居民腾出后院准备安置难民；在奥地利，民众自发前往车站、边境迎接难民，并给难民提供援助；英国民众也在网上发起迎接难民的签名活动。

这幅照片被认为可以列入历史上最具震撼力的照片之一，事实上，具有同样传播力的新闻案例还有很多，比如，1993 年，美国记者拍摄了一个因为饥饿濒临死亡的苏丹儿童，在她的身后有一只秃鹫虎视眈眈，这张照片引起了全球对苏丹大饥荒和苏丹内乱的关注；1972 年，越战期间，一张为躲避美军燃烧弹而裸奔的越南女孩的照片，激起了美国国内的反战浪潮，促使了越战的提前结束；1991 年，谢海龙拍摄的安徽金寨渴望读书的一双“大眼睛”，成就了中国历史上最大规模的一次助学公益行动。①

这种激荡人心的力量，就是媒体的力量，就是传播的力量。一张照片，一段新闻，可以提前结束一场战争，可以推动全社会对某个现象的共同关注，可以让各国的政治家乃至意见相左的民众暂时放下分歧，放下政治、经济、文化、宗教、法律、道德、安全、就业等方面的担忧和顾虑，迈出积极应对某个棘手问题的第一步。

时至今日，无论技术发展提供了怎样的媒介面貌，无论信息传播的载体是传统的广播电视、报纸杂志，还是新兴的互联网和手机移动媒体，从本质上来看，媒介，依然是实现意见交流与沟通的社会纽带。传播，是一种基本的社会力量，信息，是一种基本的公共资源，这样的认知已经深入人心。1989 年 5 月，习近平同志在一篇名为《把握好新闻工作的基点》的文章中，写下这样一段话：“新闻学作为一门科学，与政治的关系很密切。但不是说新闻可以等同于政治，不是说为了政治需要可以不要它的真实性，所以既要强调新闻工作的党性，又

---

① 《徐慨：大学教不了你什么？——在南大新传 2015 级本科生新生开学典礼上的讲话》，来源：人民网——传媒频道，2015 年 9 月 15 日。

不可忽视新闻工作自身的规律性。”因此，对于政府来说，一方面，要通过提供信息这一公共产品来满足公众的知情权；另一方面，还要正确面对舆论监督，允许并且欢迎媒体行使自己的舆论监督权，学会在媒体和公众监督下工作。

媒体的前世今生

媒体在我们的生活中起着传播信息的作用。随着信息技术的飞速发展，这种作用已经广泛渗透到人类生活的方方面面，它缩短了人与人之间的距离，让世界人民的认知得以同步，在短短的时间内使人民达成共同的认识，凝聚人的力量，为人类社会的发展做出积极贡献。作为公共舆论承载的大众媒体，在现代社会中可以发挥巨大的作用。大众媒体作为政府与公众的“传声筒”，在现代社会已经建构起政府与公众之间交流的通道，有利于公共管理决策的科学化和民主化。领导干部了解一些媒体的前世今生，对于治理社会，掌握未来大有益处。

中国最早的报纸——邸报

西汉初期（约公元前二世纪）实行的是郡县制，就是在全国设若干个郡，郡下再设若干个县。各郡在京城长安都设有办事处，和现在的“驻京办事处”一样，主要任务是在皇帝和各郡首长之间做联络工作。这些联络工作有非常重要的一项就是，需要定期把皇帝的谕旨、诏书、臣僚奏议等官方文书以及宫廷大事等有关政治情报及时传回各郡。于是，这样一个情景出现了：一个信使身上绑着写有信息的竹简或锦帛，在秦朝建立起来的驿道上快马加鞭，绝尘而去。由于设在京城的办事处叫“邸”，人们就把信使传递的这份东西叫作“邸报”，这就是中国最早的报纸。

汉代已有报纸的说法目前是学界的一种推断。但是，就算从收藏在英国伦敦大英博物馆东方及印度部和法国巴黎国立博物馆的两份唐代《进奏院状》实物显示的时间算起，中国也是世界新闻史学术界公认的最先有报纸的国家。

《进奏院状》也是一种“邸报”，只不过报告的对象不是各郡长官，而是藩镇割据后的节度使。英法收藏的两份《进奏院状》都是唐僖宗时期由驻地在敦煌沙州的归义军节度使张淮深派驻朝廷的进奏官发回沙州的。存放于法国的那份《进奏院状》保存得相对完整，以“上都进奏院状上当道”开头，以“谨状”结尾，共47行，所报道的内容主要是乾符四年十二月二十七日至乾符五年四月十一日这段时间的事情。

可惜的是，这两份报纸在20世纪80年代被发现带有浓重的屈辱意味。史学研究结果显示，这两份实物均是在1907年前后由英国考古学家斯坦因和法国汉学家伯希从敦煌带到西方的，和他们带走的那几乎数不清的珍贵史料相比，这只是冰山一角。

西方最早报纸雏形

西方最早的报纸雏形出现在古罗马时期。公元前59年，作为民主派的首领，尤里乌斯·凯撒被选为古罗马共和国执政官。为了打压贵族派的气焰，争取舆论支持，扩大政治影响，凯撒发布的第一条命令就是：“嗣后元老院工作的报告，务须每日写出公布之。”这就是著名的《元老院纪事》，其实不过是竖立在元老院门外大街上的一块涂了石膏的白木板，当时人称“阿尔布”(Album)，是世界上最早的定期手抄新闻传媒。通过公布元老院和公民大会议事内容，将元老院的一举一动公示给民众，迫使议员们讲话时心中想着会场外的公众，凯撒达到了自己的政治目的。不过，15年之后，公元前四十四年三月十五日，凯撒在元老院开会时遇刺身亡，《元老院纪事》随之停止出版。

无论是在中国，还是在西方，报纸产生后很长时间里，一直都是上层社会独享的一种信息渠道和精神食粮，这种情况一直延续到工业革命，尤其是1810年出现了效率相当于人力印刷机10倍的滚筒式印刷机，为报纸的大众化奠定了基础。

19世纪30年代，美国教育日益普及，公民识字率上升，为报纸造就了大量的潜在读者群体，“便士报”（一个便士一份报，相当于之前价格的1/6或者更少）应运而生。从此以后，“旧时王谢堂前燕，飞入寻常百姓家”，报纸成为最受欢迎的大众化媒体。这也让美国历史上最著名的三大便士报《太阳报》（1833年本杰明·戴创办）、《纽约先驱报》（1835年贝内特创办）以及《纽约论坛报》（1841年格里利创办），赚得盆满钵满。

此后，一直到广播出现，报纸都是最大、最主流的信息传播媒介。正如拿破仑所说："一张报纸抵得上三千毛瑟枪。"在报纸时代，报纸在政治军事动员、商业文化宣传等方面都起到了不可替代的重要作用。

广播电台的诞生

1902 年，美国人内桑·史特波斐德在肯塔基州穆雷市的广场上放了一只话筒，在附近的村庄里放置了 5 台接收机，要做一次试验广播——这可是他 16 年的研究成果。16 年前（1886 年），他从杂志上看到德国人赫兹关于电波的谈话，从中得到启发，试图应用到无线广播上。巧的是，当时，电话发明家贝尔也在思考这个问题，不过，他的着眼点在有线广播，而不是史特波斐德看重的无线广播，否则，历史是没有假设的。

然而，万事俱备之后，站在话筒前，这位只有小学文凭的发明家却紧张得不知道该说点啥好。无奈，他只好把儿子巴纳特叫来，让他在话筒前说话，吹口琴。没想到，史特波斐德的这一举措把自己以及儿子巴纳特都同时载入了史册——直到现在，肯塔基州立穆雷大学还竖立着"无线广播之父"的纪念碑，正是为了纪念史特波斐德。在穆雷市广播成功后，史特波斐德又在费城进行了广播，并获得华盛顿专利局的专利权；而巴纳特·史特波斐德，由于他老爸的紧张，一不小心居然成了世界上第一个无线广播员以及演员。

人类历史上第一次正式的无线电广播是在 1906 年 12 月 24 日，即圣诞节前夕的晚上 8 点左右，美国匹兹堡大学教授费森登通过马萨诸塞州布朗特岩的国家电器公司 128 米高的无线电塔进行广播。广播的节目有读圣经路加福音中的圣诞故事，小提琴演奏曲，还播送了德国音乐家韩德尔所作的《舒缓曲》等，可以想像得到，听着从电波传来的声音，当时人们十分惊奇的样子。

1920 年 10 月 27 日，美国匹兹堡 KDKA 电台正式成立，这是具有合法经营权的第一家电台。

1923 年 1 月 23 日，美国记者奥斯邦联合日本一位很有钱的华侨张某，在上海外滩广东路大来洋行的屋顶上建立了一座功率为 50 瓦的电台，每天晚上 8：15 到 9：15 播音 1 小时，名叫"上海大陆报——中国无线电公司广播电台"，呼号为 XRO。这是中国境内最早的广播电台，当时人们称之为"空中传音"。该电台以卖收音机为生，但当时的北洋政府不仅禁止民间安装使用无线电，就连收音机也是禁卖品，于是，这个广播电台开办不到两个月，就草草收场了。

1940 年 12 月 30 日，中国共产党创建"延安新华广播电台"，这就是中央人民广播电台的前身。

电视发明者贝尔德

人们通常把 1925 年 10 月 2 日苏格兰人约翰·洛吉·贝尔德（John Logie Baird）在伦敦的一次实验中"扫描"出木偶的图像看作是电视诞生的标志，他被称为"电视之父"。

1925 年，贝尔德根据德国电气工程师尼普科夫发明的"尼普科夫圆盘"发明了世界上第一台电视机，在伦敦一家大商店向公众作了表演，当时画面分辨率仅 30 行线，扫描器每秒只能 5 次扫过扫描区。画面本身仅 2 英寸高，一英寸宽。1926 年，贝尔德向英国报界做了一次播发和接收电视的表演。之后，他又进行了多次试验，1930 年实现了电视图像和声音同时播发。1931 年，人们在伦敦通过电视欣赏了英国著名的地方赛马会实况转播。

1929 年，英国广播公司（BBC）开办了世界上第一家电视服务社，播放试验的电视节目。1936 年正式开播，第二次世界大战后，电视台在欧美普及。

1958 年 5 月 1 日，北京电视台开始播出，这是中国第一家电视台。当时，每周只播出 4 次节目，北京全市能收到节目的电视机也只有几十台。1978 年 5 月 1 日，北京电视台更名为中央电视台。

那个时候，电视台的地位和现在的小报差不多。比方说 20 世纪 80 年代初，因为觉得不太重要，时任中共中央总书记的胡耀邦到哪个省去，都不愿意让《新闻联播》的人跟着报道。不过，没两年，1982 年，胡耀邦就明确指示，将重大新闻的发布时间从 20 时提前到中央电视台《新闻联播》的播出时间 19 时，重要新闻首先在《新闻联播》中发布。

此后，如日中天的广播逐渐衰落。

互联网的起源

《第三次革命》作者杰里米·里夫金认为，经济和社会变革总是离不开两大因素：一是能源革命；二是通信革命。历史上重大的能源革命与新的信息传播方式总是同时发生。19世纪，蒸汽机的发明和煤炭能源的利用使廉价报纸大量印刷和流通，加快了信息流通速度，提高了民众受教育比例，推动了第一次工业革命。20世纪，电力的使用与电话、广播和电视又发生了一次交汇，人类开始步入消费社会。20世纪90年代，通信领域出现了互联网革命，建立在互联网、新材料、新能源相结合基础上的第三次工业革命即将到来。①

互联网是一个无中心的网络，亦即利用通信设备和线路将地理位置不同的、功能独立的多个计算机系统互连起来，实现网络中的资源共享和信息传递。其功能主要表现在两方面：一是实现资源共享（包括硬件资源和软件资源的共享）；二是在用户之间交换信息。

互联网起源于美苏冷战。1968年，美国国防部高级研究计划局（ARPA，Advanced Research Projects Agency）为了防止一个集中的军事指挥中心被苏联摧毁后，全国的军事指挥陷入瘫痪状态，开始设计建设一个军用网络，“阿帕网”（ARPAnet）应运而生。“阿帕网”是一个分散的指挥系统，由一个个分散的指挥点组成，即使系统中的部分指挥点被摧毁，其他部分仍能保持通信联系。

“阿帕网”于1969年正式启用，当时仅有4个节点，也就是连接了4台计算机，分别是加利福尼亚大学洛杉矶分校、加利福尼亚大学圣巴巴拉分校、斯坦福大学以及位于盐湖城的犹他州州立大学。位于各个节点的大型计算机采用分组交换技术，通过专门的通信交换机（IMP）和专门的通信线路相互连接。到20世纪70年代初，“阿帕网”有了几十个计算机网络，但每个网络只能在网络内部的计算机之间互联通信，不同的计算机网络之间仍然不能互联互通。

1974年出现的TCP/IP（连接分组网络的协议）解决了这个问题，其中，IP是网际互联协议，是基本的通信协议，TCP是传输控制协

① ［美］杰里米·里夫金：《第三次工业革命》，《文汇报》，2012年6月11日。

议，帮助 IP 实现可靠传输。TCP/IP 两个协议相互配合，使任何厂家生产的计算机之间都能相互通信，因此，互联网成为一个开放的系统，此后得到飞速发展。

1982 年，ARPA 选定 Internet 为主要的计算机通信系统，把军用计算机网络都转换到 TCP/IP。1983 年，“阿帕网”一分为二：一部分为军事网（MILNET），用于军事和国防部门；另一部分民用（ARPA-net），后改名为互联网。

1991 年 8 月 6 日，万维网（即 WWW，World Wide Web 的中文名，环球信息网）公共服务在互联网上首次亮相。这一天，万维网发明者蒂姆·伯纳斯·李将万维网项目简介的文章贴上了 alt. hypertext 新闻组。之后，他放弃了专利申请，将自己的创造无偿献给人类。1993 年 4 月 30 日，欧洲核子研究组织宣布万维网对所有人免费开放，由于万维网可以让 Web 客户端（常用浏览器）访问浏览 Web 服务器上的页面，万维网科技获得迅速发展。

中国用了 7 年左右的时间真正接入互联网，其间的标志性事件有：

——1987 年 9 月 20 日 20 点 55 分，按照 TCP/IP 协议，中国兵器工业计算机应用研究所成功发送了中国第一封电子邮件，这封邮件以英德两种文字书写，内容是：“Across the Great Wall we can reach every corner in the world.”（越过长城，走向世界）标志着中国与国际计算机网络已经成功连接。

——1988 年，中国科学院高能物理研究所采用 X. 25 协议，使本单位的 DECnet 成为西欧中心 DECnet 的延伸，实现了计算机国际远程联网以及与欧洲和北美地区的电子邮件通信。

——1989 年 11 月，中关村地区教育与科研示范网络（简称 NCFC）正式启动，由中国科学院主持，联合北京大学、清华大学共同实施。

——1990 年 11 月 28 日，中国注册了国际顶级域名 CN，在国际互联网上有了自己的唯一标识。最初，该域名服务器架设在卡尔斯鲁厄大学计算机中心，直到 1994 年才移交给中国互联网信息中心。

——1992 年 12 月，清华大学校园网（TUNET）建成并投入使用，是中国第一个采用 TCP/IP 体系结构的校园网。

——1993年3月2日，中国科学院高能物理研究所接入美国斯坦福线性加速器中心（SLAC）的64K专线，正式开通中国连入Internet的第一根专线。

——1994年4月20日，中国实现与互联网的全功能连接，成为接入国际互联网的第77个国家。

截至2015年12月，我国网民规模达6.88亿；互联网普及率为50.3%，较2014年年底提升了2.4个百分点。我国手机网民规模达6.20亿，较2014年底增加6 303万人。①

传播学之父威尔伯·施拉姆有这样一个著名的“最后7分钟”比喻：如果人类的历史共有100万年，假设这等于一天，那么这一天中，人类文明的进展如下：

晚上9点33分，出现了原始语言（10万年前）

晚上11点，出现了正式语言（4万年前）

晚上11点53分，出现了文字（3 500年前）

午夜前46秒，古登堡发明了西方活字印刷术（1450年）

午夜前5秒，电视首次公开展出（1926年）

午夜前3秒，电子计算机、晶体管、人造卫星问世（分别为1946、1947、1957年）

因此，施拉姆说：“这一天的前23个小时，人类传播史上几乎全部是空白，一切重大的发展都集中在这一天的最后7分钟。”正是这最后7分钟，谱写了人类历史的黄金时期，而午夜前的最后3秒，却翻开了人类迈进信息化社会的新篇章。

恩格斯在《反杜林论》中充分表达了对技术的敬意。他指出，当革命的风暴横扫整个法国的时候，英国正在进行一场比较平静的但是威力并不因此减弱的改革。蒸汽核心的工具机把工厂手工业变成现代的大工业，从而把资产阶级社会的整个基础革命化了。

信息技术的发展日新月异，不断变革着人类的娱乐方式、学习方式

① 数据来源：中国互联网信息中心（CNNIC）发布的第37次《中国互联网络发展状况统计报告》。

和工作方式，仅就互联网而言，在短短的20年之内，我们就从WEB 1.0阅读时代，迈过了WEB 2.0互动时代，进入到了WEB 3.0社交时代。2013年2月10日，高晓松还在说书时断言，九段高手下围棋的时候已经不是简单的规则和计算，其中包含一个“道”的问题，是一个非常高级的问题，这个就是人和动物、人和电脑、人和机器的区别。所以围棋到今天，我猜到未来，电脑也赢不了人类。仅仅3年之后，2016年3月，智能机器人阿尔法狗就击败了韩国围棋大师李世石，激起了各种“机器超越人类，科幻小说将成真”的讨论。可见，尼古拉斯·尼葛洛庞帝所说的“技术改变人们的生存方式”并不是危言耸听。

但是，无论技术如何发展，对于政府的公共管理，或者危机沟通来说，有一点是以不变应万变的良策，那就是“内容为王”。或者说，随着技术的更新换代，在政府开展的危机沟通中，内容的意义不是降低了，而是增加了，事实上，技术的更新换代以及多元化，对政府危机沟通的内容提出了更高的质量要求。因此，良好的沟通内容，永远是决定危机沟通成败的基石。

三位“媒体总统”

罗斯福的“炉边谈话”

在华盛顿罗斯福广场有这样一座塑像：一个衣着普通的平民，坐在房间一角，侧着脑袋，正全神贯注地听着什么，原来，他在听富兰克林·罗斯福的“炉边谈话”。

TIPS：

随着技术的更新换代，危机沟通内容的意义不是降低了，而是增加了，良好的沟通内容，永远是决定危机沟通成败的基石。

罗斯福，就是那位坐在轮椅上，四次连任的美国总统，被公认为是美国历史上最会利用新闻媒介的政治家之一，在其12年总统任期内，每当美国面临重大事件，他都用“炉边谈话”这种方式与美国人民沟通，一共做了30次炉边谈话。

初次“炉边谈话”，正值美国20世纪30年代大萧条时期，民间充满了焦虑、挫折与抱怨。1933年3月12日，罗斯福就职总统第8天，就在总统府楼下外宾接待室的壁炉前接受美国广播公司、哥伦比亚广播公司和共同广播公司的录音采访，工作人员在壁炉旁装置扩音器。总统说：希望这次讲话亲切些，免去官场那一套排场，就像坐在自己的家里，双方随意交谈。哥伦比亚广播公司华盛顿办事处经理哈里·布彻说：既然如此，那就叫"炉边谈话"。

就这样，罗斯福利用刚刚兴起的广播媒介，用"谈话"而非"讲话"的形式，将自己自信洪亮的声音传遍全国，带进千家万户，一下子就拉近了总统与民众的感情，造成了一种休戚与共的亲和感。有人说，"华盛顿与他们的距离，不比起居室里的收音机远"，甚至有民众将他的照片剪下来，贴在收音机上。

炉边谈话不仅鼓舞了美国人民，坚定了民众走出困境的信心，而且也宣传了罗斯福的货币及社会改革的基本主张，为其赢得了理解和尊敬。

"炉边谈话"取得的巨大影响，成为广播史上的一个传奇。

一次电视辩论入主白宫

1960 年，适逢美国总统大选，已在艾森豪威尔内阁中当了 8 年副总统。与赫鲁晓夫进行过厨房争辩的共和党候选人理查德·尼克松志在必得，因为他的对手肯尼迪不过是马萨诸塞州一名资历尚浅的参议员，几乎所有人都认为这是一场一边倒的竞赛。但后来，尼克松输了，原因是肯尼迪太帅了。

是的，肯尼迪太帅了！在此之前，当总统和长得帅不帅关系不大，但在此之后，关系很大。

20 世纪五六十年代，电视已经是美国的主流媒体，在 ABC（美国广播公司）、NBC（全国广播公司）、CBS（哥伦比亚广播公司）三大广播公司的激烈竞争中，哥伦比亚广播公司突发奇想，把美国总统大选中的辩论环节搬到了位于芝加哥的直播间。

1960 年 9 月 26 日，总统候选人尼克松和肯尼迪站在摄像机和聚光灯前，开始了美国总统竞选历史上的第一次电视辩论。镜头前的尼克松一脸憔悴，他刚动过膝盖手术，脸色苍白，身体消瘦，还发着烧，上台前随便抹了点男用粉底霜，结果在电视上显得脸色更加苍白；而肯尼迪则充满阳光，他刚刚参加完加州竞选活动，皮肤黝黑，活力四射。

辩论开始，如果只听声音，两个人是旗鼓相当，不分高下的，事实上，大多数通过收音机收听辩论的民主认为尼克松在辩论中占了上风。但是，大约850万的观众（当时占全国成人人口的2/3）看到的却是另一番景象：在舞台背景的灯光下，身穿浅灰色西服的尼克松淡化成了一个模糊的身影，而身穿深色西服的肯尼迪在光线的反差中却显得十分鲜明。与冷静沉着、信心十足的肯尼迪相比，尼克松看上去疲惫而阴郁，当年参加现场直播的桑德尔·范奴克回忆说："我注意到副总统嘴唇附近满是汗渍，肯尼迪则非常自信，光彩照人。"

结果可想而知，肯尼迪入主白宫。但后来他承认，这确实归功于那一次电视辩论。

后来，尼克松在1968年和1972年又参加了两次总统选举，都成功当选了，但在竞选期间，他坚决拒绝再参加什么电视辩论。不过，对尼克松来说，媒体简直就是他的天敌。1972年，《华盛顿邮报》爆出了水门丑闻，使他不得不从总统的位置上退了下来，成为美国总统历史上唯一一位在职期间辞职的总统。

互联网总统奥巴马

2008年，美国总统大选之年，贝拉克·奥巴马和约翰·麦凯恩展开了激烈角逐，奥巴马赢了。人们都说，如果没有互联网，奥巴马不可能赢。

在宣布竞选前，奥巴马的官方网站BarackObama.com就已经上线了。网站详细介绍了奥巴马及他的团队、奥巴马的施政纲领以及他在重要议题上的立场。鉴于奥巴马曾经是一个社区创建者，他的团队在官方网站为他打造了一个注册成员超过百万的在线社区——"我的奥巴马"，用户可以在线开展讨论、在线捐款、在线观看视频等，奥巴马官方网站47%的访问流量来自这个社区。

2007年年底，最火爆的视频网站YouTube公布了当年最热门的视频，一个名为"奥巴马女孩"的视频位列其中。该视频描述的是一位年轻的美女歌手表达自己对奥巴马的热爱，点击率迅速突破上千万，网友回复达数万条。奥巴马竞选团队抓住一切机会为奥巴马进行视频宣传，比如，2008 年 10 月 19 日上午 9 点多，美国前国务卿鲍威尔在国家广播公司（NBC）的“与媒体见面（Meet the Press)”节目中表示，他支持民主党总统候选人奥巴马。仅仅数分钟之内，该节目视频就被传到了互联网上。在 YouTube 上，奥巴马的视频片段流量时长达到 1 450万小时。

奥巴马团队还在 Google 的关键词广告上投入了数百万美元，在 Google 输入奥巴马的英文名字，搜索结果页面的右侧就会出现一个奥巴马的视频宣传广告。此外，他们还花数百万美元买下搜索引擎中的关键词广告，不仅包括奥巴马的姓名，还包括热点话题，如油价、伊拉克战争和金融危机，成功地将浏览用户引导到了自己的竞选网站。

在美国最大的两个社交网站 MySpace 和 Facebook 上，奥巴马像普通人一样不时记录着自己的最新动态、心情，偶尔还会说说自己的星座。他的 MySpace 因此被数万人列为好友，而在 Facebook，奥巴马的粉丝达到了 230 万人。

当然，最重要的是，奥巴马是美国第一位拒绝使用政府提供的公共竞选资金的总统候选人，由于通过网络打造了颇为成功的形象，奥巴马 85%的竞选资金来自网络，尽管捐款多是低于 100 美元的小额资助，但是由于支持者众多，捐款从网上不断涌来，总额突破了 12 亿美元。

通过互联网，人们看到了一个活力十足、异常亲民的总统候选人。与之相比，共和党总统候选人麦凯恩则很少使用网络，因此，人们把奥巴马称为美国历史上第一位“互联网总统”。

挑战之二：微传播时代到来了

回顾媒体发展的历程，广播出现的时候，有人说报纸要死了；电视出现的时候，又有人说广播要死了，如今，人类已经进入互联网时代，传统媒体衰亡的论调再次唱响。2014 年，报纸的发行量出现“断崖式”下滑，电视媒体的地位岌岌可危，门户网站甚至也成了“旧媒体”。2014 年岁末年初，两大新闻在中国传媒界“一石激起千层浪”：

一是上海《新闻晚报》于 2014 年 1 月 1 日起停刊，有记者为此填写《江城子》："十年青春空飞扬，人未老，报先亡，新识旧友，何处诉离肠。千简万牍著文章，朝随露，夜伴霜。一夜北风旗幡乱，刀笔断，鸟弓藏，青丝白发，谁人不彷徨。往昔峥嵘随流水，落花黄，晚报殇。"哀伤意味不绝于耳。二是海尔改变广告投放策略，不再向杂志、广播和电视等传统媒体投放硬广广告，转而投放新媒体广告。张瑞敏这个在深度反思互联网思维对海尔的影响之后作出的决定，让以卖广告为生的传统媒体唏嘘不已，各路人马唱尽挽歌。

微传播的传播特征

"自从有了智能手机，世界各地就出现了大量行尸走肉！这些家伙外形和人类相似，但有一个最大的特征，就是目光向前下方倾斜，一只手或两只手抬起到面部至腹部之间，手指（通常为食指或拇指）不停作出规律性运动。"这是一条 10 万$^{+}$的朋友圈，十分形象地描述了微传播的特点。

微传播，指的是以"两微一端"（微博、微信、移动客户端）等新媒体为媒介的信息传播方式。一个"微"字，形象地表明了微传播的特点：传播的内容是"微内容"（一句话、一个表情符号、一张图片等）；传播体验是"微动作（通过简单的按键操作、鼠标点击完成选择评价、投票功能）；传播渠道是"微介质"（手机等介质）；传播的对象是"微受众"（小众、对象性传播）。① 与传统媒体相比，微传播在传播上具有以下几个主要特征。

第一，微博、微信等自媒体在传播方式上实现了核裂变式的广泛传播，对新闻和舆论传播产生了革命性的影响，几乎颠覆了"把关人"这一传播学经典理论。

1947 年，传播学四大奠基人之一、著名的社会心理学家库尔特·卢因在《群体生活的渠道》一书中提出"把关人"理论，即在群体传播过程中存在着一些把关人，只有符合群体规范或把关人价值标准的

---

① 金婷：《微传播特点及效果分析》，《新闻前哨》，2014 年第 9 期。

信息内容才能进入传播的渠道。传统媒体在信息发布之前，把关人（记者或编辑等）会根据一定的标准（通常为新闻价值）对信息进行把关，使得进入广播、电视、报纸等传统大众传播渠道的信息，大到是否采用这则信息，小到稿件的语言措辞，基本上都是符合传媒组织的立场和方针以及社会价值衡量标准的。然而，在“自媒体”条件下，只要不涉及敏感话题，每个网民都可以不经任何人同意，在微博上即时实现消息的传递。虽然各大运营商都设置了严格的机器审核和人工审核程序，但这种审核主要是通过设置关键词来进行的，更多地体现为政治把关。因此，当传统媒体的把关人还在琢磨这条消息要不要报的时候，该消息早已通过微博、微信等平台被广而告之了。

比如，在“7·23”甬温线特别重大铁路交通事故发生后，网络ID为“袁小芫”的微博网友在事故发生4分钟后发出第一条微博，比国内媒体在互联网上的第一条“列车脱轨”报道早了两个多小时；2010年8月8日凌晨，假期回乡的重庆理工大学学生王凯用手机在微博上发布了一条19字信息，最先向外界发布甘肃舟曲特大泥石流灾害的消息；而在天津港“8·12”瑞海公司危险品仓库特别重大火灾爆炸事故中，重点节点消息无一不是在微博、微信、微视频等新媒体平台首发，再一次显示了社交媒体传播速度快、及时性强的新闻优势。

第二，微传播与其他传播方式最大的区别在于草根性和自媒体性，微传播为广大公众提供了前所未有的发声空间，造就了一个全民传媒时代，尤其是移动互联网终端的普及，使得在一些突发事件发生后，互联网上马上就会有图有真相，有视频，有评论，而第一个向社会公布信息的，往往不是新闻媒体或政府机构，而是事件的当事人或亲历者。报纸、杂志、电视等传统媒体的议程设置能力和影响力进一步下降，“两微一端”成为人们了解新闻时事的第一信息源，成为汇聚民意、反映民情的重要通道，成为社会舆论酝酿、发酵和传播的重要舆论场，特别是拥有月活跃用户6.5亿的微信，成为社会舆论的新引擎。

这是“人人都有麦克风”的时代，每个人都是信息的生产者和消费者，在这样一个时代，公众的知情权意识、参与意识和监督意识越来越强烈，众说纷纭、众声喧哗成为舆论新常态，各级政府面临着持续增长的信息公开压力。公众通过“两微一端”积极介入政府管理、公共政策制定与实施以及官员执政表现等公共事务已是大势所趋，微吐槽、微举报、微围观、微调查让互联网舆论监督进入了新阶段。尤其是在网络上极受瞩目的公共事件，政府的及时介入与回应，以及对于事件调查结论的及时通报，已经成为政府平息众怒和维持社会稳定的必然之举。[①]

学者刘建明最先提出了舆论场效应。他认为，舆论场是指包括若干相互刺激的因素，使许多人形成共同意见的时空环境，舆论场是舆论形成的条件与空间，构成舆论场有三要素：同一空间的人群密度与交往频率；舆论场的开放度和舆论场的渲染物和渲染气氛，即同一空间人们的集结密度与交往频率较高、空间的开放度较大、空间的渲染力（鼓动气氛）较强，形成舆论场的可能性便越大。[②] 新华通讯社原总编辑南振中认为，在当下中国，客观存在两个舆论场[③]：一个是党报、国家电视台、国家通讯社等“主流媒体舆论场”，即官方舆论场，它忠实地宣传党和政府的方针政策，传播社会主义核心价值观；一个是依托于口口相传特别是互联网的“民间舆论场”，人们在微博客、BBS、QQ、博客上议论时事，针砭社会，品评政府的公共管理。互联网成为“思想文化信息的集散地和社会舆论的放大器”，改写了“舆论引导新格局”。

还是以“7·23”甬温线特别重大铁路交通事故为例，两个舆论场的表现截然不同。传统舆论场报道自发救援的当地农民，踊跃献血的温州市民等，希冀在灾难性事件报道中给人正面力量和希望，但是，这样的报道原则在天灾中尚可得到认可，若是人祸，则会被认为避重就轻，转移话题甚至粉饰太平。而在民间舆论场中，微博上出现从事故现场发出的求救，不断披露的救援细节以及受害者家属的控诉，强

---

① 黄燕翔：《推进政府信息公开：背景分析与建设思路》，《长春理工大学学报》（社会科学版），2014 年第 12 期。

② 刘建明：《社会舆论原理》，华夏出版社 2002 年版。

③ 南振中：《把密切联系群众作为改进新闻报道的着力点》，《中国记者》，2003 年第 3 期。

烈的现场感使人感同身受，悲愤情绪蔓延，一边倒的质疑使批判上升到制度高度，“民间舆论场”，几乎完全淹没或者抛弃了传统媒体看重的正面因素。

第三，微传播时代，无论是传统媒体，还是新媒体，都呈现出了情绪化传播的传播特点。为什么今天的媒体喜欢传播社会情绪呢？

首先，从媒介传播的本体来看，无外乎信息、观点和情绪三类，而在这三者之间，最容易得到传播的是情绪。比如，2013 年年初，有一个信息引起了社会广泛争议。被称为“史上最严交规”的修订版《机动车驾驶证申领和使用规定》于 2013 年 1 月 1 日起施行，新规规定，驾驶机动车违反道路交通信号灯通行的，一次扣 6 分。抢黄灯行为属于违反道路交通信号灯通行，对驾驶人处 20 元以上 200 元以下罚款，记 6 分。该信息本身无疑是客观的，但最后形成社会广泛争议，则必须通过主观的评论来完成，这就有了观点。如有人评论说，如果是这样，那就用不着红黄绿 3 个灯了，有红灯和绿灯两个灯，红灯停，绿灯行就可以了。还有人说，那两个灯也太浪费了，直接用一个灯，亮了行，灭了停，不就完了吗？值得注意的是，与观点相比，更容易传播的是情绪，如针对“闯黄灯扣 6 分”的新规，网上有人直接开骂：如果不是脑残，怎么可能制定出这么脑残的规定呢？这帮傻 X，成天坐办公室里拍脑袋，能干出什么好事啊，等等。

这是一个信息过载的时代，当信息过载的时候，公众就需要有人来提供判断，而这个判断，就是观点，因此，观点比信息更容易得到传播。但是，在快速切换的社会环境中，尤其是互联网发展的技术条件下，比观点更容易得到传播的是情绪。情绪，是传播度最高的传播。

其次，从新闻生产的流程来看，从记者到编辑，再到总编辑，是一个新闻不断被情绪化，或者说，不断被戏剧化和冲突化的过程。记者是冲在第一线的，写出的稿子是第一稿，一般来说，每个记者都希望尽量传达真相，通过传达真相实现自我价值，获得职业荣誉感。记者的稿子交到编辑手里后，编辑的主要工作是提炼亮点，修改导语、小标题或者文章结构，而这个过程，就是一个故事化、冲突化，甚至戏剧化的过程。最后，稿子到了总编辑那里，总编辑一般都不改稿子了，改什么呢？改角度，改标题，进一步提炼亮点，把最突出的部分放到最明显的位置，而这个过程，情绪就被凸显了出来。

再次，从传播介质的发展历程来看，从报纸到电视，再到互联网，传播的内容越来越情绪化。报纸要落到文字上，需要足够的逻辑，但不需要那么多的情绪。电视就不一样了，它需要画面，画面讲究感染力。所谓感染力，一定不是文字的逻辑之美，而是情绪的感染力。到了互联网更是如此。报纸有版面语言，电视有画面语言，互联网也有一个语言，就是标题。尤其是在移动媒体时代，手机的屏幕那么小，如果一眼看上去不够吸引的话，是不会去点击的。现在所有网站的考核，主要以新闻点击量为主，点击量上不去，不仅没有绩效，工资可能也拿不到。所以我们看到，标题党是在网络新闻兴盛之后才出现的一个词，网络编辑必须要把标题做得足够惊悚才能够吸引人。

最后，传播者或者说新闻从业人员越来越年轻化的趋势，也使情绪化传播的现象越来越严重。这些年来，冲在新闻第一线的记者年龄越来越年轻，从 70 后到 80 后，再到如今主要以 90 后为主。70 后，也就是有一定年龄和阅历的记者，知道什么叫“政治”，他能够理解政府是一个系统，在这个系统内，组织责任或系统责任与个体责任是有区别的，他能够明白所谓的官话套话背后是一套什么样的真实逻辑，他能够看出假如不同部门出现掐架，肯定是各自有各自的说法，他能够理解官员的为难之处，因为很多话没有办法直接说出来。但是 80 后，尤其是 90 后记者恐怕就不能理解，他们是互联网一代，权利意识和监督意识都很强，因此，在报道的时候就会更加情绪化。

总之，媒介环境的变化倒逼着我们必须去回应社会关切，疏导社会情绪，这也是社会发展到今天对每一个政府官员提出的新要求、新挑战。

第四，微传播时代，互联网具有强大的组织和动员能力。网络组织主要是通过网络群组来实现的，即网民根据人际关系、兴趣爱好、价值取向等，通过社交网站组织群组来开展活动，而网络群组里进行的一些隐蔽活动，政府是很难进行监管的。比如，2011 年 1 月底至 2 月初埃及政局动荡期间，“脸谱”是抗议者传播信息和组织活动的主要途径，因此，许多媒体把埃及和中东的这波公众抗议浪潮称之为“推特革命”或“脸谱革命”；美国的“占领华尔街”运动中，人们借助于Twitter、Facebook和Meet up等平台，建立了联系，聚集起来参与运动；在俄罗斯反杜马选举舞弊包括反普京活动中，很多网民通过脸谱、推特和俄罗斯本土的社交网和国际社会进行联系，一些网民还自发在微博上建立一些群组，然后走上街头进行抗议活动，导致整个活动像滚雪球似的扩大，有评论称这是俄罗斯历史上第一次非传统力量发动的大规模抗议活动。

在有些国家，群组和圈子发展到后来成立了政党，如美国脸谱网民组建的茶党和咖啡党，支持者和成员超过几十万，成为影响美国的重要力量，而由支持盗版的网民组建的海盗党已经成为瑞典第三大政党，很多成员还在欧洲议员竞选中获胜，目前，有十多个国家都出现了海盗党，并组建了全球海盗党联盟。

如今，网络社交应用与手机定位功能相结合，对网民的动员可以实现精准化，即通过分析网民的不同态度或兴趣等，对特定群体进行精准动员。据美国《在线杂志》透露，美国情报机构为配合在全球范围内进行“非暴力政权更迭”策划的机构——爱因斯坦研究所等非政府组织的活动，针对年轻人利用互联网以及手机的偏好专门开发了各种最新通信工具。美国著名的研究所兰德公司则把这种战术称之为“蜂拥而至”，意指年轻人通过发送短讯或互联网互相联系，聚集在一起，听从更迭政权的命令。利用这些新技术手段把目标国的年青一代作为主要渗透目标，积极培养亲西方力量。也因此，这种政变模式被冠上了“后现代政变”的时髦名称。①

总之，当有人提出“世界微博政治史”这样的说法时，表明在微博、微信等社会化媒体的帮助下，个人影响社会的力量在逐渐增加，“人人都可以低成本地挑战国家”越来越成为现实。与此相对应，政府及官员对互联网舆情事件的风险认知与反应能力不足等一系列问题，使互联网带来的挑战显得格外严峻。

---

① 方妍：《互联网时代的意识形态渗透与反渗透》，来源：凯风网，2011年10月11日。

独特的“网落官”现象

近年来，伴随着互联网的出现和普及，有一个现象十分引人注目，那就是“网落官”。从“下跪”的副市长李信到“香艳”日记局长韩峰，从微博直播开房的谢志强到事故现场微笑的杨达才，从掉入桃色陷阱的雷政富到被跟踪记录的赵明华，从猥亵小姑娘的林嘉祥到动手打空姐的方大国，从被情妇爆料的衣俊卿到被记者举报的刘铁男，几乎每一起“网落官”事件，都会引发网民围观与吐槽的强烈兴趣，产生“一石激起千层浪”的戏剧化传播效果，而每一次网民的集体狂欢，都会对官员和政府形象产生严重损害。

为什么“网落官”会像雨后春笋般纷纷出现？笔者认为，原因主要有三个。首先，正如人们将互联网称为“反腐利器”，技术的发展为网络反腐提供了一种便捷有效、影响广泛的参与手段，无论是论坛发帖，还是微博举报，网络反腐信息传播得更快，传播力更强，更能迅速引起社会关注。因此，网络反腐成为民间反腐的一种新的进化手段，公众只需轻点鼠标，就可以行使对权力机关和政府官员的监督权。其次，“网落官”的红火恰恰反映出常规反腐渠道不畅通的现实。过去，群众通过正常程序举报，面临诸如耗时长、资费高、隐蔽性差等一系列问题，有时还会遭遇“官官相护”的情况，发出的举报信在经过多次批示后，最终居然落到了被举报人的手中，很多举报人因此遭到报复。所以，“信访不如信网”，当互联网的隐匿性能够更好地保护举报人的合法权益时，网络反腐越来越成为群众首选的举报形式。再次，强劲的“网络反腐风暴”是公民通过互联网参与政治的一种表现，反映了当前民众日益高涨的对公共权力及政府官员的监督诉求，彰显了公民权利。互联网降低了公民政治参与的门槛，拓宽了政治参与的范围，通过举报揭露或者吐槽跟帖等网络反腐的行为举措，网民获得前所未有的“政治参与感”，因此，假如说党政机构主导的反腐是一种“权力反腐”，网络反腐本质上是一种“权利反腐”，二者相辅相成，实现了对公共权力和腐败官员的有效监督，共同推动着中国的廉政建设和社会进步。

“网落官”的信息来源主要有三大类。第一类是当事人，一般是事件的受害者或参与者，他们手中直接掌握着证据，以真实身份公开举报腐败官员。如被常艳放到博客上的长达12万字的日记《一朝忽觉京梦醒，半世浮沉雨打萍》，详细记载了中央编译局局长衣俊卿与博士后常艳之间的交往过程；而在猥亵女童事件中，深圳海事局副局长林嘉祥的“网落”，正是因为被猥亵女童的父亲将酒店监控录像直接配音之后公布到网络上；微博直播开房的谢志强，毫无疑问也是事件当事人，不过他是自己暴露了自己。第二类是代言人，包括传统媒体的记者和民间职业举报人等，他们通过当事人掌握了大量腐败细节和证据，作为当事人的代言人通过网络公开曝光，举报或揭露涉腐行为的具体细节，并对其言论及行为承担相应的法律责任。如实名举报刘铁男的罗昌平、撰写“下跪的副市长”一文的李新德，自称“民间第一职业举报人”的姜焕文，以及爆出重庆不雅视频的著名独立调查记者朱瑞峰等。第三类是目击者，在自媒体时代，随手一拍，就可以把官员言行不当的视频记录下来，放到网上。“微笑哥”和“表叔”，都是被目击者拍到的；李亚力之子李正源对交警的蛮横跋扈，也是由现场围观者拍下来放到网上后广为人知，并导致这位公安厅副厅长落马的；那些通过履历被挖掘出来的一脸稚嫩的“火箭”官员，也属于此类。

“网落官”的落马原因主要集中在生活作风、权力滥用和言行不当三大类。因生活作风问题而被“网落”的官员在“网落官”中的比例最大。早在2004年，“下跪的副市长”——原山东省济宁市副市长李信被情妇举报，因台上的正襟危坐、光鲜亮丽和下跪求饶时痛哭流涕的形象反差引起了网民热议，于2005年7月4日以受贿罪被判无期徒刑。2007年，因暴力殴打情妇的原云南省个旧市副市长童外元被依法罢免了职务。2008年，徐州市泉山区原区委书记董锋以“一夫二妻区委书记”闻名网络，在网友爆料5天后即被免职，后因受贿罪被判处有期徒刑13年。2009年，湘西“好色州长”杜崇烟被一个《州长全国人大代表奸污北大女生》的帖子爆料获刑10年。

从2010年开始，因生活作风问题被“网落”的官员逐年增加，其中影响较大的有：2010年年初，网络流传“韩峰日记”，原广西来宾市烟草局局长韩峰因“性爱日记”被网友曝光，后被判处有期徒刑 13 年。2011 年 6 月 20 日，江苏省溧阳市卫生局局长谢志强因“微博”直播开房当天就被停职。2012 年 11 月，重庆市北碚区区委书记雷政富因网上爆出不雅视频而被秒杀落马，山东省农业厅副厅长单增德因网络曝出“离婚承诺书”被立案调查。2013 年 6 月，纪英男在微博中曝光被国家档案局政策法规司副司长范悦诱骗“包养”4 年，后范悦被免职。8 月，网民爆料上海高院法官“组团嫖娼门”，5 天后，上海市高级人民法院民一庭庭长陈雪明，副庭长赵明华，纪检组副组长、监察室副主任倪政文被双开，民五庭副庭长王国军被撤职。

权力滥用是“网落官”的另一大类别。原山西省公安厅副厅长、太原市公安局局长李亚力，在其子因违章行驶与交警发生冲突后，滥用权力，指使手下动用刑侦、技侦手段销毁证据，包庇儿子。原山西省静乐县县委书记杨存虎的女儿王烨，从上大学开始从山西省疾控中心每月领取由财政全额拨付的基础薪、生活补贴及住房公积金等，大学学费也由省疾控中心承担，事件被网友以“静乐县委书记女儿五年吃空饷 10 万元”为题曝光，杨存虎被免职。而河南省周口市在 2013 年开展的全市公职人员“吃空饷”问题治理中，查出各类“吃空饷”人员达 5 731 人，按每年每人平均工资 2 万元计算，仅此一项开支已超过 1 亿元人民币。因滥用权力而诞生的“马路飞机”可谓是互联网“史上最牛”主角之一，河北省高邑县县委书记崔欣元迷信风水，高价买回一架退役老式歼 6 歼击机摆放在县委大院一条丁字路口的正中位置，还围绕它修了个小花园，把大马路堵死，3 年后，一个《高邑县领导打造史上最牛丁字路》的网帖曝光此事，最终使崔书记落马。

权力滥用型“网落官”中还有一个值得引起注意的群体，那就是“火箭官员”，特指那些被“火箭”提拔的年轻官员。近年来，被媒体曝光过的“火箭官员”包括：辽宁东港市副市长 80 后美女董海涛、湖南湘潭县 27 岁副县长徐韬、山东济宁 25 岁女镇长韩寒、河北馆陶县代县长 80 后闫宁、湖南耒阳市 32 岁副市长王卿、“湘潭神女”湖南湘潭市岳塘区发展改革局 21 岁副局长王茜、重庆武隆 19 岁副乡长李泞玉、湖北通山 80 后美女县长胡娟、河北武安 80 后美女副市长郑晓燕、甘肃武威市22岁外侨办副主任焦三牛、湖南石门县委副书记刘琼、湖南岳阳市华容县28岁女副县长赵群子，等等。“火箭官员”普遍存在年纪小、工作时间短、迅速上位的特点，因而遭到质疑。

近年来，因言行不当而“落马”的官员也不在少数。2008年，原南京市江宁区房产管理局局长周久耕因表态“要查处低于成本价卖房”引发争议，随后被网友曝光抽1 500元/条的“九五至尊”烟，戴20多万一块的“百达翡丽”表，在网友的不断爆料中，周久耕终获刑11年。2012年8月26日，原陕西省安监局局长杨达才，一位正厅级官员，因为在36人遇难的延安“8·26”特大交通事故现场面露微笑，从而被网友人肉，以至于从“微笑哥”到“表哥”，一发不可收拾，最终被判有期徒刑14年。言行不当的“网落官”还有涉嫌猥亵11岁女童被网友人肉搜索并被撤销党内外职务的原深圳海事局党组书记（正局级）、纪检组组长林嘉祥，因“打空姐”而被免职的原广东越秀区武装部政委方大国，因“抓记者”引起全国媒体广泛关注而被责令引咎辞职的“史上最牛县委书记”张志国，因公车私用旅游、手摸千年壁画被19岁讲解员出言制止便连扇讲解员两个耳光而被免职的“最牛团长夫人”于富琴（新疆生产建设兵团221团医院党支部书记）及其丈夫新疆生产建设兵团农十二师221团党委常委、副团长陈伟，因开会睡觉而被免职的湖南祁东三名官员，等等。

随着形形色色的“网落官”落马，网络反腐成为反腐工作中一个新亮点，在反腐领域发挥了积极的作用。但是，随着网络反腐热的越推越高，其背后的一些深层次问题必须加以高度重视。

一是相关部门对网络举报回应的无序状态需尽快得到改善。当前的网络反腐基本处在网民自发阶段，相关部门尤其是基层部门对网络举报的应对处置往往迫于舆论压力，并没有明确的规则可循，从而使网络举报的成功具有很大的偶然性，网络反腐成为一种被动式反应的应急行为。

有些举报甫一出现，就得到地方政府和相关部门的重视并迅速加以解决；有些举报看似被充分重视，但雷声大雨点小，对腐败官员的惩处并不彻底；而有些举报，网民以为胜券在握，但相关机构始终不予理睬，按兵不动，网民对此，只能是徒唤奈何，并无良途。

在举报信息的受理和反馈方面，公众的举报信息从网络中来，但举报受理的相关情况反馈却难以回到网络中去——网络举报是否已经被受理，受理的具体情况如何，没有一个良好的机制约束，举报人和网民只有被动等待相关部门发布的信息，而在这个等待的过程中，他们往往会在网络上或口诛笔伐或情绪宣泄，严重损害着政府的公信力。因此，当前亟须制定出台相关的法规条例，建立一套统一的运作程序、工作流程、接纳和反馈机制，有效规范网络反腐工作。

二是缺乏与网络反腐相关的监管、违法追究、损害救济制度，使侵权问题接踵而至。如网络反腐中的失实举报问题。上海交大新媒体与社会研究中心、舆情网联合发布的《2012年中国微博年度报告》显示，在2012年度24起影响较大的网络反腐案例中，系谣言误传的有9个。如借房氏大家族之机推出的“房祖宗”事件，就是典型的失实举报，在这起事件中，济南公安的及时澄清避免了官员被误伤，但更多的失实举报可能就像马季相声所说的，“一封（举报）信八分钱，最少让小子恶心半年”，会对无辜的官员造成莫名的伤害。

综观当前网络反腐成功的案例，几乎都带着一种“墙外扔砖，砸到谁算谁倒霉”的侥幸色彩——如果没有在事故现场发笑，如果那张照片没有在微博流传，如果戴名表的照片没有被搜罗出来，杨达才可能在短短的26天之内被撤职吗？

事实上，作为一种自发性的反腐方式，网民很难掌握什么确凿翔实的证据，也没有进行调查的合法性，从反腐倡廉的整体来看，网络反腐的胜利充其量只能算是一种意外收获，并不是反腐制度化、常态化的必然结果，其模式很难进行复制。此外，网络反腐在发挥教育警示作用的同时，很容易形成寒蝉效应，使其他官员变得更加谨慎起来，并逐渐学会了应对之术——韬光养晦，深藏不露。而这，几乎是网络反腐的一个致命缺陷。“天价烟”和“表叔”事发后，一些官员在公开场合的言行举止开始悄然改变，不抽好烟、不戴好表。江苏卫视主持人@金思辰爆料：刚才某节目录制，请来一领导做嘉宾，刚说三、二、一、准备，领导突然叫停。然后走到一旁，默默摘下手表，穿上外套，系上扣子，挡住皮带，照照镜子，确认无误，这才放心回到场上说可以开始。你说你们这些网友，大热天的看把领导给吓得，容易吗……

再如网络反腐催生的非法牟利问题。2013 年第 6 期财新《新世纪》发表的《删帖生意》一文提到，“黑”公关公司雅歌时代通过向网络编辑及政府官员行贿等方式删除负面新闻，甚至外包网站二级频道和创建自有网站发负面新闻要挟官员或企业付钱删帖。

三是网络反腐中目的与手段的冲突与平衡问题越来越凸显出来。我国刑法规定，传播淫秽的书刊、影片、音像、图片或者其他淫秽物品，情节严重的，处二年以下有期徒刑、拘役或者管制。向不满 18 周岁的未成年人传播淫秽物品的，从重处罚。而重庆不雅视频事件中，在雷政富应声而倒时，人们并不认为上传官员淫秽视频的行为本身是一种犯罪行为，上传淫秽视频的网友也没有因此受到法律的制裁与处罚。

可见，在网络反腐胜利的欢呼声中，目的的正确性掩盖了手段的不正确性。而一些网络举报沦为打压对手的工具，“房叔”的落马就源于“内喉”的报料，在这些借力网络，利用舆论手段打倒对手的网络反腐事件中，网民在快意恩仇的不经意随手转发之间，就充当了一次别人的“打手”。因此，知名网民“花总丢了金箍棒”虽然手里掌握着上万张官员戴表的照片，但他并不打算公开，因为在他看来，他的鉴表行为，要么成为网络情绪发泄的出口，要么成为官场斗争的牺牲品。

四是网络反腐中的伦理规范问题引发了一系列争议。常艳日记曝光后，中央编译局女性被集体曝光，对此，复旦大学副教授沈奕斐在微博中写道：今天在微博上看到有人把中央编译局女性员工的全部照片都展示出来，并加上“妻妾成群”的评论……用制约公权力的名义公然践踏私权力……把所有女性员工看作是被潜规则的对象，这种意淫没有任何正当性……但在中国的网络上，却可以肆无忌惮地传播。目前，我国的网络伦理问题已引起社会各界的广泛关注，亟须借鉴国外如网络“摩西十诫”、美国计算机协会提出的“网络伦理八项要求”等，建立符合我国国情的网络伦理规范并大力倡导推行。

事实上，有关网络反腐，党的十八届三中全会决议也有相关规定，而中纪委给出的相关解读中强调了三点：第一对网络上举报的要及时查处，这一点是题中之义；第二是对失实的要及时澄清，这就是要进一步把内部查处结果透明化，既是对公众交代，也是对相关官员交代；第三点则是对诬告陷害的要追究责任——过去纪委往往更看重实名举报而非匿名举报，但网络举报大都是匿名，这也算是对网络举报的一种约束。

由此，在“网落官”落马的阵阵喝彩声中，我们必须保持一份警醒，那就是不能拔高网络反腐个案的意义，不能因为互联网揭露出了一些官员的腐败案件，就将国家反腐败的希望寄托在互联网上。而是应该深刻认识、准确把握互联网的特点与规律，正确发挥互联网在反腐倡廉建设中的作用，更为重要的是，一定要更好地发挥制度反腐、常规反腐的作用，唯有如此，才能使我国的反腐倡廉事业真正走上健康发展的良性循环之路。

微传播构建的媒介现实

丹尼尔·贝尔在《后工业社会的来临》一书中认为，科技带来的社会生活变革包括“美学感觉”的变化，即技术形成了一种新的空间感和时间感。[①] 微传播就为我们带来了一种全新的空间感和时间感。以微博为例，仿佛是一个模糊了时间和空间的“场域”，不同时空中的人和事就像滚雪球一般，通过不断地被“@”而完成了聚合——那些不同时间发生的各类事件仿佛堆在一起在同一时间呈现在微博空间，使那些五湖四海的人在同一时间共享着同一空间——很显然，在客观现实中，这些人与事是孤立地存在于其所在的时空中的，但是通过微博、微信等微传播媒介却被聚合在了一起。因此，正如社会学学者彼得·伯格（Peter Berger）和托马斯·卢克曼（Thomas Luckman）在1966年共同撰写的《现实的社会构建》一书中将社会现实分为客观现实、

① ［美］丹尼尔·贝尔（Daniel Bell）：《后工业社会的来临》，商务印书馆1984年版，第211—213页。

媒介现实和主观现实三类,[①] 微传播,这个模糊了时间和空间的“场域”,为我们构建出了一个与客观现实有所差异的媒介现实。[②]

网络暴政与集体狂欢

由于网民这一庞大群体受文化、教育等各种因素制约呈现出水平参差不齐之状貌,可以想像,不经过专业传媒组织把关的微博,其所构建的媒介现实不仅与客观现实有很大差异,与传统媒体所构建的媒介现实也有很大不同。

网络暴政之人肉搜索

随着互联网技术的发展,新媒体图景下的舆论形成机制发生了根本性的变化,“人肉搜索”就是如今公共舆论生成过程中经常被用到的一种手段。所谓“人肉搜索”,是指通过集中许多网民的力量去搜索信息和资源的一种方式。“人肉搜索”使信息传播的速度空前加快,常常可以在短时间内快速形成并大规模扩散舆情,但也经常会陷入法律误区,受到道德谴责。

2013 年 12 月 2 日,广东陆丰 18 岁女高中生琪琪到一家服装店购物,店主怀疑她偷衣服,于是将视频截图发到微博上求“人肉”。“人肉偷衣服女生”的信息在网上引起了热烈反响,众多网友纷纷参与“人肉搜索”。很快,琪琪的个人信息被曝光,被同学朋友指指点点,网上也是一片辱骂之声。3 日晚,在连续发出“第一次面对河水不那么惧怕”“坐稳了”两条微博后,花季少女琪琪无奈走上绝路,跳河自杀。“人肉搜索”的目的是希望用社会道德评判来约束不道德行为,但其侵犯个人隐私权等相关权益的不良后果,亟须被规范和监管。

网络暴政之网络谣言

近年来,中国进入了突发事件的高频率发生期,自然灾害、事故灾难、公共卫生事件、群体性事件等各类突发事件接连不断发生,每

---

① Peter L. Berger & Thomas Luckmann, The Social Construction of Reality: A Treatise in the Sociology of Knowledge ⟨New York: Penguin Books, 1991⟩, 205.

② 陈昌凤、虞鑫:《微博空间的政治议题:呈现与建构———从自荐参选人大代表的新浪微博客说起》,《人民论坛》,2011 年 12 月上,总第 348 期。

一次重大突发事件的舆情发酵过程中，谣言都是最有力的情绪触发器和舆论助推器。如天津港“8·12”瑞海公司危险品仓库特别重大火灾爆炸事故中的“700吨氰化钠泄漏毒死全中国人”、重庆万州事件中“打人者是公务员”、贵州瓮安事件中“死者叔叔带到警察局问话被打死”、湖北石首事件中“永隆大酒店又挖出尸体”等谣言在网络上迅速传播。再如，马航事件一开始是各种“平安降落”的谣言，之后，在漫长的等待消息的过程中又充斥着各种阴谋论，所有这些都在符合网民心理认知的美好愿望与合理想像中，裹挟着大众集体走向极端。

为什么互联网会成为谣言的沃土？一是“谣言是这个世界上最古老的大众传播媒介”，几千年来，谣言与人类社会如影随形，不绝如缕。自古以来，中国就有“三人成虎”“空穴来风”“谣言止于智者”等与谣言相关的俗语，秦始皇嬴政正是因为对“亡秦者，胡也”的说法大为不安，才开始北伐匈奴，修筑长城。二是随着社会和科技的发展，信息传播的手段日渐丰富，互联网裂变式传播的特点降低了传播成本，而虚拟空间的匿名效应使网民具备了更大的言语尺度和表达自由裁量权，这些都使互联网成为一个独特的谣言传播场域，文字出现之前以口耳相传的谣言得以在这里快速广泛传播与扩散。三是“实际上，谣言的扩散经常显示出一种对官方渠道消息的不信任，甚至对政府本身就缺乏信任”。① 谣言背后总是或多或少蕴含着一定的社会情绪，反映了传播者对现实政治环境的不满，当人们无法从主流媒体或权威性部门获得信息时，不负责任、混淆视听的谣言就不可避免地形成了，加上一些情绪化的不良煽动，群体情绪不断被感染放大，往往就会造成集体性的情绪宣泄，加剧了事件处置的难度。

谣言是虚假或未经证实的信息，其作用总是消极的，带有强烈的欺骗性和思想煽动性，“谣言传递信息，树立或毁坏名声，促发暴动或战争”。②“一个罗斯福则需要等待几年，一个哈定需要等待几个月才有

---

① 谢建平：《和谐党群关系视域下的网络政治谣言治理》，《中共福建省委党校学报》2014年第12期。

② ［法］让·诺埃尔·卡普费雷：《谣言——世界最古老的传媒》，郑若麟等译，上海人民出版社1991年版。

可能在所有的谈话圈子里制止一场争议，或者结束一次造谣运动。公众不得不忍受无数产生于俱乐部聚会室里、餐桌上及闺房中的恶毒的流言蜚语，它们被翻来覆去地精心传述着，人们兴致勃勃，乐此不疲。”①

《吕氏春秋·慎行》中的“察传”指出了对谣言不可不察的重要性：“夫得言不可以不察，数传而白为黑，黑为白。故狗似玃，玃似母猴，母猴似人，人之与狗则远矣。”即使是以言论自由自居的西方国家，其宪法也对那些引发“明显而即刻的危险”的言论加以限制，美国联邦最高法院有过一句名言：绝不会保护任何人在戏院中诳呼起火引起恐慌的自由。因此，互联网谣言，尤其是政治谣言的传播与治理，是一个需要引起高度重视的问题。

网络暴政之群体极化

互联网群体极化现象，是网民在围观和吐槽某个事件的过程中，“集体无意识”升级后形成的大众集体狂欢。就像莫斯科维奇在《群氓的时代》中所说的那样：“事实上，人类群体的水准降到了其最差成员的层面。……也就是说，群体中人的思想行为会接近那些最低水准的人的平均水平……地位最低的人的标准被用来判断非常普通的事情。”

2011 年 6 月，郭美美就以“中国红十字会商业总经理”的身份通过微博炫富，引起了轩然大波。时隔半个月，面对中国红十字会总会官方微博迟来的回应：“中国红十字会总会再次真诚感谢广大公众和媒体对红十字工作的关心和监督，希望在今后的工作中继续得到大家的信任和支持。我们将以谨慎务实的态度和作风，继续发扬人道主义精神，致力于保护人的生命和健康，把每一份爱心，每一笔善款，传递给最需要帮助的人。”网友们立即选择用“呸”字接龙抗议，一时间，“万呸回帖”成为微博奇观。7 月 7 日，当中国红十字会总会终于在重压之下发布了唯一一则直接回应“郭美美事件”的博文：“北京警方称：郭美美与中国红十字会总会无直接关联。”之后，当日此微博转发

① ［美］沃尔特·李普曼：《公众舆论》，阎克文，江红译，上海人民出版社 2006 年版，第 96 页。

15 305 次，评论达 68 982 条，其中 73% 的评论都是无意义谩骂。[①]

姑且不论中国红十字会总会的慈善事业本身是否出了问题，其舆情应对之策是否优劣，仅就“万坯回帖”这一群体行为来看，无疑是群体极化心理在微博中的极端表现，是不折不扣的“网络暴政”。虽然在实名制的约束之下，与网络时代网民“上来就骂，骂完就走”的极端情绪相比，在微博空间的发言相对理性一些，但事实上，通过加“关注”而实现传播过程的微博由于天然地携带着群体传播的基因，不可避免地使原本就已处于浮躁状态网民的“集体无意识”再度升级，进而可能形成大众的集体狂欢或者个人的孤独狂欢。[②] 中国红十字会总会回应“郭美美事件”的博文遭遇“73% 的评论都是无意义谩骂”，无疑是群体极化心理在微博中的极端表现，是不折不扣的“网络暴政”。

网络暴政之网络审判

互联网舆论空间存在明显的非理性色彩，弥漫着诡辩、谩骂、审判等恶性争论语态，盛行着不问是非、情绪主导与话语狂欢的反智逻辑，“丛林法则”大行其道，理性的观点与客观的分析很难吸引眼球，情绪化、极端化的言论才能被关注、被转发，这样一个被极端和情绪化言论所主宰的舆论空间，充斥着口不择言、人身攻击、舆论审判等话语暴力。

作为民意表达的最现代化的渠道，互联网在舆论监督方面无疑发挥了积极的作用，但是，如果网络监督走向了网络审判，则背离了其初衷。然而，近年来，网络审判屡屡出现。比如在民意汹涌之下，法院最后判决邓玉娇故意伤害罪，免予刑事处罚。有人振臂高呼“正义的胜利”“邓案是中国法律进步”；也有网友提出否定和质疑，认为判决当天是“中国法律黑暗的一天”。从本质上看，网络审判其实是网络监督的一种异化，值得引起警惕。

话语权的数字鸿沟

正如托克维尔曾经指出的，“在平等的时代，人们并不相信有关他

---

① 李妍：《官员微博教程》，《中国经济周刊》，2011 年第 49 期。

② 谢岚：《微博客的分级化传播模式研究》，《新闻传播》，2010 年第 12 期。

们彼此之间全都一样的说法，但是这种比喻却使他们几乎毫无节制地信赖公众的判断力，其原因就在于，所有的人同样开明似乎是不太可能的，真理并不会与人数上的优势携手同行。”[①] 在自媒体时代，虽然技术的发展使每个人都获得了“话语权利”，但是“话语权力”依然属于少数人，他们被称为“舆论领袖”。

根据人民网舆情监测室对网络“意见领袖”进行的调查发现，在近年一些突发事件和公共议题上，网络“意见领袖”的影响力常常超过媒体和政府在微博中的传播力。平时大约 300 名全国性的“意见领袖”影响着互联网的议程设置。在这个颇有影响的特殊群体中，具有文科生、高学历、男性、中年人、阅历丰富、高收入等共同特征。[②]

值得引起注意的是，调查显示，300 名“意见领袖”中，政治价值观属于自由派、对政府和现行体制有较多批评、偏右翼的人数较多，有 162 人，约占 54%；偏左翼的为 53 人，约占 18%；属中性的有 85 人，约占 28 %。[③] 在多元多样化的思想文化领域，如何确立一个基调，如何在此基础上形成和谐的多元复调式社会舆论，对于当前的舆论引导工作提出了巨大的挑战。

麦克卢汉在 1964 年提出：对媒体而言，重要的不是内容，而是媒体本身，是媒体的形式决定媒体的内容。就当前发展最为火爆的微传播而言，与其说是拉近了人们之间的距离，还不如说是现代技术改变了世界，因为微博、微信本身只是技术媒体，是网络技术发展的一个必然结果。有人认为，互联网技术对于一切群众都是开放的，人数的增长在网络空间不会受到阻碍，可以为所有的人（公民或民意代表们）在一起进行对话和协商提供更为便捷的服务。人们之间的协商对话不仅不受时间和空间的限制，而且任何身份、地位、职业、权力、财富等方面的因素在网络世界中都不会干扰人们之间的交流。[④]

---

① ［法］古斯塔夫·勒庞：《乌合之众——大众心理研究》，冯克利译．中央编译出版社 2005 年版，第 155－156 页。

② 《“意见领袖”需要团结和包容》，人民网，2014 年 2 月 16 日。

③ 《“意见领袖”需要团结和包容》，人民网，2014 年 2 月 16 日。

④ 袁峰：《大力拓展政务微博的民主功能》，《人民论坛》，2011 年，总第 348 期。

但事实上，“任何身份、地位、职业、权力、财富等方面的因素在网络世界中都不会干扰人们之间的交流”，这在真实的微博空间只能是一种理论假想。根据加拿大一家名为 Sysomos 的社会化媒体分析公司的统计，一项针对 1 150 万个 Twitter 账户的研究表明，Twitter 发布的 86%的内容是由 10%的注册账户发出的。[①] 微传播使每个人获得了“话语权利”，也通过一定的方式和机缘给予了某些普通人“话语权力”，但更多情况下，“话语权力”的掌握者仍然是来自那些在现实世界中拥有较高社会资本的人群、某种意义上的精英，并且这些在现实世界某个领域拥有较高社会资本的人群，可以在微传播中将其该领域的社会资本扩展到其他各个领域，形成垄断。[②]

因此，虽然微传播的发展是传媒技术先进的结果，但这种结果并不能担当上层建筑才能完成的使命，有时甚至可能导致权力再分配中两极分化的“马太效应”，包括话语权的数字鸿沟正在进一步扩大而不是缩小。[③]

公共领域的幻觉

在腾讯网为《2011 年政务微博年终盘点报告》推出的主页“微观天下，博览政声”中，有这么一段卷首语：“2011 年注定被称为是中国政务微博元年。从‘郭美美事件’到‘温州动车事故’，在一系列重大事件发生之后，围观彰显态度，互动即是观点，全体网民的参与使事件的解决、公权的运行一次次被拉向正常轨道。同时政务微博有效地发挥了社会‘减压器’和‘稳压阀’作用，促政通、谋人和，搭建了一道与民沟通的靓丽风景线。”[④] 还有学者指出，微博的价值不仅在提高信息的时效性，其背后更深的含义是微博低门槛的准入为公民提供

---

① Stone, Brad & Noam Cohen, “Social NetworksSpread Defiance Online”, The New York Times, June15, (2009): 11. 转自赵民，张军锋：《社会运动中的 Twitter 现象——兼论 Twitter 的性质与发展方向》，《新闻大学》，2009 年第 4 期，第 34～44 页。

② 《微博空间的政治议题：呈现与建构———从自荐参选人大代表的新浪微博客说起》，陈昌凤、虞鑫，《人民论坛》，2011 年，总第 348 期。

③ 王嘉：《微博传播中的话语权分配》，《郑州航空工业管理学院学报（社会科学版）》，2012 年 2 月，第 31 卷第 1 期。

④ http://z.t.qq.com/weibozt/zhengwuweibo2011.htm.

了更开放、更便捷和多元化的平台，提供了一个跨地域、跨阶层、跨行业的新公共领域。①

面对“自媒体”的种种乐观的论断，我们是不是可以认为，微博、微信的普及，能够完全满足民众的政治想像呢？笔者对此并不以为然。早在1922年，美国作家、记者、政治评论家沃尔特·李普曼（Walter Lippmann）就提出，由于认知框架的存在，人们所读到、听到和看到的新闻实际上是一种复杂的文化产品，是对客观现实有选择的取舍和倾向性的建构。媒介向人们展示的所谓“脑海图景”（pictures in our head）与社会现实之间总是有距离的。②

哈定在《公地的悲剧》一文中讲述一个故事：英国封建主在自己的领地中划出一片土地作为“公地”，无偿向牧民开放。但由于是无偿，每个牧民都在公地上过度放牧，公地“超载”而荒漠化，牧民的牛羊也全部饿死。微博空间看起来正好是一块“免费的公共空间”。但现实情况却是，“人类历史就是它所表现出来的那个样子，按照‘大社会’的尺度进行政治思考需要一种忘我的沉静心态，这可不是任何人在任何时候都能做到的。我们全都受到了公共事务的影响，但是我们全都沉溺于私人事务之中。我们的时间和注意力有限，不愿费力注意那些还没有被视为理所当然的意见，而且我们很容易受到不断地干扰。”③ 网络空间中的私语化倾向，使得日常叙事完全挤占关乎公共利益的公共话语空间，致力于“娱乐无极限”的网络已无精力充当公众话语的传递人。今天的网络虚拟空间中，想严肃地讨论某一个政治事件成为一种奢望。④

2011年引起社会广泛关注的“胡丽天事件”就是一个典型的案例。成都的听证达人胡丽天在随机抽签的情况下，7年间竟然23次被选中

---

① 陈文胜：《“微博问政”与党的执政方式创新》，《兰州学刊》，2011年第12期。

② 黄成炬：《媒介社会学》，载于鲁曙明，洪浚浩的《传播学》，中国人民大学出版社2007年版，第6页。

③ ［美］沃尔特·李普曼：《公众舆论》，阎克文，江红译，上海人民出版社2006年版，第42页。

④ 刘远军：《论网络空间“身体超重”与“精神家园”重构》，《编辑之友》，2011年第12期。

为听证代表，人们怀疑她是“最佳群众演员”，是当地政府部门的“托儿”，但事后证明并非如此，是因为听证会报名没有报满，所以一个热心的老太太才能不断地中签。如2011年7月举行的成都市中心城区机动车临时占道停放差别收费方案听证会，只有7人报名，胡丽天是其中之一。“成都限车听证会”的网页评论有26.5万篇，但报名参加听证的市民仅有15人。[①] 2011年7月19日，《人民日报》发表评论指出，4.85亿网民成天在网上批评社会，批评政府，但为什么对改良制度的现实渠道视而不见，或者根本不感兴趣呢？胡丽天事件提醒人们，虽然听证会制度本身确实需要改进，但不是只在网上骂娘就能解决问题。[②]

这一点对方兴未艾的政务微博而言也同样适用。正如一篇评论《政务微博：生命不能承受之重》所言：政务微博的开通初衷，只是将之作为一个政府发布信息，倾听民意的窗口，它更多的是以一个倾听者的身份出现，重在打捞那些社会各阶层“沉没的声音”。而民众往往期望表达的声音迅速从线上转入线下，进入正式的议事日程。网络中的政务微博并不能取代现实的政府机构，网络民意表达并不直接指代网上办公、网上办事。政务微博的最终目的应是引导网上的舆论力量参与网下的现实政治生活。[③]

而若是希望在这样一个所谓的公共空间通过讨论达成某个共识，更是难上加难，微舆论空间的争论因为各方有着鲜明的派别意识，争论时并不总是以事实与逻辑为依据寻求真知，而往往是先入为主、预设立场，博弈各方自以为掌握着真理而对对立方的观点嗤之以鼻，常以主观判断取代客观事实、用立场站队取代辩驳事理。争论的目的主要是为了印证对方观点的错误性，证明己方观点的正确性，非此即彼，非敌即友，争论的方式基本上都是用立场回应立场，用抱团对待抱团，用对与否、支持与反对等极端方式简化复杂情境。这样的争论，其结

① 庞清辉：《听证“达人”胡丽天：网友指桑骂槐 我就是那桑树》，《中国新闻周刊》，2011年7月22日。

② 刘裕国：《“专业户”为何频现听证会?》，《人民日报》，2011年7月19日。

③ 宫兆轩：《政务微博：生命不能承受之重》，《中国新闻出版报》，2012年2月2日。

果要不就是一地鸡毛，周而复始，没有止境；要不就将问题和纷争的根源推向凌空虚蹈的抽象体制，使争论最终不得不走向无疾而终。①

最典型的例子莫过于2016年春节期间火遍网络的“上海女逃饭江西”，一个虚构的故事，引发了人们高涨的围观和议论热情。对此，蔡方华评论道：这让我想起安东尼奥尼的电影《放大》中的一个场景，主人公看见一群人正在热火朝天地打网球，但网球本身是并不存在的。当那个虚拟的网球落到主人公脚边时，他做出了一个令人惊讶的举动，捡起了那个并不存在的网球，把它扔回到了场地里。这个场景看似荒诞，但恰恰是现实的本来模样。核心客体的缺席，并不妨碍游戏的进行。事实本身还没有得到求证，站位和批评就已经拉开架势。为什么会这样呢？因为那个缺席的客体是“先在”的，它埋藏在很多人的心里。一个虚拟的故事，只要它能满足人们对于文明冲突的想象，只要符合“凤凰男”和“孔雀女”的叙事结构，人们就乐于谈论它，并且从谈论中获得成就与收益。很多话语泡沫，就是这么产生的。②

因此，当越来越多的民众倾向于把微博视为“社会倒逼政治”的重要工具和推进中国公民社会建设的重要渠道时，我们必须保持一份必要的警醒，在当下的网络环境中，微博微信固然已经成为舆情的重要源头，是“发现事件”的重要途径；固然能够突破严格的传统媒体信息控制和较弱的制度性政治参与渠道，开辟一个新的言论管道；固然能够在技术手段上实现大众性直接民主，但倘若因此就认为在微空间形成了网络公民社会，这只能是一种“公共领域的幻觉”。③

著名社会学家尔文·戈夫曼（Erving Goffman）1974年提出了著名的“框架理论”，认为人们在接受和认识社会现实时，总会受到自身由于政治、经济、文化等方面经历的影响，从而无意中选择、强调或排除了某些信息。微传播就是这样一柄双刃剑，我们既要看到其促进中国民主政治改善和监督政治权力的积极一面，但另一方面，我们也要看到互联网有可能不是凝聚而是撕裂了社会共识，不是消弭而是扩

① 参见任昌辉：《微博舆论场博弈的内涵分析》，人民网传媒频道，2014年12月8日。
② 蔡方华：《听见喧嚣守住静美》，《团结湖参考》公众号，2016年2月22日。
③ 王向民：《网络暴政：蒙面人的自由行动》，《探索与争鸣》，2010年第6期。

大了社会分歧，如果忽视自媒体这个“框架”下呈现出来的媒介事实，所有关于微传播的美好想像终将成为明日黄花。

另一种传播：阴谋论

2014 年 3 月 8 日凌晨 2 时 40 分，由吉隆坡飞往北京的马航 MH370 与管制中心失去联系，一架载有 239 人的飞机从此杳无音信。从被宣布失联的第一天开始，马航事件就成为“一盘很大的棋”。从“平安降落”到“降落无人岛”，从美国借此探明中国在南海的军事实力到美印合谋把飞机藏在安达曼群岛的某个军事基地以此要挟中国，从马来西亚政府隐瞒了机长是因为马来西亚国内的政治斗争而劫机到美国又变成通过媒体爆料倒逼马来西亚政府公布更多信息的“友人”，这场民航史上最为诡异神秘的事件成了阴谋论层出不穷的舆论飞地，“这盘很大的棋”高深莫测，令人无所适从。

阴谋论（conspiracy theory），历来被许多社会科学家视为“一种极端主义者构思出来的不可取信的想像”①，是偏执和妄想，是一种社会病。而今天也有人认为，阴谋论不过是人们对于重大社会事件的一种娱乐消遣方式。还有学者认为，这个世界需要阴谋论者，因为不论对阴谋的解释是否属实，阴谋论者都能够在很多事情上带给我们一些颠覆性的想法，并进而影响我们看待世界的方式，让我们不再囿于单一的思维，而是发现这个世界原来可以有更多的可能性。

那么，什么是阴谋论？为什么人们总是相信“此事必有蹊跷”？我们又应该如何正确看待形形色色的阴谋论呢？

何为阴谋论？

何为阴谋论？顾名思义，就是关于阴谋的理论。其学术定义，指的是一种特定的相信某一个强大的团体或组织通过秘密计划和有意的

---

① ［美］桑德·范·德·林登：《人们为什么会相信阴谋论》，《青年时报》，2014 年 3 月 18 日。原文标题为《Moon Landing Faked!!! -Why People Believe in Conspiracy》，刊登于《科学美国人》杂志，译文选自译言网。

隐蔽行动，引起并掩盖一个非法或有害行动产生的解释理论。① 阴谋论通常将一件重大社会事件的最终起因解释成一些险恶阴谋的一部分，也被称为“黑手论”，认为在某个事件背后肯定有一只“黑手”在操控。第一个提出现代意义上的“社会阴谋理论”的人应该是哲学家卡尔·波普尔。他说：“有一种非常有影响的哲学人生观，大意是说，在这个世界上无论什么时候发生了某件真正坏事，那么都肯定有某个人是造成此事的原因：这件事肯定是某个人故意而为。”②

阴谋论充斥于人类社会，种类无所不包，最极端的阴谋论案例当属著名思想实验“缸中之脑”。1981 年，美国哲学家希拉里·普特南（Hilary Putnam）在《理性，真理和历史》（Reason，Truth，and History）一书中阐述了一个假想：一个人（可以假设是你自己）被邪恶科学家施行了手术，他的大脑被从身体上切了下来，放进一个盛有维持大脑存活营养液的缸中。大脑的神经末梢连接在计算机上，这台计算机按照程序向大脑传送信息，以使他保持一切完全正常的幻觉。对他而言，似乎人、物体、天空还都存在，自身的运动、身体感觉都可以输入。这个大脑还可以被输入或截取记忆（截取大脑手术的记忆，然后输入他可能经历的各种环境、日常生活），甚至可以被输入代码，“感觉”到他自己正在这里阅读一段有趣而荒唐的文字。那么，“你如何担保你自己不是在这种困境之中？”③

古今中外历史上从来不缺阴谋论，比如“其心可诛”。《后汉书》记载，“《春秋》之义，原情定过，赦事诛意，故许止虽弑君而不罪，赵盾以纵贼而见书。”说的是春秋时晋国的赵穿杀了国君晋灵公，而身为正卿的赵盾没有声讨赵穿，于是，晋国的史官在记载这件事时就写作“赵盾弑其君”，因为其心可诛也。而在西方，共济会自诞生以来就没有离开过阴谋论的漩涡。据说美国政府在奠基之后就一直受共济会操纵，历任美国总统只有被暗杀的林肯和肯尼迪不是共济会成员，连

① 彭凯平：《为什么阴谋论如此盛行?》，来自彭凯平新浪博客 http：//blog.sina.com.cn/s/blog_12ce4f48f0101rrjs.html。

② 深读工作室整理：《阴谋论的起源和招数》，《青年时报》，2014 年 3 月 18 日。

③ 见百度百科《缸中之脑》。

美联储也从属于它们，世上所有花美元的人其实都是在花共济会的钱。不仅如此，这个组织的神秘长老团还怀有一个更大的阴谋：建立一个新的世界秩序。几百年来，共济会成为了秘密、异端、阴谋的代名词，人们已经习惯于将许多真实或虚构的阴谋归于它的名下。

灾难、政治、经济、娱乐都是阴谋论的策源地，在这些领域，阴谋论很流行。2003 年爆发的 SARS 就被认为是一场阴谋，有人认为，SARS 病毒可能是一个美国制造（或共济会）的生物武器，目的是重创华人地区，以遏制中国的崛起。中国人民解放军大校戴旭则称，SARS 是美国为了打伊拉克，怕中国趁机采取其他行动，所以对中国使用的“生物心理武器”。而在美国，有学者和民间人士认为，“9·11”事件是一场政治阴谋，由布什政府自导自演。他们质疑，飞机不可能短时间内撞毁摩天大厦，一个飞行能力中等偏低的人不可能完成撞机。而华尔街的投行在事前就抛售股票以止损。有军事爱好者隐约怀疑北京上空的雾霾是美国制造，而几乎每一场大型空难，都会因其调查的困难费时以及专业性强给了阴谋论者发挥的好机会，从而引发各种充满了政治和军事博弈的阴谋论。

在国际政治中，一个流行的阴谋论就是，“西方在中东为了石油而发动战争”，尤其在第二次海湾战争中，当大规模杀伤性武器传言被证明莫须有后，阴谋论者更是对此确信无疑，就连格林斯潘也认为“美国发动的伊拉克战争是为了石油”。

转基因很早便遭遇了阴谋论。美国学者威廉·恩道尔在其著名的阴谋论论著《粮食危机》中提出，孟山都公司、洛克菲勒基金会等跨国集团通过操纵转基因产业控制多个国家的农业和人口，于是，“转基因显而易见地意味着一场跨国资本甚至发达国家针对中国人的阴谋”。

不少人坚信，1969 年的人类登月其实是美国宇航员和有关部门的一场骗局。他们提出了登月的十大疑点，包括登月照片中的天空没有星星，登月舱降落时没有在月面撞击出一个坑洞，登月舱降落时产生的强劲气体会吹走附近的尘土，所以不可能在登月舱附近出现太空人的脚印，以及月球上没有空气，当太空人在插国旗时，却可以看到旗帜在风中飘扬等。

戴安娜之死也引发了各种阴谋论：被英国情报机构暗杀？英国种族主义分子谋杀？爱尔兰共和军所为？地雷制造商埋下“炸弹”？政治斗争的牺牲品？本命年劫数难逃？甚至还有人认为戴安娜还活着，“诈死”是想摆脱传媒追踪，以逃避世俗的纷扰，现正以另一身份在世界另一边出现。①

可以说，阴谋论的盛行以及对其的消费已经成为一个突出的社会现象。曼彻斯特大学教授彼得·奈特在《阴谋论文化》中认为，人类社会中的负面大事件大多和阴谋相关，阴谋是衍生阴谋论的最好载体，但阴谋论和阴谋不能一概而论。肯尼迪遇刺是阴谋，而中情局和 FBI 参与其中则是阴谋论，“9·11”事件是阴谋，但美国政府是幕后元凶才是阴谋论。阴谋论提供一个真假难辨的故事，一些似有还无的线索和一个推理的过程，把阴谋的旁观者变成追查者，这是纯粹的阴谋无法给予的用户体验。②

为什么人们愿意相信阴谋论?

典型的阴谋论者压根就不相信现象，而是带着阴谋的眼光看世界，认为这个世界上时时处处都布满陷阱，充斥阴谋，每个行为背后都潜伏着某种不可告人的目的。毫无疑问，世间是有阴谋存在的，但动不动就从阴谋的角度看待世界，显然是一种病态的世界观。问题在于，很多人都愿意选择相信阴谋论，为什么？

首先，我们从心理学的视角来进行观察。达特茅斯学院的科学家保罗·惠伦表示，当一个人被无力感和不确定性主宰的时候，脑中一个名为杏仁核的区域就开始活跃。杏仁核基本上无法独立发挥作用，相反，它会发动其他脑区进入过度分析状态——反复评估信息，企图建立一段连贯易懂的情节，从而理顺刚刚发生了些什么，仍然存在哪些威胁，以及现在应该做些什么。③

不妨设想一下，当我们的祖先面对地震、洪水等不可抗的未知威

① 郭小为：《阴谋论的 12 个社会病理学标本》，《新周刊》，2014 年第 10 期。

② 胡尧熙：《阴谋论真相：晒智商、求安慰、找乐子》，《新周刊》，2014 年第 10 期。

③ 《马航事件：谣言、阴谋论为何满天飞?》，《凤凰视点·自由谈》总第 704 期。

胁时，一定会试图去理解并解释这些自然现象，并以此来决定自己的行为。我们知道，他们给出的解释是有神灵在控制，因此，人们开始举办祭祀仪式，并不断祷告神灵保护，以减少对自身的威胁。如今，虽然现代科学技术有了飞速发展，但现代人依然会遇到很多超越人类经验可以理解的事物，对此人们依旧希望能给出自己的解释，阴谋论就此应运而生。正如许多研究所表明的，阴谋论信仰是与无力感、不确定性和普遍缺乏掌控的感觉相关联的，所以，这种偏见存在的目的可能是通过对复杂的社会事件提供简单的解释——重塑可控性和可预见性的感觉，从而帮助人们“理解世界”。①

回到马航事件，好端端的一架飞机飞着飞着就不见了，掘地三尺依然下落不明，怎么会这样？如何来理解这件事情呢？于是，阴谋论者八仙过海，各显神通，纷纷通过自己的已有认识和主观猜测赋予飞机失联以“合理”解释。而这些解释，因为填补了事件发生后的信息真空，往往会被迅速传播并被不加甄别地接受，在这个过程中，人们由于真相缺失而产生的不安情绪逐渐平复，但同时，他们的情绪也被这些解释所裹挟，一场舆论的狂欢因此而被掀起。

清华大学心理学系主任彭凯平曾说：“只要真相的复杂性超出了一些人的理解能力，阴谋论就永远有市场。”② 所以我们看到，阴谋论总是与各种突发事件和重大事件如影随形。

令人惊讶的是，在《纽约时报》刊登的《为什么理性的人会相信阴谋论?》中提到，阴谋论的参与者并不仅限于社会边缘人士。那些绘声绘色的叙述表明其作者具有神智健全的头脑和强大的叙事能力，甚至某些最荒诞的阴谋论也可能建立在理性思维的基础之上，而这一切都加剧了阴谋论的危害性。③

---

① ［美］桑德·范·德·林登：《人们为什么会相信阴谋论》，《青年时报》，2014 年 3 月 18 日。原文标题为《Moon Landing Faked!!! -Why People Believe in Conspiracy》，刊登于《科学美国人》杂志，译文选自译言网。

② 杨杨：《阴谋论为什么这么红？——清华大学心理学教授彭凯平专访》，《新周刊》，2014 年第 10 期。

③ 《马航事件中阴谋论为何大行其道》，中评网，http：//www.CRNTT.com，2014 年 3 月 26 日。

历史学家理查德·霍夫斯塔特在1965年出版的《美国政治中的偏执》中写道，阴谋论是这个国家中最受欢迎的消遣，在涉及某些好惹是生非的外国人时尤其如此。[①] 将美国社会盛行阴谋论归因于“美国政治的偏执作风”，而阴谋论与好莱坞结合，产生了奇幻诡谲的科幻大片，毫无禁忌的想像力超越了现实的荒诞，为观众带来了一次次视觉盛宴。在中国，阴谋论的盛行还有更为复杂的文化背景。比如，中国人“整体性思维”的特点，很容易滑向缺乏逻辑的边缘，滋生阴谋论；而受根深蒂固的教育影响，中国人的认知结构——遇事就归于敌人要阴谋搞破坏的思维方式，更倾向于接受阴谋论；而当阴谋论指向美国时，也会因为符合人们多年形成的反美意识而被欣然接受。

其次，在互联网时代，技术成为推手，使阴谋论的形成和传播更为容易和快捷。一方面，越来越多的阴谋论者通过网络找到同好，给一切事件都蒙上了阴谋论的色调，到处都是幕后黑手，随时随地处心积虑。另一方面，普通网民可以更广泛、更方便地接触此类论调，而这，会使人们更容易滑向阴谋论。一项研究指出，积极接收阴谋论信息，甚至只接触一下阴谋论，都会导致人们开始与重要的政治和社会议题保持距离。例如，丹尼尔·乔利和卡伦·道格拉斯在研究中明确指出，受访者中接收到“全球变暖是一个骗局”这样信息的，不太愿意参与政治，也不太愿意改变个人行为——比如不愿意减少他们的碳足迹。[②] 在《心理科学》上发表的一篇论文中，斯蒂芬·莱安朵斯基及其同事研究了阴谋论者的思维模式与是否接受科学之间的关系。结果表明，相信多种阴谋理论的人明显拒绝接受一些重要的科学结论，比如气象科学或者吸烟致癌。[③]

---

① 《马航事件：谣言、阴谋论为何满天飞?》，《凤凰视点·自由谈》总第704期，2014年3月26日。

② ［美］桑德·范·德·林登：《人们为什么会相信阴谋论》，《青年时报》，2014年3月18日。原文标题为《Moon Landing Faked!!! Why People Believe in Conspiracy》，刊登于《科学美国人》杂志，译文选自译言网。

③ ［美］桑德·范·德·林登：《人们为什么会相信阴谋论》，《青年时报》，2014年3月18日。原文标题为《Moon Landing Faked!!! Why People Believe in Conspiracy》，刊登于《科学美国人》杂志，译文选自译言网。

而在如今的移动互联网时代，阴谋论的传播比过去有了更加丰厚和肥沃的土壤。一个微信公众账号和一个加 V 的微博账号足可以让阴谋论者找到知音。在朋友圈里不断被刷屏的无穷无尽的心灵鸡汤和社会评论当中，一则与阴谋论相关的帖子总是显得卓尔不群，就像马航失联之后，模糊的信息空间潜藏着无数的可能性，于是，花样翻新的阴谋论飞舞在朋友圈里，阐释着一个又一个玄而又玄的阴谋。但事实上，完美的阴谋只存在于阴谋论中，它比阴谋本身更加精致和巧妙，当我们的想像力无处投射时，就只能在纸面上下一盘很大的棋。①

阴谋论的特点

阴谋论有四个鲜明的特征：第一，阴谋论认为世界是完全在理性状态下运行的；第二，阴谋论的基本逻辑是“谁获益，谁操纵”；第三，阴谋论只提供推测，不提供证据；第四，阴谋论喜欢把简单的事情上升到民族和国家利益的高度。

首先，在阴谋论者的眼里，地球可以像一台精密的仪器那样有条不紊地运转，整个社会都在完全理性的状态下极有条理地运行。以货币战争为例，有一点毫无疑问，那就是当今全球的经济运行是由无数机构无数人共同参与的结果，想操纵全世界的经济和金融，使之按照少数人设定的规则运行，简直是一种痴心妄想，然而，在货币战争的作者笔下，全世界的政治、经济活动，包括货币发行和金融运行，全部受制于以罗斯柴尔德家族为首的一批国际金融财团，因为他们拥有足够的财富，能够控制和调遣西方多个国家的政府。

托尔斯泰在《战争与和平》的后记里说，一场战争的决策，并非全都是出于理性。在电影《超完美谋杀案》中，希区柯克也告诉观众，完美的谋杀案只存在于理论中，是无法执行的，因为现实不一定能按照策划者构想的方向发展，一旦付诸行动，就会遇到各种困难。因此，卡尔·波普尔认为，阴谋论的谬误在于它们倾向于把每一个事件都描述成“故意的”和“有计划的”，从而严重低估了许多政治和社会行动

---

① 胡尧熙：《阴谋论真相：晒智商、求安慰、找乐子》，《新周刊》，2014 年第 10 期。

的随机性和意外后果。①

其次，与科学家喜欢事实论证相比，阴谋论者更喜欢揣测动机，其基本逻辑是“谁获益，谁操纵”。他们通常会以一些人有意无意制造的谣言作为起始，从中遴选出或者塑造出一个可能的利益获得者，然后，充分调动和发挥联想能力和推理能力，把利益获得者的行为动机串联起来，从而炮制出一则完整的阴谋论。

强调动机，是阴谋论最大的优势之一，因为不仅简单直接，而且容易引发情感共鸣。还是以马航事件为例，事件的处置暴露出了马来西亚政府搜救能力不足、指挥协调无力的现实，由此可以推断出马来西亚政府“水平不高”的结论。但如果从阴谋论偏好的动机出发，则会认为马来西亚政府是因为政治阴谋故意拖延隐瞒，这就可以得出马来西亚政府“很坏”的推断。而这个推断，很容易就能引发共鸣，民众的愤怒于是就有了出口。某种程度上，我们甚至可以说，在复杂的事件中，人们如此消费阴谋论才是“天性”，而克服这种“天性”去等待和理解专业调查结论则需要极大的耐性与精力。正因如此，也许有关此次事件的阴谋论也会如其他空难一样，永难收场。②

第三，阴谋论者崇尚解释世界，但是他们只负责推测，不负责提供证据。比如在波士顿爆炸案发生后，美国著名的阴谋理论家亚历克斯·琼斯提醒他的听众，“9·11”事件中，其中两架被劫持的飞机是从波士顿起飞的，暗示这两起事件之间可能具有一定的关联性。同时，他提醒说波士顿爆炸案可能是应对金价暴跌的手段，或是政府某项秘密计划的一部分，目的在于让运输安全管理局能够插手体育赛事。所有的这些质疑看似都合情合理，但是，证据呢？

对不起，这不是阴谋论的职责所在。阴谋论只是负责封闭性地循环论证，无论对其前提和细节都不能反诘和追问，如果你非要用证据

---

① ［美］桑德·范·德·林登：《人们为什么会相信阴谋论》，《青年时报》，2014 年 3 月 18 日。原文标题为《Moon Landing Faked!!! -Why People Believe in Conspiracy》，刊登于《科学美国人》杂志，译文选自译言网。

② 张春续：《另一个角度看马航事件的阴谋论》，《腾讯评论·观察者》，2014 年 3 月 27 日。

反驳阴谋论，那也是没有用的，因为，无论科学家怎么说，《X档案》迷们也要相信外星人的事，他们的逻辑是："如果政府没有揭露一个阴谋，那它就是在掩盖这个阴谋；如果政府揭露了一个阴谋，那它就是在掩盖其他阴谋。"①

第四，阴谋论喜欢无限夸大，喜欢用大帽子压人，喜欢把简单的事情上升到民族和国家利益的高度，否则，它的"故事"就讲不下去。以归真堂上市风波为例，为辩护"活熊取胆"，中药协会直斥反对者是"受西方利益集团资助"，并为西方利益集团服务的组织。中药协的逻辑是，归真堂是中药企业，而中药是我国宝贵的民族医药，因此，谁反对归真堂上市，谁就是跟中药过不去，就是在"假借动物保护的名义"，"胁迫我国取缔养熊业，以限制熊胆粉入药、削弱中药竞争力、为西方利益集团垄断中国肝胆用药市场谋取更大利益"。② 借助于民族主义情绪，中药协会成功地把自己塑造成民族和国家利益的保护者。

说到底，这还是权谋思维在作怪。阴谋论天生是权力的"马弁"，在阴谋论者看来，离开了权力，便形成不了阴谋，而阴谋也总是权力者才有资格玩的"游戏"。权力主导的社会，不可能有独立、健康的思维和文化生态，民粹主义的流行，对西方满怀仇恨，将阴谋铭刻于心，都是由这种脆弱的社会心理所导致。③

如何面对阴谋论?

阴谋论和宗教一样，都在努力向人们解答"为什么"的问题，但在当代学术界，"阴谋论"是一个贬义词，甚至被认为是一种社会病，因为无论是其论点、论据，还是论证的过程，都大大超出了学术规则的合理边界。学术界鄙薄阴谋论，因为它不具有真正的认知价值和有效的解释力，却可以被任意滥用。④ 那么，应该如何面对这位"搅局者"呢?

首先，阴谋论信仰是与无力感、不确定性和普遍缺乏掌控的感觉

---

① 深读工作室整理：《阴谋论的起源和招数》，《青年时报》，2014年3月18日。

② 邓聿文：《阴谋论为什么在中国盛行》，《财经》，2012年2月24日。

③ 邓聿文：《阴谋论为什么在中国盛行》，《财经》，2012年2月24日。

④ 刘擎：《你所不知道的真相》，《新世纪》周刊，2011年第3期。

相关联的，因此，不“公开、公平、公正”一定是阴谋论滋生的沃土。以转基因阴谋论为例，当《灭绝中国在行动——转基因食品在中国!》《转基因食品中国的亡国灭种之路》等帖子和微信被疯狂转载的时候，来自政府的声音却十分微弱，支持转基因的理由则变得晦暗不明起来，真相似乎若即若离，在这样一个信息不够透明的舆情环境里，人们情愿相信真相是险恶的，从而有所防备，这自然会进一步推波助澜，让阴谋论肆意生长。因此，对政府而言，提供真实和透明的信息，不仅是满足公众知情权的需要，也是打击各种阴谋论的最有力的工具。而对于普通公众来说，面对阴谋论，最明智的态度是暂时搁置任何论断，等待确凿的证据与合理的推论，直至水落石出，真相大白。

其次，阴谋论盛行，不仅是信息缺乏的结果，也是理性思维缺失的后果。很多阴谋论，只要认真理智地思考一下，就会发现其很幼稚，很可笑。比如，有关 SARS 的各种阴谋论，个个漏洞明显，没有一个经得起仔细推敲，这些论调无不被打上了深深的地缘政治的烙印。而在阴谋论和民族主义的情绪煽动下不断发酵的“石油动机论”，虽然背后有欧美也不讳言的石油现实主义，但只要稍加观察就会发现，西方并不是出兵中东的最大石油收益者，或许旁观的俄罗斯和中国受益更多。

不过，颇为棘手的是，阴谋论具有一个特点：信念固执（belief perseverance），也就是说，当一个人相信一个阴谋论时，无论如何去解释和辩论，哪怕是给出事实和证据，也很难纠正这一认识，甚至会起到反作用。2006 年，政治学者布伦丹·奈恩（Brendan Nyhan）和贾森·雷夫勒（Jason Reifler）发现了一种名为“逆火效应”（backfire effect）的现象。他们指出，那些致力于澄清不准确政治信息的努力反而会让人们更加坚信那些虚假信息。[①]

这就要求我们一定要注重培养科学思维的方法，提高辨别阴谋论的能力。科学思维的方法包括逻辑分析、辩证思维、换位思考，最主

① 张春续：《另一个角度看马航事件的阴谋论》，《腾讯评论·观察者》，2014 年 3 月 27 日。

要的还是要有证据、证明和证伪的科学态度，当一个看起来无论多么合情合理的解释摆在我们面前时，科学的态度首先就是要看是否有证据、是否符合逻辑、有没有办法能够验证对错——而不是本能的接受、相信和传播它。[①] 总之，面对阴谋论，一定要多动脑袋想想，以免掉入陷阱。

挑战之三：对境外媒体开放了

在新中国成立以后很长的一段时间里，境外记者在中国境内的采访活动是受限制的，如果境外记者要去某单位采访，不仅需要提前 3 天提出采访申请，而且中国的接待单位必须为外国记者出具保函或保证金——以至于当时有驻华境外记者自嘲说："我们都是神仙，否则，我们怎么可能提前 3 天就预测到在某个地方会发生某个新闻呢？"

北京奥运会前夕，国务院颁布实施《北京奥运会及其筹备期间外国记者在华采访规定》，规定外国记者在华采访将不再需要向中国政府提出专门申请，只要征得采访对象的同意即可，为境外记者在华采访活动提供了极大的便利。北京奥运会结束之后，2008 年 10 月 17 日，中国国务院颁布了《外国常驻新闻机构和外国记者采访条例》，将《北京奥运会及其筹备期间外国记者在华采访规定》的主要原则和精神以长效法规固化下来，比如外国记者来华采访不再必须由中国国内单位接待陪同，外国记者赴开放地区采访，无须向地方外事部门申请，等等。

在放宽对境外媒体在华采访限制的大背景下，我们无法再用过去的管理思维和方法与境外媒体打交道，而是要努力做到知己知彼，了解外媒的特点？了解外媒是如何看待中国的？了解外媒的采访对现代中国来说意味着什么？了解自己应该如何给外媒提供信息，而他们，又将如何使用你提供的信息？等等。总之，境外媒体的开放，对中国

---

① 彭凯平：《为什么阴谋论如此盛行?》，http：//blog.sina.com.cn/s/blog_12ce4f48f0101rrjs.html.

政府的舆论引导工作提出了新的挑战，因此，一定要做好境外媒体的接待和服务工作，展示中国民主、开放、文明、进步的新形象，在全球范围内争取更大的话语主动权。

从境外媒体对中国的新闻报道情况来看，无论是编辑思想，还是报道手法，都体现出了鲜明的特色，主要有以下三大特点。

鲜明的泛政治化色彩

境外媒体，特别是西方媒体的涉华报道在主题选择上呈现出鲜明的泛政治化色彩，对政治议题的关注远远高于对经济、社会、文化等其他议题的关注。一方面，长期以来根深蒂固的冷战思维使西方媒体在很大程度上仍然保持着对社会主义中国的敌意与蔑视，在报道中国时依然秉持着西方文化的优越感，站在西方话语权力体系中去解读和报道事实，他们高度关注中国是否会走向西式的民主政治道路，会在报道中用大量的篇幅分析和报道中国的政治改革问题，并对政治腐败、权力斗争、政府对社会高度控制等议题给予更多关注。

比如，2010 年 5 月 19 日，香港《明报》刊载了一则特稿《“竹子是胶的”推特网直播中南海见闻》，报道了德国女记者吴安莉在获准去中南海后，在推特上发表的自己对中南海的见闻，这本来只是一次普通的时政新闻采访，但是在这位戴着有色眼镜的记者眼中，一切变得神秘起来，其字里行间，还充斥着“一切都还像是帝国时代”的专制的政治意味。

比如，“3·14”事件中，针对部分西方媒体的失实报道，法国《欧洲时报》发表评论员文章指出：如同炒作“中国威胁”“中国间谍”“中国玩具”“达尔富尔”等议题一样，进一步暴露出深藏于西方舆论之中的一贯的、对待中国问题的双重标准。在涉华报道中，尤其是涉及人权、民主、法治等议题时，西方媒体仍会站在西方话语权力主导意识下，带着西方社会对中国固有的、强烈的政治偏见来解读中国政治，在人权问题、民族问题、宗教问题、台湾问题等西方媒体反复炒作中国的“热点问题”中，移花接木、指鹿为马、颠倒事实、混淆真相等违反新闻道德的失实报道大量出现。

再比如，2014年3月1日发生的昆明火车站暴力恐怖案，造成29人死亡、140余人受伤，显而易见，这是一起“东突”分子制造的恐怖袭击事件。但是，西方媒体对此事件的报道却采取了淡化暧昧的处理态度，CNN在报道中将恐怖分子打上引号；《纽约时报》《华盛顿邮报》及路透社等媒体将恐怖分子称为“攻击者”“激进分子”等。FOX虽然援引了新华社的报道，但将已经定性的暴力淡化为持刀男子。[①] BBC不仅将暴力恐怖袭击3个词加上引号，而且强调其所引用的中国官方报道“未经证实”。美联社在相关报道中加上中国“官方所称的恐怖分子”这一前缀，并且在选择性引用某受访者的话时，竟然声称“应让维吾尔人独立”。[②]

在西藏“3·14”事件、新疆“7.5”事件和茉莉花等事件中，西方媒体同样以所谓的人权、民主、法治等西方价值中心论作为理解和观察事件的基本把关标准，有选择地重组客观事实，有意识地引导舆论，目的在于贬损或诋毁中国的国家形象，从政治上改变中国。

正如原国务院新闻办主任赵启正曾批评的，“某些国外记者对中国的报道是一面之词，扩大缺点，或者报道虚假新闻，误导受众，相信谣传并寻找‘事实’来支撑先入为主的假设。”[③] 西方媒体有目的、有选择地在涉华报道中侧重选择政治议题，体现了新闻背后的“文化霸权”意识及不同的政治利益诉求，而戴着“有色眼镜”看中国，使中国的国家形象在西方媒体的“他塑”下产生了扭曲和变形，这一点，在日益激烈的国际传播竞争中发人深省。

另一方面，面对近年来中国随着经济实力增强而日益上升的国际地位，西方媒体在不得不正视这个现实的同时，又充满了怀疑与戒备，因此，即使对于一般的社会新闻以及突发事件的新闻报道，西方媒体也往往倾向于从政治视角去解读，带着强烈的意识形态色彩。

比如，在“7·21”北京暴雨事件中，境外媒体集中批评了中国政

① 古娟：《浅谈境内外媒体对华报道特点和监管手段》，豆丁网，2016年2月11日。

② 《部分西方媒体对昆明严重暴恐事件报道别有用心》，《钱江晚报》，2014年3月4日。

③ 高金萍：《国外媒体如何报道“美丽中国”——2012年国外主流媒体涉华报道分析》，《中国记者》，2013年3月18日。

府在城市规划方面的漏洞，认为中国政府急需改善应急管理机制，提高应急管理能力。而在“8·12”天津港瑞海公司危化品仓库爆炸事故中，与境内媒体报道多关注事故原因、影响、善后、追责等不同，许多境外主流媒体更侧重于关注爆炸事故所暴露出的社会问题，如中国长期以来粗放型的发展模式走到尽头、中国工业安全风险等。还有少数境外媒体猜测瑞海物流背后的“黑幕”，借机指责中国的新闻自由。也有境外媒体分析事件造成的复杂形势，英国《金融时报》称，天津爆炸事故善后难，因为中国政府在环境和政治两方面都面临艰难的善后工作，既要设法控制可能有毒的灾难区，又要设法控制死难者和失踪者家属日益高涨的愤怒情绪，① 暗含着浓厚的泛政治化色彩。事实上，在各式各样的突发事件新闻发布会上，境外媒体记者在提问时，侧重点通常都与国内记者不太一样，他们更关注中国政府是否能够做到信息公开透明，是否能够以人为本地展开应急救援，事故的发生是否背后有腐败原因，等等，都具有泛政治化的特点。

以负面报道为主

境外媒体涉华报道并不是全方位、多角度地去展现中国当下的客观现实，而是多以负面或消极报道为主，这样的报道方式由来已久，比如美联社1949年2月3日的一份电文：

[美联社1949年2月3日电]　今日北平给它的共产党征服者一个热闹的欢迎，这只有这个经常被征服的城市才能做到。共产党向拥挤着的成千成万的人显出一两件东西看看——长达数里的缴获来的美国造的各种车辆。长列的市民在这个热闹的欢迎游行中把嗓子都喊哑了——正如当日本人占领北平他们欢迎日本人，当美国人回来他们欢迎美国人，当中国国民党回来他们欢迎国民党，就像数百年前欢迎蒙古人与鞑靼人一样，北平在欢迎他的征服者方面是素享盛名的。

① 徐延吉、李向帅：《突发事件网络舆情治理的困境与出路——以天津“8.12”爆炸事故为例》，新华网，2015年8月21日。

一份对《纽约时报》《华盛顿邮报》、美联社、CNN 等美国主流媒体关于中国报道的统计显示，在一个季度里，按题目来说，负面的占一半，中性的占 25%，有一点积极意义的占 25%；如果按字数或按文章长短算，90%以上是负面的，因为负面文章长，正面文章短。[①]

境外媒体很少做正面报道与他们的新闻价值观有很大关系。1972 年美国总统尼克松访华时，白宫的新闻官员曾试图从北京的报纸上发现一些社会新闻线索，但他们看到的全是鼓舞人心的党的政策宣传以及好人好事。尼克松问周恩来总理，为什么你们的报纸上没有坏消息，难道生活中全是光明的一面吗？周恩来答道，我们的新闻方针是以正面报道为主，我们提倡那些鼓舞人们士气、能激励人民前进的东西。因此，有学者提出，正面报道和负面报道是中国和西方在新闻报道方针和倾向上的主要分水岭。[②] 在西方新闻界看来，“狗咬人不是新闻，人咬狗才是新闻”，因此，从政党报纸到廉价报纸一直到当代各种新兴媒介，像犯罪、丑闻、性攻击、事故和自然灾害等符合“腥星性”特征的反常事件，一直是最受西方新闻纸追捧的具有“新闻价值”的报道对象。

不过，境外媒体涉华报道中多以负面报道为主，除了新闻价值取向之外，还有更深层的意识形态原因。西方媒体喜欢曝光和强化中国政治体制中的负面主题，在看似客观中立的“平衡”报道中，更巧妙和隐晦地传达西方声音，他们往往从西方意识形态和文化价值观出发决定新闻选题和采访对象，并站在本体文化习惯上“误读”中国，通过对报道主题的选择及组合，通过所报道的信息和观点来传达符合西方利益诉求的报道观点，这样的报道主题框架是有倾向性的，是显而易见的“媒体偏见”。

改革开放以来，随着中国的国际政治、经济地位迅速提升，中国正在成为一座吸引全球媒体目光的“新闻富矿”，围绕中国而进行的新闻抢夺战不断持续展开。截至 2015 年 1 月，共有来自 50 多个国家、

---

① 《〈中共中央关于加强党的执政能力建设的决定〉解读（二）》，《大众日报》，2004 年 9 月 28 日。

② 张威：《中西比较：正面报道和负面报道》，《国际新闻界》，1999 年第 1 期。

320家外国新闻机构近700名记者在中国常驻，每年还有数千来访的各国记者。近几年来，几乎每一个发生在中国大陆的重特大突发事件都会引发世界范围内的广泛关注，吸引全世界各大媒体赶赴现场进行采访。

比如，2015年6月1日的“东方之星”沉船事件发生后，前往湖北省监利县采访的有60多家境外媒体，160多名境外记者。而在两个月之后，8月12日发生的天津港瑞海公司危险品仓库爆炸，迅速成为美国有线新闻网络（CNN）、《时代周刊》、英国广播公司（BBC）、《英国卫报》、日本NNK等国际媒体的头条新闻，以至于在与国内媒体，尤其是天津本地媒体的对比中，人们制造出了“全世界都在看天津，而天津在看韩剧”的黑色幽默。

正如一篇评论所言，外国媒体在塑造中国灾难事故过程中“向来不惮以最大的恶意来揣测”，通过筛选和编辑文本、图像、声音，建构出带有主观意图的媒介框架。①西方媒体总是积极报道中国发生的各类突发事件以及社会管理中存在的问题与失误，不断唱响“中国政府无能论”的老调。比如，在7·23特别重大铁路交通事故发生后，温家宝总理在事故现场召开了新闻发布会，在这次发布会上，美国CNN有线新闻电视网的记者对中国高铁技术发出质疑，问题直接指向中国高铁在国际市场的竞争能力：“我了解到中国正在急于向世界其他国家出口高铁技术，包括美国在内。我想问的是，中国政府和您本人将具体采取什么措施使国际社会能够重拾对中国高铁的信心，以说明中国的高铁技术是非常先进和安全的。”

而在“东方之星”客轮沉船事件中，全球各大主流媒体都进行了大幅报道。NBC派记者主持了现场报道，采访了一系列遇害人家属，有家属说：“我们应该赶到武汉去的，但是旅行社并没有给我们订票”，有家属批评没有给他们明确的乘客名单，报道还提到了“上海踩踏事件”和“马航客机失踪事件”，认为这些事件反映了处理危机事件时只会“隐瞒信息”。《华尔街日报》引用了中国交通部发言人的原话“救

① 董朝，刘亚菲：《美英日媒体如何追踪长江沉船事件》，《今传媒》，2015年6月6日。

援工作仍在进行，我们努力争取奇迹出现”。紧接着又提到一架起重机开始打捞沉船，而这一流程一般是营救工作结束之后才开始。这句话其实是质疑：既然还没有放弃希望，为什么营救工作结束的迹象已经显现出来?

在这个读图时代，西方媒体在刊发图片时，都有着明确的主观意图，绝大部分的新闻图片都是负面丑化图片，通过大特写等极具视觉冲击力的新闻图片渲染他们认为的所谓苦难方的灾难和痛苦，潜移默化地影响受众对事故责任的判断。还是以“东方之星”客轮沉船事件为例，美联社在一篇稿件中使用了两张图片：一张为家属聚集与穿有制服的执法人员对立；另一张是一位家属在等待消息的过程中晕厥住院，亲属义愤填膺地看着镜头。[①] 这样的冲突报道框架，暗含着强烈的负面情绪，在“西强东弱”的国际传播格局下，这样的“他塑”形象，无疑会使中国在国际传播竞争及公共外交中陷入被动状态。

新闻专业主义特色

新闻专业主义在19世纪末开始形成，要求记者以客观、真实、准确的态度去报道事实，挖掘事情的真相，把事实的原生态展现在读者面前。它最突出的特点，是相信可以从非党派、非团体的立场客观地报道新闻事实。新闻专业主义的目标是服务于全体人民，而不是某一利益团体。

境外媒体在报道中国的时候，在报道手法上体现出了鲜明的新闻专业主义特色，更善于采用客观报道手法，力图用事实说话，寓立场和观点于对事实的客观报道之中，通过事实本身的力量来说服人、引导人。比如，2010年上半年我国发生多起校园攻击事件，路透社对此进行了报道，在“大陆兴起学习功夫热潮”的现象背后，隐藏着“校园攻击事件引起社会恐慌”的结论，但这一结论在报道中却是不着一墨，了无痕迹，手法不可谓不高明。

---

① 参见董朝，刘亚菲：《美英日媒体如何追踪长江沉船事件》，《今传媒》，2015年6月6日。

多起校园攻击后大陆兴起学习功夫热潮

大陆今年发生多起校园攻击事件，让很多家长为子女担心，因此最近兴起学习功夫热潮。最近北京功夫学校报名率提升两成。

北京大学附近一所功夫学校，过去很少有人登门询问，但光是上星期就有30多人询问。这所功夫学校现在每星期开十个班，有60多名7到12岁学生学习防身术。

（路透社2010年5月19日）

在西方新闻报道中，常以“Story”来代替“News”，把采访新闻称为“tocoverstory”，头条新闻叫作“HeadlineStory”，许多大报的总编要求记者“像说故事一样说新闻”。[①] 故事化，是西方媒体报道采取的主要形式手段。故事化手法，也被称为“华尔街日报体”，因为这是美国《华尔街日报》惯用的一种新闻写作方法，这种写法从小处落笔、向大处扩展，感性、生动，符合读者认识事物从具体到抽象的过程，颇受读者青睐。

“华尔街日报体”在结构上一般由4部分组成：

第一部分，开头（起）。以一个具体的事例（小故事、小人物、小场景、小细节）开头；

比如：拉尔夫最近失业了，这导致他一家三口面临着严重的生活压力……（小故事）

第二部分，过渡（承转）。从人物与新闻主题的交叉点切入，进入新闻主体部分；

比如：导致拉尔夫失业的原因是：美国经济持续萎靡……（过渡）

第三部分，主体（展开）。集中而有层次地阐述新闻主题；

比如：美国经济最近几个月以来由于……（主要新闻事件）

第四部分，结尾（合）。重新将开头的人物引入新闻，交代此人与新闻主题的深层关系，进行主题升华，意味深长。

比如：拉尔夫能否渡过他的难关，在下个季度找到工作，一方面

---

① 田维钢，杨蒙，郎靖和：《五大西方主流媒体涉华报道的特点》，《现代传播》，2013年第4期。

要看上帝给他的机会，一方面也要看美国政府如何应对……（最后又以小故事留悬念结尾）

“华尔街日报体”一个突出的特点就是强调视觉新闻，强调新闻要有细节，形象化，立体化，能够再现人物、现场和事件的精彩片段，在尊重事实的前提下，渲染气氛，使人如临其境，如见其人，如闻其声，具有激起读者共鸣的力量。有人曾这样评价说：“一千万人死亡只是个统计数字，一个人怎样死却可以写成悲剧”，充分说明了“华尔街日报体”用具体描写代替宏大叙事，用细节真实刻画整体性实质所起到的巨大作用。①

参照美国社会学家拉尔森（M. S. Larson）对专业主义的概括，这种新闻业操作的规范体系至少包括 3 个层面的内容：首先是自我评价层面，从业者将新闻专业与一般职业进行对比，强调专业的独立性、特殊声誉等非凡特性；其次是规范层面，这表现为一种服务导向，它赋予新闻业独特的伦理规范，以此将社会授予新闻业自我规制的特权合法化；最后是知识层面，它要求新闻从业者经过必要的训练以便掌握专业必备的知识和技能。专业的特殊门槛由这 3 个层面综合构成。新闻业者由此共享一个相对稳定的联盟关系，确认一种身份，维持特定的志趣和对职业团体的忠诚。②

从业务层面来讲，西方主流媒体在近年来发生的重特大突发事件的新闻报道中体现出来的专业能力，真正体现了国际一流媒体的传播实力和创新能力。

比如，在“马航事件”中，上千国际记者云集，国际一流媒体各显神通，国内媒体与 CNN、路透社、美联社和英国《每日邮报》相比，在数据挖掘、新闻覆盖和新闻呈现方式等方面尚有不小的差距。著名财经媒体人罗昌平认为，“CNN、美联社、路透社等基本垄断了关键信息发布权，并对马来西亚形成倒逼反证，从而拼凑相对完整的信息流。从这种意义讲，中国没有一家真正的国际媒体，自然提供不

① 参见黄丽、刘斌：《“华尔街日报体”的传播特点和接受效果》，中国新闻研究中心，2007 年 8 月 21 日。

② 王维佳：《该反思“新闻专业主义”这套说辞了》，《观察者》，2013 年 12 月 13 日。

了核心信源。”央视主持人王志安则将国内媒体之失归结为“缺乏全球视野，找不到调查的路径，过分依赖各国政府的信息发布，被动地等待，或者在最粗浅的层面上报道。”①

新华社也发表评论文章称，马航事件中，中国媒体表现“疲软”的背后，既有“不知向何处挖”的混乱，又有“挖不到信息”的尴尬，中国媒体的情报搜集和分析能力有待改进，这值得反思。文章指出，近日，在网络上流传着一篇名为《无法到达的新闻现场》的分析文章称，“几乎所有的干货都是《纽约时报》《华尔街日报》、路透社、BBC等英美媒体挖出来的，它们的报道真正对马来西亚形成了压力。”比如，从两本假冒护照到马军方承认客机失踪前有折返迹象，从失联客机副机长曾邀请女乘客进入 驾驶舱拍照，到机长家中有飞行模拟器，还是反对党的支持者。②

从全球视野的宏观层面来看，话语权等软实力是与国际政治、经济权力的分布密切相关的，新闻竞争的表象下，其实是综合国力的较量。目前，中国已成为世界第二大经济体，但是，与国家影响力日益增强的硬实力相比，我国的文化软实力和国际话语阐释能力还处于与之不相匹配的境地。

正如傅莹在谈到中美之间的相处之道时所说，中国处在大而不强、似强未强的阶段，作为一个学习中的大国，可以从对美国这个有经验的大国的观察中学习和趋利避害，同时也需要多向美国和世界介绍中国的观点，避免外界在不完整、不准确的信息基础上对中国做出判断。③ 为了更快地适应新型大国的地位，一方面，我们要对境外媒体涉华报道的特点有清醒而理性的认知，另一方面，一定要学会及时和清楚地向世界阐明自己的想法和意图，努力打破由西方主流媒体“他塑”中国国家形象的被动局面，对此，党的十八届五中全会审议通过的

---

① 王君超：《“马航失联事件”国内媒体报道问题出在哪?》，人民网，2014 年 3 月 18 日。

② 《中国媒体马航事件表现疲软 很多核心技术受制于人》，《京华时报》，2014 年 4 月 8 日。

③ 李虹：《傅莹：探索中美之间的相处之道》，《环球时报》，2015 年 6 月 4 日。

“十三五”规划建议指出，要加强国际传播能力建设，创新对外传播、文化交流、文化贸易方式，推动中华文化走出去，这一点，在国际话语权争夺日趋激烈的背景下，具有特别重大的现实意义。

挑战之四：新的困境出现了

当下中国，社会结构剧烈变动，利益格局急剧调整，现实环境快速切换，在这个特殊的转型期，政府的舆论引导工作中出现了一些新的困境，如果不能很好地认识这些困境，就不能从根本上做好危机沟通工作。比如，在一个由 PX 项目引发的群体性事件的新闻发布会上，当记者问到，对于相关组织散步的人会不会“秋后算账”？看起来，这是一个十分简单的问题，但真正回答起来却很有难度。事实上，这一个“秋后算账”，里面至少蕴含着 4 个方面的困境，只有在真正理解这些困境的基础上，才能做出一个理想的回答。

TIPS：

中国处在大而不强、似强未强的阶段，作为一个学习中的大国，可以从对美国这个有经验的大国的观察中学习和趋利避害，同时也需要多向美国和世界介绍中国的观点，避免外界在不完整、不准确的信息基础上对中国作出判断。——傅莹

第一重困境：法律和事实之间的矛盾

按照《中华人民共和国集会游行示威法》的规定，举行集会、游行、示威，必须依照本法规定向主管机关提出申请并获得许可。也就是说，没有经过批准的集会游行就是违法的。但是，实际的情况是，8 000名老百姓手系黄丝带上街了，你打算怎么办？打个不恰当的比喻，这就像是家里的黄毛丫头突然之间挺个大肚子回来了，做父亲的应该怎么办？这就是所谓的形成事实，这个事实和现行的法律是冲突的，当你依据法律去处理的时候，可能方向就走偏了，怎么依法依规呢？建一个 8 000 人的大监狱，把所有上街的市民都关起来吗？这显然是不可能的。

事实上，对于市民来说，在PX等邻避设施的建设上，并没有主观上与政府作对的意愿，之所以上街散步，是因为我本来在一个地方安居乐业，一切都好好的，突然，政府要在我家附近建设一个可能存在危害的化工项目，这时，出于对政府的不信任，我只有一个选择，那就是邻避效应，所以，我就是反对，就是要想方设法组织大家来反对，面对这种情况，一味强调依法办事，不仅不能化解，反而会激化社会矛盾，这是第一个困境。

第二重困境：科学和民意之间的矛盾

近年来，从PX项目屡屡下马，到垃圾焚烧厂被迫流产，再到火葬场放弃建设，多地反复上演“一闹就停”的剧情，“一闹就停”，貌似尊重民意，却未必符合公众利益和长远利益。比如垃圾焚烧厂，如果不抓紧建设，“垃圾围城”的困局一定会加速到来；再比如PX项目，当前，我国PX对外依存度不断加大，每年需要大量从海外进口PX，如果不抓紧建设，我国被迫接受日韩等国企业在PX上的高价的情况将愈演愈烈。再比如火葬场，正如网友所言，“连火葬场都反对，那人去世了到哪儿火化呢？”

从科学的角度来看，这些项目是安全可控的，上这些项目也是迫在眉睫的，但是，老百姓虽然认同这些项目的必要价值，但就是不同意建在自家小区附近，并会采取激烈的集体抗议行为。所以，我们会发现，当我们想尊重科学规律，大力发展经济的时候，因为种种原因遭遇了民意的阻拦，这又是一个困境。

第三重困境：环保与政治之间的矛盾

还是以PX项目为例，这本来只是一个环保项目，但是当它遭遇了群众反对，老百姓走上街头以后，就演变成了街头政治，变成了一个政治事件，那么，面对这样一个事件，你怎么去处理？按照环保事件去处理？还是按照政治事件去处理？这个时候，如果不能清晰地认知事件的本质，就可能导致在专政思维的主导下，把一个环保事件扩大化，变成一个政治事件去处理，如果这样的话，从一开始就背道而驰了。

从近年来一些邻避设施上马的过程看，一些地方政府的公众沟通能力的确有待提升。首先，因为程序不透明，导致民众不知情不认可，其次，遭遇群众反对时，一些地方又是手忙脚乱甚至束手无策。因此，对于环保项目，一方面，事后解释不如事前说明，替民做主不如与民协商，只有从“决定—宣布—辩护”模式走向“参与—协商—共识”模式，[①] 才能减少潜在的官民冲突压力。另一方面，当遭遇民意阻拦时，政府也应该理解公众焦虑的现实根源，要通过建立一定的利益补偿和平衡机制，将公共治理的目标与过程更好地统一起来，让每个人都能从发展中受益，才能真正有可能走出“邻避效应”困境。

第四重困境：工作与传播之间的矛盾

2008年，时任公安部部长孟建柱在《求是》杂志撰文指出，在处置群体性事件中，要坚持“三个慎用”（慎用警力、慎用武器警械、慎用强制措施），坚决防止因用警不当、定位不准、处置不妥而激化矛盾，坚决防止发生流血伤亡事件。但是，在当下的一些群体性事件发生之后，由于很难在短时间内化解已经激化的矛盾，所以，往往需要出动武警来控制事态发展。

而在一些恶性突发事件中，遇难者家属纷纷赶来，这个时候，建立“一对一”安抚工作机制，是一个普遍的做法。比如吉林宝源丰禽业公司火灾死亡人数为119人。为了做好遇难者家属的安抚工作，吉林省政府决定每个遇难者家属都成立一个工作小组。[②] 深圳“12·20”滑坡事件中，针对59名失联人员的270名家属，组织了“一对一”的善后工作小组，每个小组5人，小组成员有心理咨询、法律服务和专业社工以及民政等相关人员。

在当前社会矛盾集中爆发的历史阶段，动用武警，是虽不得已而为之但又行之有效的办法。但是，这一做法总会面临着动用国家武装

① 范正伟：《靠什么破解PX项目等“一闹就停”难题》，《人民日报》，2014年4月15日。

② 宗巍：《遇难者家属一对一工作小组成立》，《大江晚报》，2013年6月5日。

力量介入人民内部矛盾处理的质问，被认为是造成矛盾升级激化的主要原因。而成立一对一的善后工作小组，虽然确实可以为家属提供信息服务、心理咨询、法律服务，但也经常陷入防止家属之间串联的指责。

那么，如何才能很好地解释动用武警这件事情？解释“一对一”安抚工作机制？这时，在工作的有效性与传播的有益性之间出现了很难调和的矛盾，因此，社会发展到今天，给政府管理带来了一些新的挑战，实际的工作举措与预期达到的传播效果之间出现了背离，这是另一重困境。

因此，一个关于“秋后算账”的问题，听起来十分简单，但怎么回答呢？我们一定要依法办事，不符合法律要求就得承担相应的后果，这样可以吗？显然不可以。只有充分考虑到这个简单的问题背后所蕴含的每一重现实困境，对各方面的关系进行充分评估与考量，才能够妥善地把这个问题解决好。在面对这种没有办法讲法律的情形时，我们的建议是讲感情，比如说，对于群众上街的诉求，我们是可以理解的。这是一个退而求其次的办法。

因此，新时代的政府官员，既要会写公文，还要会写新闻，在与媒体打交道时，既要有原则，更要有方法，既要体现政府的权威性，更要有对公共利益的敬畏感，唯其如此，才能够把这个事情做好。

第二部分

问题篇

互联网时代，正如狄更斯在《双城记》开头所说，这是个最好的时代，当然，也是个最坏的时代。能否适应互联网带来的新挑战，关系到党和政府的执政能力与基本的生存问题。

新闻发布：从灾难中学习

综观近年来中国各级政府的突发事件舆论引导和危机沟通情况，从2003年“非典”开启中国政府新闻发言人制度飞速发展的步伐，到“两微一端”成为突发事件新闻发布的标配平台，再到“8·12”天津港爆炸事故推动《关于全面推进政务公开工作的意见》的出台，这是一个不断“从灾难中学习”的过程。

制度：从粗放走向精细

原国务院新闻办主任赵启正曾经说过：“新闻发言人不是自然人，他应该是一个制度人。因为在他的背后，有一套制度作为支撑”。纵观中国政府在突发事件信息发布领域的制度建设，经历了一个从粗放到精细的过程。

“非典”之后，突发事件的信息发布工作引起党和政府的高度重视，接连出台了一系列与之相关的政策、法规、条例。如2004年9月党的第十六届中央委员会第四次全体会议审议通过的《中共中央关于加强党的执政能力建设的决定》，明确提出要“重视对社会热点问题的引导，积极开展舆论监督，完善新闻发布制度和重大突发事件新闻报道快速反应机制”；2006年1月8日发布并实施的《国家突发公共事件总体应急预案》规定“信息发布应当及时、准确、客观、全面，事件发生的第一时间要向社会发布简要信息，随后发布初步核实情况、政府应对措施和公众防范措施等，并根据事件处置情况做好后续发布工作”；2007年11月1日起施行的《突发事件应对法》规定：“应当按照有关规定统一、准确、及时发布有关突发事件事态发展和应急处置工作的信息”；2008年5月1日开始实施的《政府信息公开条例》要求重点公开“突发公共事件的应急预案、预警信息及应对情况”，等等。这些政策、法规、条例的出台，作为突发事件信息发布工作的依据，有力地推动着中国政府在突发事件信息发布方面取得重大突破。

但是，从这些法规文件中的措辞来看，多数以“应当”“加强”等作为主要的要求，偏重于宏观性和原则性的指导，缺乏必要的细节，可操作性不强，比如，规定相关单位应当及时公布突发事件的信息，而对于公布什么信息、如何公布、什么时间公布、由谁公布等都未涉及或尚不完善。再如，新闻发布前要经过什么样的审批程序、新闻发布的权利、义务和责任、信息披露的内容、对象、范围、具体程序以及监督和问责机制等，也都没有相应的法律规范。这就使在执行层面上，各相关方对于信息公开和新闻发布的理解和执行尺度各有偏差，自由裁量的空间过大，从而导致信息发布权的不当使用，有些地方甚至以此为借口拖延、拒绝、阻挠信息发布。

针对新闻发布中存在的随意性强、刚性约束不够等亟待解决的问题，党的十八届三中全会提出“推动新闻发布制度化。”近几年来，中国政府进一步推进新闻发布制度建设，使突发事件信息发布逐渐朝着完善、专业和精细化的方向发展。比如，2013年10月1日，国务院办公厅发布的《关于进一步加强政府信息公开回应社会关切提升政府公信力的意见》，开启了中国政府通过量化考核体系来约束新闻发布活动的新里程，建立起了“4＋2＋1＋N”的新闻发布模式——“4”是指与宏观经济和民生关系密切以及社会关注事项较多的相关职能部门，每季度至少举办一次新闻发布会，每年4次；“2”是指这些部门的负责同志，每半年至少出席新闻发布会一次，每年2次；“1”是指这些部门的主要负责同志，每年至少出席新闻发布会1次；“N”是指这些部门还可根据实际情况适当增加发布频率。

2014年，中办发布《关于建立健全信息发布和政策解读机制的意见》之后，中宣部紧接着在一年后发布《〈关于建立健全信息发布和政策解读机制的意见〉实施细则》，其中对突发事件信息发布做出了更加具体细化的要求，比如在突发事件发生后24小时之内必须召开第一场新闻发布会，再比如要对新闻发布不力进行问责等。2016年年初，中办、国办又联合印发《关于全面推进政务公开工作的意见》，要求加强突发事件、公共安全、重大疫情等信息发布，负责处置的地方和部门是信息发布第一责任人，要快速反应、及时发声，根据处置进展动态发布信息。2016年4月，国务院办公厅印发《2016年政务公开工作要点》，再次要求在特别重大、重大突发事件发生后，24小时内应举行新闻发布会。

由此可见，近年来，中国政府的新闻发布制度从无到有，从粗放到精细，从不规范到日趋完善，基本实现了法律化、制度化和规范化，在源头上、根本上为突发事件新闻发布活动提供了日渐完善的制度依据。

意识：从淡漠走向强化

“沟通是组织的生命线，传递组织的发展方向、期望、过程、产物和态度。”① 美国比较政治学的主要代表人物阿尔蒙德把政治沟通当成是“政府的血脉”，他认为，政治沟通对于政府的重要性，犹如血液流动对于人体的重要性一样。②危机沟通是政治沟通的一种，对于政府应急管理或者突发事件处置来说，危机沟通是危机管理的生命线，“有效的危机沟通有助于重塑组织形象，危机沟通是危机管理的组成部分。”③

“在唐山地震时，地震的消息、地震中间的人民伤亡，是秘密。地震的时候在现场，如果有人带一部照相机，那么，你就立刻会被警员抓起来，相机会被没收。……我花了很大的功夫，找到了一幅起重机

① 贝克：《管理沟通》，康青译，中国人民大学出版社2002年版，第12页。

② 俞可平：《政治传播、政治沟通与民主治理》，《现代传播》，2015年第9期。

③ ［美］艾伦·杰伊·查伦巴：《组织沟通》，魏江译，电子工业出版社2004年版，第249页。

从废墟里把死者搬出来的模模糊糊的照片。不知道是谁秘密地拍下来的，在当时那是犯法的。”[①]在唐山大地震那个年代，不发布是正常，发布才是例外，根本谈不上什么新闻发布的意识。然而，经过三十多年的发展，如今，中国政府的执政理念发生了根本的变化，仅从近年来发生的突发事件政府召开新闻发布会的时点来看，——汶川地震震后26小时（第二天下午4时），国务院新闻办新闻发布厅举行首场新闻发布会；天津港爆炸事故发生17小时（第二天下午4时30分），天津市政府召开首场新闻发布会——足以证明新闻发布已经成为突发事件处置中的标配动作。

因此，也许发布的效果还不能令人满意，但突发事件发生后不发布信息的情况已经基本上找不到了。正如美国联邦政府第一任首席信息官所说：“政府数据作为一项公共资源，应该像天气预报、体育赛事和股票信息一样实时公开。通过把信息的力量放到民众的手中，可以增加公民对公共事务的参与、对政府的监督。”[②]如今，中国政府的危机沟通和新闻发布的意识已经基本建立起来了，充分认识到了信息是现代政府必须为社会提供的公共产品，而满足公众知情权，则是现代政府的一项公共责任。

现在看来，如果说过去出现突发事件不发布新闻是因为“不愿发布”，也就是发布意识缺失的话，如今，一方面，制度的土壤已经决定了“不愿发布”已经行不通了；另一方面，不发布的背后更多的是“不会发布”的顾虑，亦即担心发布不好会引起负面效果，因此，从“不愿发布”到“不会发布”，意味着中国政府突发事件信息发布的重点从观念建立阶段转向了能力提升阶段，而思想观念的转变，恰恰是做好突发事件舆论引导工作的起点和关键。

方式：从单一走向多元

正如尼古拉斯·尼葛洛庞帝所说：“信息技术的发展将变革人类的

① 钱刚：《唐山大地震》，当代中国出版社2010年版，第236页。
② 涂子沛：《大数据》，广西师范大学出版社2012年版。

学习方式、工作方式、娱乐方式，一句话，人们的生存方式。”2015 年 9 月 1 日，凤凰网 CEO 刘爽在致员工的公开信中写道：“我们的行业正在经历几个大的变化：首当其冲就是‘用户使用互联网的习惯，在加速度的从 PC 向移动互联网转型，这个趋势非常迅猛’，所以，我们的转型‘必须加速在移动端的布局，在移动端的资源倾斜’‘无法被移动客户端复用的编辑人员，我们要严控规模。’”[①] 2016 年 1 月 7 日，国内移动数据服务商 QuestMobile 发布《2015 年中国移动互联网研究报告》显示：截止到 2015 年 12 月，国内在网活跃移动智能设备数量达到 8.99 亿，人均单日联网时间超过 62 分钟。这些事实和数据都在告诉我们，移动互联网正在迅速普及，人们可以通过手机和平板电脑等移动终端全天 24 小时在线，随时随地捕捉并分享各种信息，大大增加了公众媒介接触的时间和媒介参与的深度。

在互联网出现之前，政府与社会都在以某种已经形成规范的管理程序与运行规则不断运作着，其时的管理模式和政策阐释方式足以应对社会舆论，规避舆情风险。但是，随着技术的发展，互联网将人们带入了一个全新的传播时代，在这个“人人都有麦克风”的时代，公众的权利意识得到极大程度的伸张，政府与公众之间的关系也发生了深刻变化，各级政府面临着逐步增长的信息公开压力。这样一个多元、多变、多样的全新舆论环境，对政府的突发事件信息发布工作形成了倒逼机制，在网络上极受瞩目的公共事件，政府的及时介入与回应以及对于事件调查结论的及时通报，已经成为政府平息众怒和维持社会稳定的必然之举。[②]

“以往政府机构、企业和其他组织都需要通过传统媒体来发布自己的信息，但今天，它们可以利用自己的网站和社会化媒体账号，来进行无中介的信息传播，它们不仅可以把握与自己相关的信息传播的主

① 《凤凰新媒体 CEO 致员工公开信启动大裁员》，中国青年网，2015 年 9 月 1 日。

② 黄燕翔：《推进政府信息公开：背景分析与建设思路》，《长春理工大学学报》（社会科学版），2014 年第 12 期。

动权，也可以使这些信息进入公共信息传播渠道。"[1] 近年来，伴随着技术手段的更新发展，中国政府进行突发事件新闻发布的形式更加灵活多样。除了传统的记者招待会、新闻吹风会、组织记者集体采访或接受记者单独采访等新闻发布形式之外，在新媒体时代，"两微一端"（政务微博、政务微信和 APP 客户端）也成为各级政府进行新闻发布的标配，通过利用自己的"两微一端"来发布权威信息，抢占舆论高地，塑造政府开明形象，提升政府公信力，也成为突发事件新闻发布的重要渠道。

TIPS：

什么是"两微一端"？

"两微一端"是政务新媒体的代名词，通常指的是政务微博、政务微信和政务 APP 客户端（即微门户）。

在当前的媒体环境中，突发事件信息传播必须形成新媒体与传统媒体双管齐下，立体传播的格局。在传统媒体中，电视、短信、大屏、路况牌、新媒体地图等都是发布信息的重要途径。比如，百度地图显示事故周边路段路况拥堵，等于是向社会发布了信息。而广播，在当前的突发事件信息传播中发挥着特别重要的作用，如今，私家车已经广为普及，白天在路上开车的人们大部分会收听交通广播，因此，通过广播来发布突发事件信息，是满足公众知情权、为公众提供服务类信息的重要平台。

相关链接

构建国家应急广播体系的分析与思考[2]

应急广播是指在发生突发事件等应急状态下，政府通过广播、电视等媒体向公众发布预警消息，提供防灾减灾信息服务，从而做好舆论引导和信息发布工作的一种紧急手段。本文通过分析构建国家应急广播体系的意义和功能，提出建设国家应急广播体系的几点思考，希望能够对促进国家应急广播体系建设有所贡献。

---

① 彭兰：《正在消失的传媒业边界》，《新闻与写作》，2016 年第 2 期。

② 本文发表于《中国应急管理》2012 年第 1 期，作者王彩平。

构建国家应急广播体系的意义

按照德弗勒的媒介依赖理论，当社会转型，冲突增加的时候，人们对媒介的依赖会相应增加，如果公众不能寻找正确的信息渠道重新组织自己的信息环境，往往会不知所措造成更大混乱。而在地震等突发事件爆发的初期，通信、电力、交通等基础设施遭到严重破坏，各种传播媒介都因此受到影响，不能有效地传播信息。此时，只有国家应急广播体系能够及时、客观、准确地报道灾情，将各种重要的救灾信息传播给灾区人民，把党和政府的声音传达给公众，其搭建信息平台、提供信息服务、缓释公众焦虑、呼吁社会救助、引导社会舆论的独特作用，重构了人们对媒介的依赖关系，充分体现了应急广播系统信息沟通、协调联动和指挥调度的优势，能够有效提高政府保障公共安全和处置突发事件的能力，最大限度地预防和减少突发事件及其造成的损害，维护国家安全和社会稳定。

如 2008 年 5 月 12 日汶川大地震发生后，广播成为一条“永不间断的生命线”,[①] 搭建起了一条极其重要的灾区内外沟通互动的桥梁。地震当天 15 点 4 分，中央人民广播电台播出第一条汶川大地震消息；17 点，中国广播网推出汶川地震特别专题；19 点，中央人民广播电台中国之声开播特别直播节目“汶川紧急救援”。这些节目作为党和政府的喉舌，对稳定灾区各界民众的情绪，增强灾区群众战胜重大灾情的勇气与信心起着不可估量的作用。

在突发事件状态下，国家应急广播体系还是政府直接面向灾区群众进行救灾的最有效的指挥调度平台，是政府、公众和灾区民众间沟通情况、传达意见的重要载体。比如，2008 年 5 月 13 日，国家广电总局通过中央人民广播电台、中央电视台发布通知，“国家广电总局启动安全播出应急预案，采取紧急措施加强对四川地震灾区的广播覆盖工作，目前，四川灾区人民群众可以通过收音机收听中央人民广播电台

---

① 汤天甜：《广播，不能只是当灾难临头时才被想起——从 5·12 大地震中看广播的作用与责任》，《中国传媒科技》，2008 年第 8 期。

第一套节目，及时了解到党中央国务院的有关部署和抗震救灾的情况。”[①] 对于广播在汶川地震中发挥的重要作用，中共中央政治局常委、国务院总理温家宝于2010年12月26日考察中央人民广播电台，参与中央台特别节目《重返灾区——中国之声温暖行动》，并和中央台记者、编辑、播音员和主持人座谈时指出，广播在抗击自然灾害时所起的作用是不可替代的。

从国际上看，利用国家应急广播体系传播紧急信息、发布预警消息是世界各国普遍采用的有效手段，欧洲、美国、日本等都把广播、电视等主要的传播媒介作为政府应急体系中最重要的信息发布渠道，并由此建立起了全国性的应急广播系统。从1963年开始，美国就逐步建设了连接数千个广播电视台、有线电视网、卫星广播网络的覆盖全美的应急广播系统；日本也已经建成较为完善的应急广播系统，遇有突发事件能够通过广播电视迅速发布紧急信息。

“3·11”日本大地震发生后，日本放送协会（NHK）立刻通过旗下的8个频率和频道，播送紧急地震速报，并在地震发生2分钟后的下午2时48分开始，使用所有频率和频道报道地震和海啸的消息，之后3天，所有频率和频道对抢险救灾情况进行了持续报道。而综合频道、卫星第1频道和广播第1套节目全天不间断报道抗震救灾的态势持续了整整一周。从3月11日地震发生至4月6日，NHK综合频道播出的震灾新闻和相关节目时长达到522小时，报道内容除了抢险救灾和恢复重建外，还有福岛第一核电站事故、计划性停电给生活和交通带来的影响、人们对食品和饮用水安全的担忧、灾害对经济的影响[②]等等多视角、全方位的信息。日本野村综合研究所于2011年3月19～20日针对居住在关东地区（1都6县）的3224位网民（20至59岁）进行的一项关于“日本媒体播报3·11地震消息”的网络调查显示，在获取地震相关信息时，NHK是民众最重视的信息来源平台

---

① 曹健敏：《分析广播媒体在重大灾害中的信息传播优势》，《商业文化》，2008年第8期。

② 李立军：《观察与思考：日本广播电视的地震灾害报道》，《新闻与写作》，2011年第5期。

(80.5%)和受信赖度上升最高的媒体(28.8%)。[①]

近年来,在南方雨雪冰冻、“5·12”汶川大地震、“4·14”玉树强烈地震等重大自然灾害的应急处置中,我国的广播电视等主流媒体在及时传达政令、发布信息、引导舆论、稳定人心、协助救灾等方面发挥了非常重要的作用,充分证明其在应急处置中的独特功能和重要地位。因此,在各类突发事件频发、多发,防灾减灾形势异常严峻的形势下,应急广播应该成为国家应急体系中不可或缺的重要组成部分,将应急广播纳入国家应急体系的建设中,已是迫在眉睫的事情。

国家应急广播体系的主要功能

国家应急广播体系的功能主要体现在防灾减灾、新闻报道和舆论引导3个方面。防灾减灾主要是向公众发出避险指示、传递家人平安信息、水电气交通等基础设施以及生活信息等受灾群众迫切需要的公益性服务信息;新闻报道主要是对突发事件发生后抗震救灾以及社会救助等情况进行播报与评论;舆论引导则体现在通过信息服务,打消各种谣言,稳定公众情绪,为救灾工作创作一个良好的舆论环境。

国家应急广播体系的防灾减灾功能

防灾减灾是国家应急广播体系最重要的功能,做好信息发布,满足公众的知情权,是防灾减灾的前提和基础,及时、广泛、有效地将各种与突发事件有关的信息传递给相关部门和社会公众,是国家应急广播体系的一项重要任务。以地震为例,如表2.1所示,震后不同时期主要通过发布预警信息、行动指示信息、平安信息、生活信息等4大类信息来实现防灾减灾。[②]

---

① 《日本地震信息报道 NHK 权威性最高》,RecordJapan,2011-03-30,http://www.jpwind.com/JP/shwh/20110330023257.html.

② 李立军:《观察与思考:日本广播电视的地震灾害报道》,《新闻与写作》,2011年第5期。

表 2.1　震后不同时期应急广播的信息发布重点表

时　期	适用媒体	重点发布信息	重点发布内容
发生期	广播、电视、高音喇叭等	预警信息 行动指示信息	震级、震源地、受灾区、余震等；"关火"、电、燃气的处置、保护好儿童等行动指示
灾害扩大期（震后数小时～1 日）	广播、电视等	平安信息 行动指示信息	灾情；人员伤亡情况；群众安置点、食物、水等紧急生活用品供应、交通工具运行等情况
抢险救援期（2 日～3 日）	广播、电视、网络、手机等	平安信息 生活信息	人员伤亡情况；水电气、通信、道路交通等生活基础设施的受灾及抢修情况等
恢复期（1 周～1 个月）	广播、电视、网络、手机等	平安信息 生活信息	人员伤亡情况；医疗、物流、教育等社会服务的恢复情况、政府部门的通知等

日本的紧急广播系统是一个非常重要的国家应急系统。在遇有地震、海啸等紧急灾害时，防灾行政无线和有线广播电话的"告知广播系统"就被紧急启动，民众可以通过广播第一时间知道灾情并按照指示采取相应的措施。2007 年 10 月 1 日，日本政府的"地震早期预警信息系统"（EEW，Earthquake Early Warning，如图 1）开始投入运行。该系统在观测到的地震烈度大于等于 4 时自动激活，利用在震中附近探测到纵震波（P-wave，破坏力较小但速度较快的地震波）到强烈震动（S-wave，破坏力大但速度慢的地震波）开始之间的 30 秒时差公布自动获取的震源、震级以及地震烈度等信息，如果地震早期预警信息包括 5 级以上的地震烈度，那么它将在强烈震动（地震烈度 4 级以上）到来之前通过紧急广播系统（向居民）公布波及地区的名字。同时，

利用这个时间差迅速通过向社会发布地震预警信息，这样，人们就可以在S波来临之前得到宝贵的“黄金60秒”逃生时间。这套系统还可以在地震30分钟内对地震烈度的分布情况以及所造成损害（人员受伤和建筑物损毁）的规模进行估测。①

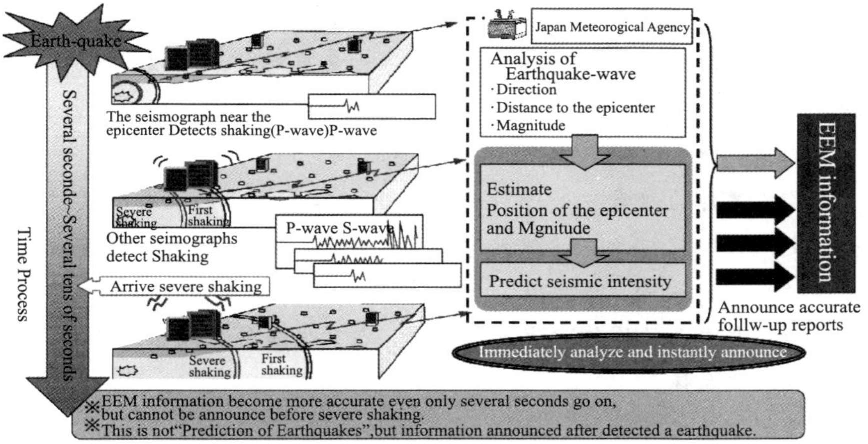

图2.1 日本政府的“地震早期预警信息系统”

在日本，地震信息一般由位于东京的NHK（旗下共12个无线电广播频率和电视频道，NHK还开发出一种技术，可激活收音机和电视机自动开机播报预警信息）和其他6家民营电台发布。日本媒体关于地震报道有规范化的灾害报道手册，按照统一的灾害报道手册，地震发生后，电视和广播媒体首先进行地震预警速报，包括震级、震源地、余震、有无海啸发生，警报的发布等，紧接着发布“行动指示信息”，呼吁受灾地区民众防止电、煤气等引起的火灾，引导民众冷静应对并指导避难。然后是灾情报道，播报救援、死伤、建筑物损坏等灾情，在余震稳定之后，播报有关食品、水等紧急生活用品的供应信息、避难所的开设情况，交通管制、交通工具的运行情况等。震后第二、第三天，着重报道受灾家庭水管、煤气、电话等的损坏与修复，集中供水的时间与场所、医院诊疗状况等相关信息，报道重点从震后

① 《日本的灾害管理》，日本内阁府灾害管理参事官中岛义胜在“2010应急管理国际研讨会”上的讲话。

行动指南转向了生活信息指南，媒体上不断播放“家人平安与否”的信息。

国家应急广播体系的新闻报道功能

关于突发事件的新闻报道通常有两种角度。一种角度对内，即以受灾地区为传播服务对象，注重为灾民服务，提供群众自救互救以及抗震救灾过程中发生的最新事实；另一种角度对外，即以灾区外更广阔的区域作为传播对象，告知全社会灾区的实际情况，同时在报道中动之以情、晓之以理，动员人们向灾区提供帮助。

突发事件的超常规处理对新闻从业者有着更高的业务素质要求，大灾之后，国家应急广播体系除了要利用公共信息平台传递有益的、丰富的新闻资讯外，还要在新闻报道中传递战胜灾难的态度和信心，更要以“尊重人的价值”为传播理念，在突发事件新闻报道中体现深层次的人文关怀。

美国职业记者协会（SPJ）的《职业伦理规范》中提到，“对那些可能因为新闻报道而受到负面影响的人们表示同情，尤其面对孩子和没有经验的消息来源或采访对象时，要特别小心。当采访受到悲伤事件影响的人们或使用其图片时，记者要有同情心，谨慎使用图片。要认识到采访和报道可能会对采访对象或公众引起伤害和不安，自以为是地追逐新闻是不可取的。”在突发事件报道中，人文关怀主要体现在如何避免造成对采访对象的二度伤害。近年来，面对灾难性事件，媒体抢发新闻的热度往往压倒了人文关怀。如在汶川地震的报道中，有的记者为了采访到第一手资料，不顾救援人员的阻拦，执意采访刚从废墟中救出的灾民，耽误了救援时间并消耗了灾民的体力，这是典型的缺乏人文关怀的表现。再如，当俄罗斯救援队救出第一名幸存者时，摄像机的强光灯对准了幸存者的眼睛，一名救援队员对着镜头怒吼了一声，因为幸存者在废墟黑暗中度过的时间过长，眼睛不能受到光线刺激，否则会导致失明，但是当俄罗斯队员把门关上之后，记者又冲了进去。这种将受难者的痛苦作为吸引眼球的资源的做法，名为关注受难者个体，实则是对人性的贩卖和亵渎。[①]

重大突发性事件，特别是灾难性事件往往与死亡、血腥、惨烈、残忍等联系到一块，此时的新闻报道，应该以人性角度审视灾难，不宜过度渲染灾难的恐怖。有的媒体为了获得强烈的感观效果，在报道中大量运用一些横尸遍野的“血腥场面”，众多死难者的遗体照片也被毫不含蓄地刊登出来。事实上，人文关怀的精神不仅强调尊重生者，也强调尊重逝者，维护逝者的尊严。东日本大地震日本媒体的报道中，更多的是用一些静物来表现灾难的强大破坏力，没有遗体、没有血腥、没有悲怆，所有镜头都传递着对受难者尊严的维护。此外，突发事件新闻报道还要充分尊重受难者的隐私和情绪，不应过度挖掘其个人信息或不断追问其心理感受。

国家应急广播体系的舆论引导功能

胡锦涛同志在视察《人民日报》时指出，要“健全突发公共事件报道机制，第一时间发布权威信息，提高时效性，增加透明度，牢牢掌握新闻宣传工作的主动权。”突发事件发生后，国家应急广播体系能不能通过快速透明的信息发布来打消谣言、稳定民心、引导舆论，对于政府能不能在突发事件中“牢牢掌握新闻宣传工作的主动权”，发挥着至关重要的作用。

从1997年1月1日开始，美国所有的调频调幅广播电台和电视台以及1万名以上的有线电视系统都被纳入了紧急报警系统。在全国紧急状况下，总统可以通过这一与数千个广播电台、有线电视系统以及卫星公司相连的紧急报警系统向美国人民发表讲话，[②]从而有效地引导全社会的舆论，牢牢掌握话语权。

在日本，地震发生后，政府各部门之间顺畅的信息沟通渠道与良好的工作协调机制为政府信息发布和新闻报道提供了保证。通过国家应急广播体系发布的信息非常详细，不仅有效地向灾民和公众传递了

---

① 范以锦，杨凡：《重大灾害报道应传递人文关怀——以日本传媒在地震灾害中的表现为例》，《记者摇篮》，2011年第3期。

② 栾轶玫：《建立“紧急广播”国家系统——兼议国家电台在汶川大地震中的表现》，《视听界》，2008年第4期。

政府和全社会全力救灾的真实信息，地震中民众的死亡、失踪、受伤资料都十分确切，死者的姓名、年龄，甚至死亡原因都会被一一报道出来，真实准确的信息发布很好地控制了舆论导向，使媒体不仅成为抗震救灾中重要的消息来源，而且成为重要的救灾力量，为抢险救援、社会秩序恢复营造了良好的氛围。

构建国家应急广播体系的思考

构建国家应急广播体系是一个系统工程，需要一系列政策法律规定和体制机制建设作为保证，要根据突发事件的强弱程度分级建设，要将预防与应急紧密结合。此外，还应建立一个独立的全国性的广播网络，并在应急状态下充分发挥媒介整合传播的作用。

在国家应急体系中明确应急广播的地位和作用

在目前我国以“一案三制”为基础的应急管理体系中，国家应急广播体系的地位和作用都不是十分突出。《国家突发公共事件总体应急预案》只是在“预警级别和发布”条款中提到了与应急广播相关的内容：“预警信息的发布、调整和解除可通过广播、电视、报刊、通信、信息网络、警报器、宣传车或组织人员逐户通知等方式进行”，而关于应急广播体系建设的表述则放到了“通信保障”条款中：“建立健全应急通信、应急广播电视保障工作体系，完善公用通信网，建立有线和无线相结合、基础电信网络与机动通信系统相配套的应急通信系统，确保通信畅通。”与国家应急广播体系在突发事件应急中所发挥的作用相比，其在我国应急体系中的地位略显尴尬，缺少应有的独立性。

由于灾难的突发性特点，如果没有相应的体制机制保障，国家应急广播体系是很难在灾难发生后自动进入一个秩序化的应急状态的。日本《灾害对策基本法》以及《大规模地震对策特别措施法》都规定，NHK 为“指定公共机构”，商业广播电视机构为“指定地方公共机构”。《广播法》第 6 条第 2 项也规定，广播电视“在灾害发生或者有可能发生时必须进行有利于预防灾害发生或者减轻灾害损失的播报。”另据《气象业务法》和《放送法》，不管是公营 NHK 还是民营广播电视台都被赋予了灾害报道的媒体责任，有义务准确、迅速播放灾害等预报、避难指示、灾害时的劝告等信息。也就是说，作为新闻报道机构的广播电视，在突发事件状态下都有义务承担防灾减灾机构的作用，必须通过自身的业务为防灾减灾做出贡献。据2008年数据，NHK在全日本9个基地配置的11架直升机和东京直升机机场24小时候命的机组人员，让从灾区上空拍摄和传送图像成为可能。[①] 为了掌握地震录像信息，NHK向来把灾难来临时及时通报信息作为其使命，它在日本72个场所设置了震度计和电脑系统，在400多个地方（电视台大楼、车站、机场和繁华街道的建筑物）安装了24小时自动监控摄像机，更开发有地震仪、照相机和记忆装置联动的装置，无论其中何地发生重大灾害，它都能获得第一手的图像资料，将地震灾害的实况画面真实地展示在公众面前[②]，这不仅反映了媒体应对突发事件的日常准备与技术条件状况，也反映了媒体突发事件应对机制的到位与成熟。

因此，应该将国家应急广播体系纳入国家应急体系的总体框架，明确其地位和作用，将其建设与维护作为应急措施中的一项重要内容，在领导机制、人员配备、资金投入、技术支持和预案建设等方面做好充分准备。如在《国家突发公共事件总体应急预案》中增加在紧急状态下如何发挥国家应急广播体系作用的有关章节，从法律上确定国家应急广播体系在突发事件发生时作为应急媒体的地位并规范其行为。[③]

根据突发事件的强弱程度分级建设

国家应急广播体系应根据突发事件的强弱程度分级建设，每一级都有相应的、具体的启动条件与内容指标。在我国，各类突发事件按照其性质、严重程度、可控性和影响范围等因素，一般分为四级：Ⅰ级（特别重大）、Ⅱ级（重大）、Ⅲ级（较大）和Ⅳ级（一般）。国家应急广播体系可以据此分为四级，根据事件的级别启动相应的应急机制，

---

① 任金州，杨臻，任效松：《灾难报道中的媒体行为及其思考——以日本NHK地震报道为例》，《现代传播》，2011年第6期。

② 涂晓华：《日本媒体地震报道及其启示——以日本阪神大震灾、新泻大地震为例》，《国际新闻界》，2010年第7期。

③ 王宇：《关于发挥广播灾害应急媒体功能的几点思考》，《科技传播》，2009年第8期（下）。

使资源配置更加合理。比如，当Ⅰ级（特别重大）突发事件发生时，启动应急广播“Ⅰ级机制”，中央电视台所有频道、中央人民广播电台广播频率全打通，全面播报突发事件情况，以中央电视台、电台为主，地方电视台、电台配合，及时传达政府和相关部门的政令，传播信息，沟通情况，体现国家意志，树立国家形象；当符合Ⅱ级（重大）突发事件的区域性海啸、台风及其他雨雪灾害天气出现时，则启动应急广播“Ⅱ级机制”，主要依靠地方广播电视台或地方广播电视台联合，播出针对性更强、服务性也更强的节目，充分发挥地方政府和地方媒体在突发事件应急广播中的主观能动性。

预防与应急相结合

国家应急广播体系作用的发挥不应只体现在应急状态，而是应该将预防与应急结合起来，如做好突发事件的科普宣传以及应急准备工作等。在世界上很多国家，收音机都是老百姓家庭应急箱中的标准配置。在日本，每个家庭的应急箱中都有一个只有手掌大小、手摇充电的收音机及电灯，内带收音机、发光二极管灯泡、警铃以及便携电话充电功能。它用手动摇杆来充电，不用电池。手摇一分钟的充电量，收音机可使用 60 分钟，或照明约 30 分钟，可发出 5 分钟的报警声，用于手机，可以通话 3 分钟[①]。在英国，居民应付紧急事故储备的物品中，有一项必备物品就是一台用电池的收音机以及备用电池。

每年 9 月 1 日是日本国民“防灾日”，这一天，在定期普及救灾防灾知识的基础上，日本媒体还会以此为契机重点展开防灾宣传活动，教导广大市民自主救灾。电视台会向市民介绍自己的灾害报道体系，NHK 每年还针对播音员举行“非常灾害对策播放训练活动”，练习灾害报道。日本的民众和媒体已经形成了良好的互动，灾害发生时，民众会主动关注灾害报道并依照媒体指示来决定自己的行动。2006 年东京都文化进行的防灾意识调查中关于平时必备的防灾用品一项，民众

① 栾轶玫：《建立“紧急广播”国家系统——兼议国家电台在汶川大地震中的表现》，《视听界》，2008 年第 4 期。

的回答第一是手电筒，第二是饮用水，第三是收音机和便携式电视机，而食物排在第四位。

建立全国性的应急广播网络

1998年的广播电视“村村通工程”和2000年的“西新工程”，有力地促进了我国广播电视事业的发展，但必须看到，在一些省区的村村通工程中，广播的投入远远低于电视，由于没有相应的广播落地配套设备，实际上做到的是电视村村通，广播发挥的作用并不大，农村广播严重萎缩。因此，在构建国家应急广播体系时，政府及相关管理部门要充分认识到广播作为“自然灾害第一媒介”的价值，增加投入，建设能够覆盖全国的应急广播网络。

英、美等发达国家都十分重视覆盖全国的广播网的建设。BBC广播通过地区电台和发射台站的布局和建设，可以周密地覆盖英国全境。美国国内有几个全国性商业电台网，还有一个近10年来影响和覆盖日益扩大、囊括了700多家成员台的全国公共电台网，使全国性的新闻可以迅速抵达美国每一个角落。日本NHK电视台的经营费用来自国民的视听费，没有插播广告，不计成本、不间断地报道自然灾害等突发事件，把有关信息及时传递给每一位国民是NHK的使命。

相比之下，我国的国家电台——中央人民广播电台的第一套节目“中国之声”虽然做到了理论意义上的全国覆盖，但事实上，由于无偿转播中央和省级节目给地方财政支出造成了很大的压力，再加上上下游脱节责权不匹配的资源配置和管理体制，都一直严重影响着地方转播中央电台广播的积极性，虽然广电总局曾下文要求各省全天候转播中央电台第一套广播的节目，各地对“中国之声”的转播依然存在“三不满”现象，即开机时间不满、开机功率不满和开机调幅度不满，使“中国之声”的信号难以有效覆盖和到达全国，尤其是难以到达抗灾自救能力最薄弱的广大农村和边远地区，各地的转播频率也不一样，部分地区的转播时断时续，收听效果时好时坏，很多地方甚至是大城市都收听不到。[1]

目前，国家应急广播体系建设已列入我国“十二五”规划纲要，作为一个新的起点，要充分利用无线、有线、卫星等传输资源，综合采取中短波广播、调频广播、移动多媒体广播和数字音频广播等技术手段，以中央人民广播电台为龙头、联结省市县，着力建立健全应急广播的信息采集播出、传输覆盖、接收等系统，努力做到统一联动、安全可靠，使国家应急广播体系在应对突发公共事件中发挥更大作用。[2]

充分发挥媒介整合传播的作用

目前，随着传播技术的不断发展，广播电视与新媒体的结合已是大势所趋，利用网络、手机、掌上通信工具等新媒体，可以在突发事件发生时建立更加开放、积极互动的信息传播平台，有效增强国家应急广播体系的传播能力。因此，在构建国家应急广播体系时，还应当着力探索媒介整合传播的作用，将广播、电视、高音喇叭、传输线、扩大器、话筒、DVD唱盘播放器等传统媒介与网络、手机、PDA等新媒体媒介整合起来，使国家应急广播体系真正成为一个多元立体的信息传输系统。

目前，美国的紧急广播系统除广播与电视外，已经扩展到手机、网站、卫星无线电、PDA等各种渠道与终端中，遇有紧急突发事件，公众可以通过政府发送的手机短信收听广播或收看电视以了解最新情况并采取相应措施。[3] 日本的紧急广播系统也出现了一些新变化，比如，目前在日本出售的手机都安装了GPS接收器。这样，即使手机通讯中断，救援人员也可以通过GPS定位系统追踪到使用者的位置，从而使第一时间营救成为可能。

---

① 燕辉：《构建国家广播应急体系必要性分析》，《中国广播电视学刊》，2009年第5期。

② 李玉梅：《发展现代传播体系，提高社会主义先进文化辐射力和影响力——国家广播电影电视总局局长蔡赴朝答本报记者问》，《学习时报》，2011年11月7日。

③ 栾轶玫：《建立“紧急广播”国家系统——兼议国家电台在汶川大地震中的表现》，《视听界》，2008年第4期。

内部沟通：信息不畅

危机沟通（crisis communication）是政治沟通（或政治传播，political communication）的一种。在政治学中，政治沟通有两个含义，一个是大众传播学意义上的政治沟通，包括政治信息的传播、民意的形成、舆论的导向、政治态度的变迁，等等；另一个是信息论和控制论意义上的政治沟通，它把国家当成一个政治系统，在这个政治系统里面政治信息是怎么流通的。[①]根据这一理论框架，我们把危机沟通分为内部沟通和外部沟通两大部分（见图 2.2）。

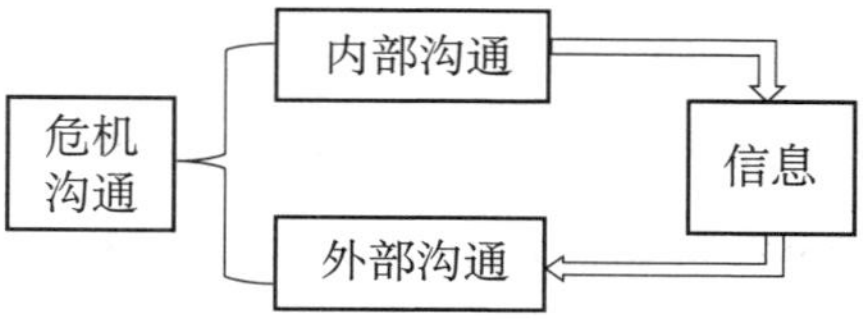

图 2.2　危机沟通的分类（一）

其中，"内部信息沟通解决的是政府部门内部官僚体制下的信息交流、信息共享问题。外部信息沟通解决的是政府与社会各个主体之间信息传递的良性互动关系，以及全球化背景下政府部门与国际社会之间开放的信息交流与合作问题。"[②]也就是说，内部沟通主要是指政府内部的沟通，按照信息流动的方向，又可以将内部沟通分为横向（也叫水平沟通、平行沟通）沟通和纵向（也叫垂直沟通）沟通。横向沟通主要指同级政府或政府部门之间的信息沟通；纵向沟通是指上下级政府及部门之间的垂直信息沟通，包括上行沟通和下行沟通。外部沟通主要是指政府部门与外界环境中的各相关主体，如公众、媒体、企业、非营利组织和国际社会之间的信息沟通（如图 2.3 所示）。[③] 本书所指

---

① 俞可平：《政治传播、政治沟通与民主治理》，《现代传播》，2015 年第 9 期。

② 卢开圣：《地方政府危机沟通模式研究——以无锡水事件为例》，复旦大学，2009 年硕士论文。

③ 冯湘君、蒋冠：《公共危机管理中政府面向公众的信息沟通机制探析》，《情报资料工作》，2010 年第 6 期。

的外部沟通，主要包括公众沟通和媒体沟通。

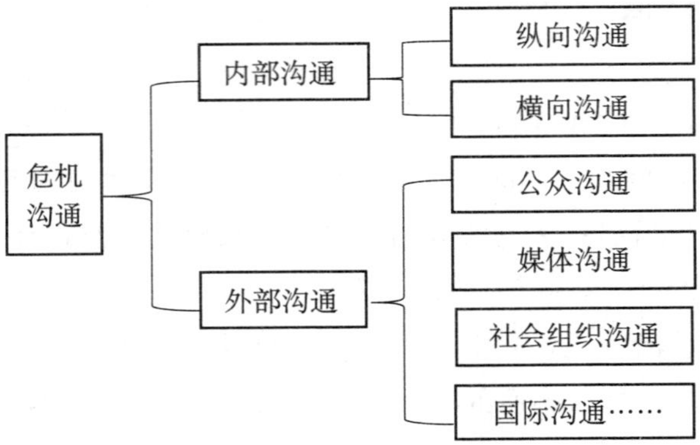

图 2.3　危机沟通的分类（二）

如果我们把突发事件信息视作一个产品进行观察就会发现，政府的内部沟通是这个产品的生产过程，而外部沟通，则是信息产品的应用过程，外部沟通的效果如何，取决于内部沟通的结果。虽然近年来在重特大突发事件后，中国政府的舆论引导工作取得了长足的进展，但是，与人民群众的期望以及国家治理体系和治理能力现代化的要求相比，还是存在着一些不尽如人意之处，尤其是一些深层次的矛盾正在不断显现，需要各级政府及部门予以高度重视。

TIPS：

如果我们把突发事件信息视作一个产品进行观察就会发现，政府的内部沟通是这个产品的生产过程，而外部沟通，则是信息产品的应用过程，外部沟通的效果如何，取决于内部沟通的结果。

危机沟通的关键在于能否及时有效地掌握信息，因为掌握了正确完整的信息，才能更好地进行交流与沟通。目前，在突发事件发生后的政府内部沟通中，横向水平的信息沟通存在着较为明显的信息孤岛现象，纵向垂直的信息沟通中，存在着较为突出的信息延时现象，而就纵向垂直的信息沟通而言，上行沟通中还存在着信息过滤现象，下行沟通中则存在着信息多头现象。不良的内部沟通直接影响着危机沟通的效果，从而最终影响着政府应对突发事件的整体效果。

横向沟通中的信息孤岛

突发事件发生后，造成信息孤岛只要有两方面的原因。一是由于灾害对受灾地区的通信设施造成严重损害，导致灾区的通信中断，客观上造成信息沟通不通畅，从而使应急指挥部难获取及时、全面、准确的信息，很难了解受灾地区真实的、具体的救援需求，也就很难做出正确的、合理的救援力量分配和救援物资调配。比如，大地震后，最怕的就是成为孤岛。汶川地震中，北川和青川一度成为最让人心悬的孤岛，芦山地震后10小时，宝兴又成为与世隔绝的孤岛。二是由于管理体制中存在的结构性问题以及信息沟通意识缺乏所致。这种信息孤岛现象在国家行政学院目前开展的特色教学——应急指挥部演练中集中地反映出来。我们发现，虽然在演练开始时催化师反复强调，一定要注意各个指挥部之间以及指挥部内部各工作组之间的信息共享，但是当信息条发放到某个工作组后，往往就形成了“信息孤岛”，参加演练的学员并不认为自己应该将信息传递到其他小组，也不认为应该为此承担任何责任。

有些信息孤岛是由客观原因造成的，比如，雅安地震发生初期，人们只能根据有限的信息（如芦山发生7.0级地震，震中在龙门等）把各种救援力量和物资向芦山县城集聚。结果导致通往芦山的交通严重堵塞，同时，使一些重灾区成为救援盲点。而由于灾区固定和移动通讯处于半瘫痪状态，宝兴县一度成为信息孤岛。①

有些信息孤岛的形成却是由主观原因造成的，比如长期以来的各自为政，互为壁垒，导致了在突发事件发生后，在不同的指挥部之间，或者在同一个指挥部内部，信息不能够顺畅地流通，从而导致在向外发布信息的时候，出现了信息孤岛现象。

在2015年8月14日上午10点召开的天津市滨海新区8·12危险

---

① 曾小波、李雪峰：《4·20芦山地震抗震救灾的得失思考》，《行政管理改革》，2013年第8期。

品仓库爆炸事故新闻发布会上，天津市公安消防局局长周天在介绍当晚救火处置时表示，市消防总队第二批人员刚抵达就爆炸，之前由天津市港区公安局消防队进行处置，具体处置方法不清楚。此后的发布会上，针对媒体关于天津港消防支队的提问，天津市相关领导多次表示“不清楚”“不掌握”。而在同一场发布会中，天津市安监局副局长高怀友表示，关于瑞海公司的安评信息公开问题，将与交通运输部门研究并征求其同意。第二天上午，高怀友再次表示，危化企业的安全生产许可，由交通部发放。①

关于“消防”的问题，出席发布会的天津市公安消防局局长居然说不知道，关于“安评”的问题，安监局负责人居然回答不上来，一个最关键的原因就是，此“消防”非彼“消防”也，此“安全”非彼“安全”也，但问题在于，交通运输部和天津市彼此之间都心知肚明，而对于普通老百姓来说，却很难体会和揣摩出部委与地方之间的微妙关系，信息孤岛现象的背后凸显出来的，是深层次的政府内部沟通不畅的问题。

长期以来，我国形成了条块分割的政府管理体制，各部门之间各自为政。因此，当一场突发事件不期而至时，我们看到，公安、交通、民政、医疗、教育，以及解放军、武警部队等相关部门单位都按照各自职责积极投入到紧张的救灾工作中。但是，多元多样的沟通主体之间经常因为彼此权限不清，内部条块分割，严重阻碍了事件信息的横向交流，不同的应急指挥部之间、应急指挥部中各专业工作组以及救援人员缺少协同合作的精神和信息沟通的意识，导致相互之间沟通不畅，信息不交互，无法形成应对危机的整体合力。然而，突发事件恰恰是需要多个部门共同应对的“综合性”危机，如果不能综合调用和有效配置分散在各个部门的应急资源，将会直接加大部门间沟通协调的成本，严重影响应急响应的速度，从而降低政府应对突发事件的质

---

① 杨育才：《媒体评天津港爆炸：一味求快发展出事是必然》，《新闻晨报》，2015 年 8 月 17 日。

量和效率。

纵向沟通中的信息延时

当前，突发事件应对中的信息沟通采取的主要方式依然是传统政府组织对突发事件的线性处理方式。这是一种比较典型的单向垂直沟通机制，也就是严格按照等级链的正式报告程序，以部门为单位逐级向上汇报，经过层层领导审批后再返回给汇报部门。这种等级链条式的报告程序忽视了突发事件的复杂性和易变性，缺少危机沟通机制应有的灵活性，会造成信息过滤、延时等一系列问题，甚至造成意想不到的负面效果。

上行沟通中的信息过滤

《中华人民共和国突发事件应对法》第 4 条规定：国家建立统一领导、综合协调、分类管理、分级负责、属地管理为主的应急管理体制。在这种体制下，中央获知突发事件信息的主要来源是属地的政府报告，但是，层层请示汇报也会给危机沟通带来一些问题。

一是按部就班地走程序，经常会丧失信息的时效性。层层请示汇报意味着突发事件状态下的信息传播有较多的中间环节，即报告经过每一层都要作一定时间的停留，信息传递链过长，会减慢流通速度并造成信息失真，导致上级指挥部门不能真实地了解自然灾害的具体情况，无法做出正确的应急处置决策，贻误了突发事件应对的最佳时机。对此，“12・23”重庆开县井喷特大事故带给我们的教训是最深刻的。这起事件最令人痛心的一点是，事件中的大多数死者都是在疏散过程中去世的，如果村民们早一点得到通知，大部分死亡是可以避免的。“12・23”重庆开县井喷特大事故信息上报过程如下①：

---

① 《中石油川东北气矿“12・23”井喷事故案例研究分析报告》，国家安全生产监督管理总局、国家环境保护总局、重庆市人民政府、中国石油天然气集团公司、中国安全生产科学研究院，2007 年 6 月。感谢邓云峰研究员对本研究的支持。

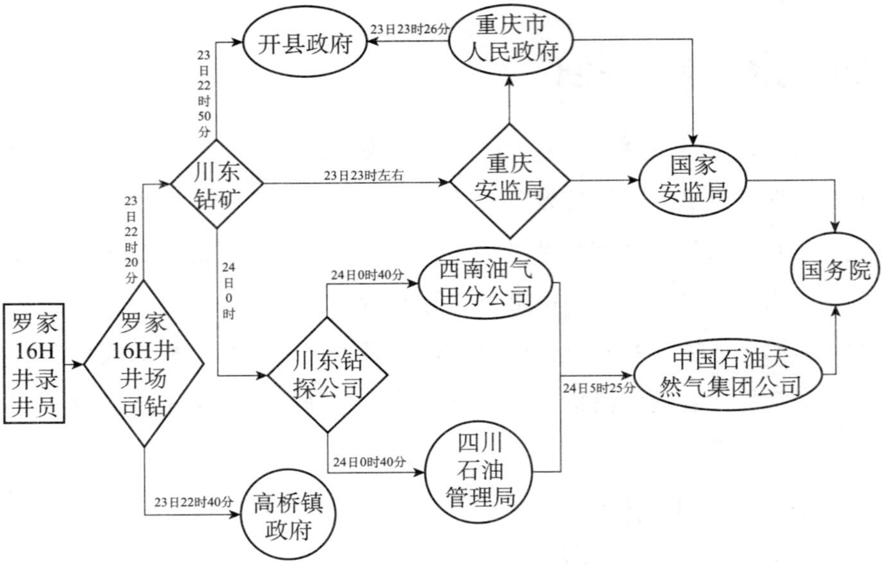

图 2.4 “12・23”井喷事故报警信息流程

从上图可以看出，从2003年12月23日发生井喷事故，到中石油总部接到报告，事件信息在上报的过程中消耗了7个半小时，而国务院最终接到报告，距离事件发生已经过去了22个小时，漫长的信息链条贻误了最佳的决策时机，导致了不该发生的悲剧发生。

从时间上来看，“12・23”井喷事故发生在非典前，那个时候，中国还没有建立应急管理体系，但是，即使是在以“一案三制”为特色的中国应急管理体系建设完成之后，信息上报过程中链条过长，速度过慢的现象依然普遍存在，不妨以“东方之星”客轮翻沉事件中初期信息的报告情况为例来感受一下。

- 21时32分，“东方之星”客轮翻沉；
- 22时10分，岳阳海事局指挥中心接“‘铜工化666’轮”报告称发现有2名落水人员；
- 23时9分，岳阳海事局向长江海事局总值班室报告人员落水险情；
- 23时22分，岳阳海事局指挥中心接到监利海事处报告，“东方之星”客轮可能出事；

➢ 23时40分，岳阳海事局确认“东方之星”客轮失事，向岳阳、监利政府报告，通知重庆轮船公司（耗时90分钟）；

➢ 23时54分，岳阳海事局向长江海事局报告“东方之星”客轮翻沉；

➢ 0点55分，长江海事局将事件信息上报湖北省政府值班室（耗时61分钟）；

➢ 0时59分，长江海事局将事件信息上报中国海上搜救中心；

➢ 1时15分，中国海上搜救中心将事件信息电话报告交通运输部和国务院总值班室。

从客轮翻沉，到信息报到交通运输部和国务院总值班室，用时3小时43分钟，事故发生初期是救援的最佳时机，动辄几个小时的信息上报，显然会贻误救援时机。

二是由于自律效力较低，监督机制缺位，等级森严的科层制配置容易产生惰性，即信息沟通的中间环节缺乏核实与甄别信息的积极性，这就容易出现层层充当传声筒的不良后果，最终影响到救援决策的及时正确出台。在2013年发生的青岛市“11·22中石化东黄输油管道泄露爆炸”中，从输油管线破裂到爆炸燃烧，中间有将近八个小时的时间，正是因为在信息上报过程中没有引起足够重视，最终导致了悲剧的发生：

➢ 凌晨2时31分，开发区公安分局110指挥中心接警；

➢ 凌晨3点10分，开发区总值班室110指挥中心报告现场情况；

➢ 上午7时46分，开发区管委会主任收到事故报告，开发区管委会自初次接报后共耗时278分钟，才上报到管委会最高领导；

➢ 上午7时48分，开发区党工委书记收到事故报告；

➢ 上午7时49分，青岛市政府总值班室接到报告，总值班室耗时70分钟报告市领导；

➢ 上午9时1分，青岛市政府副秘书长分别短信市长及四位副市长；

➢ 上午10时27分，青岛市政府副秘书长接到爆炸燃烧报告。

更加值得引起注意的问题是，在实际工作中，各地各部门往往会出于自身利益的考虑，通过瞒报、漏报、缓报、谎报等诸多方式来对突发事件信息进行过滤，究其原因，无外乎四个字——趋利避害。也就是说，当信息的披露会对自身造成不利影响的时候，有些政府或部门有可能封锁或垄断某些重要信息，当虚假的信息能够为本级政府或部门带来更大的物质补偿时，有些政府或部门有可能就会修改或杜撰某些信息。

一般来说，避害的角度主要有两种顾虑：一是担心影响到政府形象和政绩，进而影响到自身的仕途；二是害怕为此承担责任。比如，2008 年，河北省张家口市蔚县李家洼煤矿“7·14”爆炸事故发生后，蔚县县委县政府选择了瞒报，直到 85 天后，这一 35 人遇难的特大事故才被曝光。而在 2001 年广西南丹“7·17”特大透水事故发生后，南丹县四位主要领导原县委书记万瑞忠、原县长唐毓盛、原县委副书记莫壮龙、原副县长韦学光于当晚就全都知道了事故真相，但他们一致选择了与矿难老板相互勾结和恶意隐瞒，以至于 81 名矿工死亡的真相被隐瞒了整整 17 天！当时的国务院总理朱镕基后来感慨地说，“没有记者来揭露这件事，就冤沉水底了”。

趋利的手段主要以谎报为主。目前，中国政府在应急管理中有一个鲜明的特点，那就是“自然灾害重表彰，事故灾难重问责”，也就是说，“自然灾害的死亡人数不像矿难那样要追究行政责任，公布这些数字不会给地方官员压力”[①]，但是，在各式各样的无追责之忧的自然灾害中，信息过滤的现象也是层出不穷。

比如，汶川地震后当年，国家审计署就曾通报四川崇州市旅游局、交通局损失上报数据汇总重复，多列受灾损失 12.34 亿元。2012 年湖南省桃江县遭受洪涝灾害，对于直接经济损失，县民政局的数字是 1 800万元，而防汛办向媒体提供的灾情汇报材料却说是 8 900 万元，涉嫌虚报了 5 倍的损失。[②] 而 2013 年的雅安地震，“截至 25 日，雅安三个重灾县已公布高达 1 693.58 亿元的经济损失数值。该值至少是其

---

① 《民政部：灾害死亡人数不追究行政责任没必要隐瞒》，新华网，2006 年 8 月 17 日。

② 腾讯评论：《雅安地震“经济损失 1 700 亿”传闻背后》，http://view.news.qq.com/zt2013/yadz5/index.htm。

上年 GDP 总和的 21 倍。”[①] 引起了全社会的广泛争议。

当突发事件爆发时，信息的重要性异常突出，而对信息的瞒报、漏报、缓报、谎报，必然因为错误的信息导致错误的决策，进而导致政府形象受损，甚至带来更大的危害。

案例

叫魂[②]：一场千古胶着的信息战[③]

1768 年春，康乾盛世顶峰，江南发生几起“叫魂”案。

德清慈相寺几个穷困潦倒的和尚嫉妒附近观音殿的香火旺盛，散布谣言说有石匠在观音殿附近“作法埋丧”，若去该寺进香非但难得庇佑，反会遭到毒害。还有一些流浪汉偷剪别人的发梢或衣角，做“魇胜”之用——通过作法于受害者的名字、毛发或衣物，便可使他发病，甚至死去，并偷取他的灵魂精气，使之为己服务。

这引起了乡民的恐慌，石匠、乞丐、游方僧等成了高度怀疑对象，或被扭送官府，或被扭打至死。

流言和恐慌传播的速度极快，从春天到秋天的大半年时间里，“叫魂”这个幽灵就盘桓在了大半个中国，这个既无实际伤害，又无政治企图的流言，却触发了君主弘历的敏感神经，他一口咬定妖术背后存在政治风险（剪辫子，反清复明），并一手策动了全国性的除妖运动。

整个帝国都被妖术恐惧动员起来。小民百姓忙着自保或乘机打击报复，全国十二省的各级官员忙着追缉流窜各地频频作案的“妖人”，而身居庙堂的弘历先生则寝食不安，力图弄清“叫魂”背后的凶险阴

① 《雅安地震评估进行时上千亿经济损失数据何来?》，《21 世纪经济报道》网站，2013 年 4 月 26 日。

② 孔飞力（Alden Kuhn），是美国著名中国学家、哈佛大学希根森历史讲座教授、东亚文明与语言系主任，以研究晚清以来的中国社会史、政治史著称。《叫魂——1768 年中国妖术大恐慌》一书是他的代表作，获“李文森中国研究最佳著作奖”。该书通过 1768 年弥漫于中国东南部的“叫魂”妖术，来探讨中国古代社会的政治运作和官僚结构体系。

③ 本部分参考资料来源于豆瓣网，包括以下几篇文章：刘昶：《“盛世危言”——〈叫魂〉读解》；林中路：《叫魂——叫乌合之众的魂》；高王凌：《叫魂案之前因后果》；橡树：《信息传递与官僚体制运行——读〈叫魂〉》。

谋，并不断发出谕旨加以督促。

折腾到年底，在丢了不少小民不值钱的贱命和官老爷珍贵的乌纱后，真相终于大白——所谓“叫魂”只是一场闹剧：没有一个货真价实的妖人，没有一件不是冤案的妖案，有的只是自扰扰人，造谣诬陷，屈打成招。

沮丧失望之余，乾隆皇帝只得偃旗息鼓。

“叫魂”事件中，两江总督、江苏巡抚、前江苏巡抚、安徽巡抚、浙江巡抚、山西巡抚等被“俱着交部严加议处”。山东巡抚因刑囚逼供、误导上司，被“恼羞成怒”的皇上降职，还有一批低级官员也遭到弹劾。次年，因一相关案件又有一批官员受到处罚，其中计有68个知县、22个知府、14个道台、32个按察使、29个布政使、26个巡抚，以及14个总督。

“叫魂”案中，信息是如何在官僚体制内流通的呢?

古代皇权政府通信体系所依存赖的组织，也是典型的科层制——州县原则上是不能越级同皇帝直接对话的，省级以上的督抚才有权利和义务向皇帝报告自己负责的地方的情况。

按照制度设置，他们的折子先交到军机处（秘书机构），军机大臣们在对报告做了初步判断后，把他们认为重要的报告交给皇帝，通常也附上自己的处理意见，皇帝往往也就根据折子处理意见做出批复。

从表面来看，皇帝处于科层制组织最高层，又处在信息流通的中枢位置，他似乎拥有“上帝之眼”，所掌握的信息应该比处在基层的官僚更全面、更准确。但事实恰恰相反。这个金字塔尖的位置恰恰使他处于被蒙蔽的位置。比如，“叫魂”危机发生的最初两个月里，没有一个官员主动向乾隆皇帝报告过地方上发生的妖术恐惧。为什么呢?

这是因为，虽然是皇帝在做决策，但既然决策所依据的信息来源于官僚，官僚们就可以通过对信息的过滤和筛选从根本上影响皇帝的判断和决策。正如马克斯·韦伯所说，从长远看，官僚们是处在更有利的地位上的，他们既是信息的提供者，又是决策的执行者，他们首先有通过筛选信息影响决策的权利，又有最终解释决策的意义的权利。

对于官僚们而言，他们对于信息上报这个问题的考量通常有两个维度。首先，一旦朝廷和皇帝卷入了地方妖案的清剿，官僚制度优游从容的常规就会被打乱，地方官就会受制于专断独裁的君权，把自己直接置于君权反复无常的淫威之下。要避免这样的结果，最好的办法就是息事宁人，把地方上的“叫魂”恐惧局限在自己辖区和职权范围内，按官僚制度的常规独立全权地来处理，对朝廷封锁有关信息。其次，因为这类事件很微妙，官僚们处理时是谨慎的，不扩大化才是最正确的处理方式，才能最有效地防止别有用心的人利用它，也可以最有效地防止这种非理性的信息传播失控，从而造成大规模的社会动荡。

各省官僚的这种默契，织成了一张官官相护的网络，共同对皇帝封锁消息。而当皇帝已经知道了这件事情，官僚们又极力让皇帝相信，这些事件是孤立的，地方性的，借助信息的截流、转移视线、集团内统一步调、将事件导入到常规化的安全轨道等来进行反控制。所以，孔飞力感慨地写道：这是一场千古胶着的信息战。

而 1768 年的“叫魂”巫术最后不了了之，正是因为军机大臣们很聪明地把一些有倾向性的材料给乾隆，让“他自己”做出了放弃追查的决定。

因此可以看出，地方官处理这些事件的一般原则是就事论事，没出人命，就大事化小，小事化了，避免引起不必要的社会动荡。大事化小，小事化了，是中国官场处理事务的传统方式和中国官僚们的一种执政习惯。

时至今日，中国政权管理的能力和效力问题仍然十分突出，这与古老的传统密切关联。具体到政府信息传递上，只要官僚们不改变对信息流通的态度，只要官僚体系内的信息流通还不能透明，大事化小、小事化了的官场传统就不可能根除。

下行沟通中的信息多头

近年来，在一些突发事件的处置过程中，经常会出现上级领导对救援工作“指手画脚”，下级不敢不听，或者是上一级多个主管部门对突发事件处置的意见和决策不相统一，导致下一级应急指挥部要么无所适从，要么按照偏好进行自由裁量等不良现象，这些现象的存在，严重影响到应急指挥部各项工作的有序开展，使应急决策的有效性大打折扣。

在 2015 年发生的“1・2”哈尔滨仓库火灾事故发生中，5 名年轻的消防战士在灭火时被倒塌建筑掩埋殉职。1 月 12 日的《新京报》报道，哈尔滨市公安消防支队化工中队指导员刘纲在接受当地媒体采访时说，杨小伟等人遇难前在二、三楼之间。他们接到哈尔滨消防大队的任务：进入三楼灭火。该采访引起了外界对指挥者强令消防员进入燃烧近 9 小时的建筑内灭火的强烈质疑。除此而外，新京报记者还在火灾现场听到哈尔滨市政府一名官员说，希望设备能进入楼体灭火。虽然该提议遭到现场专家驳斥，“不能再让消防员涉险。”但是，多位受访消防员反映，消防部门在火场经常受到外行地方官员干预。对此，有评论认为，政府官员不是专业消防指挥官，未必具备现场指挥消防灭火的能力，也没有现场指挥灭火的权力。政府官员在火灾现场，不能具体干预消防指挥官的工作，更不能僭越指挥，跨界操作。①

官本位，或者说“官大一级压死人”，是我国传统行政管理的一个重要特征。这一特征反映在我国的应急指挥工作中，就表现为指挥过程中过度依靠领导者的个人经验、能力甚至是直觉，各种法律法规、规章制度和应急预案流于形式。看起来，在突发事件发生后，各级领导在接报后都争先恐后地“第一时间赶赴现场”“第一时间做出部署”，但实际情况却是，到了事发现场后应该做什么、不应该做什么，应该先做什么、后做什么，各级各类不同领导之间究竟谁应该听谁的，却不甚清楚。事发现场人多嘴杂、闹闹哄哄，各方人员严重错位、越位、不到位——本该承担行政指挥职责、负责统筹协调的领导都第一时间奔赴现场，在现场越位扮演着战术指挥的角色；现场真正的战术指挥和具体操作人员则忙着请示汇报，领导在听取汇报后则做出各种很笼统、很原则的指示要求，在此过程中可能耽误重要的宝贵时机。②

“总指挥是谁”，也凸显了当前应急处置过程中的指挥权归属问题。

---

① 柏文学：《哈尔滨火灾消防员死于领导乱指挥?》，《南方都市报》，2015 年 1 月 13 日。

② 钟开斌：《应急指挥如何走向科学化》，《学习时报》，2015 年 6 月 8 日。

根据《中华人民共和国突发事件应对法》中确立的“属地管理为主”的原则，天津港“8·12”瑞海公司危险品仓库特别重大火灾爆炸事故中的应急指挥权理所当然应该是属于属地，即天津市政府。但是，同样按照“分级负责”的原则，像天津港爆炸这样的事件，国务院也应该按照相关标准分级响应，具体体现在派工作组到天津，这个时候，指挥权是不是应该相应转移到国务院工作组呢？当然不是。而事实上，属地政府的主要领导很难做到完全不考虑现实行政级别高低，不顾及与前来指导的上级政府工作组领导的关系，这种情况下，就会出现指挥权归属名实不符的尴尬局面。

当然，天津港爆炸事件如果单纯从新闻发布会主持人的回答来看，而不是从全局出发去综合考量，结论可能就是危险的，舆情的反应也可能是不准确的。提出这个问题的是财新网记者王和岩，在一次座谈会上，我曾经问她为什么要提这个问题，她说，在天津港爆炸发生后，她迅速赶赴了现场，并且每天晚上要和总编辑胡舒立讨论第二天在发布会上问什么问题，在召开第六次新闻发布会的前一天晚上，当她提及这次救援比较乱等情况时，胡舒立让她在第二天的发布会上问这个问题，于是，在第二天的发布会上，在没有被点名提问的情况下，她抢到话筒并发问：“请问这次救援是哪位领导牵头的，是如何组织指挥的?”这时，主持人做出了“这个问题下来以后我再尽快详细了解”的回答，这种情况，并不能排除主持人因为突然被提问而发懵，于是选择用一个比较稳妥的答法来缓冲的情形。但无论如何，这个回答本身，既暴露出了指挥权归属的问题，也暴露出了当前普遍存在的宣传官员即“救火队员”等深层次问题。

事实上，观察中国政府当下应急管理的全过程，我们会发现下行沟通过程中政出多门、多头指挥等问题在突发事件处置的各个阶段都存在，比如，在汶川大地震发生之后，各级政府和部门，从国家到各部委，从省里到各兄弟省市，纷纷前往灾区视察，导致灾区干部在紧张繁忙的灾后重建工作中，不得不分身去迎来送往，去汇报陈述，以至于有基层干部发出了“可否请领导有序视察”这样的感慨。

突发事件发生后，各级领导不是按法律法规和应急预案的规定启动应急响应，而是“跟着感觉走”，自己凭经验和能力进行临时性决策，“即兴发挥”；指挥效果在很大程度上不是取决于应急指挥相关制度规范是否到位、科学，而在于领导个人的经验多少和能力高低，这一方面是由于不少领导的思维方式和工作模式尚停留在传统的经验行政和“人治”思维模式，另一方面，还在于我国综合性应急管理法律体系和全国应急预案框架体系建设时间较短，针对性、可操作性、实用性还不强，对应急指挥的规范和保障作用尚未完全体现。①

总之，下行沟通中政出多门、多头指挥等问题的出现，与传统科层制管理结构的弊病或缺陷有关。沃伦·本尼斯在《组织发展与官僚体系的命运》中指出，严格的层级制，“无法有效地解决上下级之间特别是各职能部门之间的矛盾冲突”。因此，一定要高度重视科学的应急管理制度建设，使制度充分发挥在突发事件应对中的规范、引导和约束作用。

外部沟通：信息不力

近年来，政府在应对突发事件过程中的外部沟通中，信息不力现象比比皆是。比如，当公众急需要了解与事件相关的事实信息时，政府发布的通稿中充斥着领导“高度重视”的陈词滥调；当公众为事件中的遇难人员感到忧伤悲痛时，官员从维稳大局的工作角度出发要求遇难者家属做到“情绪稳定”；当政府发布的信息并不足以满足公众的知情权时，却横加指责群众是“不明真相”的，等等。这种信息不匹配的、错位的现象，对政府的公信力具有极强的杀伤力。

比如，在哈尔滨“1·2”大火发生之后，哈尔滨市公安局官方微博“平安哈尔滨”于1月3日凌晨4时25分发布消息，这个来自深夜的信息发布行为，毫无疑问带着信息发布方很大的诚意。但是，这个题为“哈尔滨市道外区太古街727号库房火灾基本情况”的通稿，全文共585个字，“领导高度重视”占去258个字，将近一半。提到名

① 钟开斌：《应急指挥如何走向科学化》，《学习时报》，2015年6月8日。

字的领导有9位，详细介绍他们的12种头衔，而对于牺牲的3位战士和失联的2位战士，则一笔带过。长微博全文如下：

2015年1月2日13时14分，哈尔滨市道外区太古街727号一日杂品仓库发生火灾，该仓库系非消防安全重点单位，钢筋混凝土结构，使用性质为批发零售小商品。

火灾发生后，黑龙江省委、省政府和哈尔滨市委、市政府高度重视。省委书记王宪魁赴现场指挥；省长陆昊做出批示，要求省直有关部门要迅速调动力量进行救援救治，迅速查明被埋有关消防人员情况，迅速查明火灾原因；省委常委、省委秘书长李海涛和省政府秘书长李显刚到现场组织灭火、救援、救治；市委书记陈海波第一时间做出部署，市长宋希斌，市委常委、常务副市长聂云凌，市委常委、宣传部长张丽欣，副市长任锐忱等市领导现场指挥灭火、救援、救治工作；省委办公厅、省政府办公厅、省安监局、省公安厅、省卫计委、省公安消防总队等部门的负责人现场协助指挥。

火灾发生后，哈尔滨市公安消防支队第一时间组织集中警力，于13时23分赶到现场，开展灭火救援，及时疏散了群众，哈尔滨市公安消防支队共出动17个消防中队、110台消防车、指战员480人。消防部队到达后，发现靠太古街一侧二层中部起火，火势猛烈，该仓储情况复杂，给灭火救援带来相当大的难度，消防官兵英勇奋战，及时疏散、保护了群众。21时37分，大楼突然坍塌，造成消防队员伤亡，截至目前，有两名消防战士当场牺牲；15名消防战士及一名保安人员被送到医院救治，其中1名战士经抢救无效牺牲；另有两名消防战士失联；群众全部撤离无伤亡；火灾原因正在调查中。

这样的错位信息引起众怒，引发了一轮舆情次生灾害，很多网民拍砖吐槽，对微博内容进行了戏谑解构——@御史在途：纯粹从文字的角度看，这篇新闻通稿可简化为：在各级党委、政府和数十名领导的高度重视下，几名消防战士壮烈牺牲。——这个结果，显然与政府意欲积极发布信息的初衷适得其反。

“7·23”甬温线动车事故发生后，有网友为各级领导和官方媒体炮制了标准讲话稿：

“事故发生后，____高度重视，____当即作出批示，要求不惜____抢救伤员，查明事故原因，积极做好善后工作。____当晚赶到事故现场指挥搜救，接着连夜赶往____看望伤员，安排部署施救和善后工作，____在发言中强调要认真贯彻执行____的批示，举一反三吸取____，立即开展____大检查……”。

如今，动车事故已经过去了5年，在这5年里，无论是哈尔滨大火的通稿，还是天津港爆炸事件中的信息发布都表明，刻板化的政府信息发布模式并没有从根本上得到改变。关于此，网友通过对哈尔滨火灾通稿的评论揭示了现象背后的本质——“哈尔滨火灾通稿，用460多字讲省委书记到宣传部长等多重视，然后用100多字寥寥写了牺牲的消防战士。失败的、新媒体视角下的通稿”“可作案例。”“作为内部汇报挺标准。”“总书记要求改文风，实质也是作风的改变。”

再比如，在突发事件发生后接受记者采访时，政府官员表态时经常会用到一些词汇，这些词汇在过去阶级斗争的政治环境中没有任何违和感，但现如今，当官员们带着惯性脱口而出时，这些词汇常常令人意想不到地引发网民热议，引起舆论批判，更有甚者，会使新闻发言人变成新闻当事人。

词汇1：不明真相

近年来，每当发生群体性事件，一些政府官员必定会提到“不明真相”的群众是被“别有用心”的人蛊惑的，对此，有评论认为，应该说，“群众的眼睛是雪亮的”这话没有错，但前提是群众必须拥有充分、权威的信息源，供其分析甄别。确实如此。如果在一方水土生产出那么多“不明真相”的群众，那么，政府部门干什么去了？你不把真相通过有效途径告诉群众，然后反过来责怪群众“不明真相”，这究竟是什么逻辑？说群众“不明真相”，并不等于真理站在了自己一边，反而暴露有关部门没有尽到应尽职责。

词汇2：不法分子

“少数不法分子趁机……”也是群体性事件中经常被提到的热词，问题在于，还没有进入司法流程，没有经过法律审判，怎么就成了不法分子呢？在一个培训班次上，一位扮演市长的学员在新闻发布会演练中刚说出“不法分子”几个字，马上就有扮演记者的学员站起来提问：“请问市长，现在事件还没有进入司法流程，你以什么为依据做出‘不法分子’的结论呢?”一句话问得那位“市长”只能沉默以对。

词汇 3：不要猜测

在突发事件发生后，舆论场上马上就会出现各种鱼龙混杂的信息，其中不乏很多对政府形象不利的政治类信息，为了让公众相信政府，有些领导干部总是强调“请大家不要猜测”。有一次，一位常务副市长在新闻发布会演练的时候就习惯性地说到了“请大家不要猜测”，演练结束后，我在点评的时候指出，政府可以通过及时发布权威信息等方式来与谣言展开赛跑，但是，任何人都不能剥夺他人猜测的权利。

对此，笑蜀在评论文章《谨防理性成为奢侈品》中写道，在弱者随时可能被真相黑洞吞噬的情况下，理性如果徒托空言，如果于事无补，也就不能指望公众相信理性，依靠理性。只有当公众通过自己的日常生活切身体验到理性确实有力量，确实起作用，确实不是奢侈品，那时理性才会成为他们追求的目标。

词汇 4：不要恐慌

山东问题疫苗舆情事件中，有人发明了一个新词，叫作“恐慌权”(或者叫恐慌的自由)。《团结湖参考》主笔曾炜为此专门写了篇评论，题目就叫《“恐慌权”是什么鬼》，认为民众的恐慌是根本憋不住的，因为免于恐慌的自由无法找到，就应该允许人们有恐慌的自由。因此，当官员对公众说“不要恐慌”时，公众的反应可能是这样的——

“这些官员知道大家快要恐慌了，情况一定很糟糕。”这会提升公众的警觉。

➢ “他们以为我们要恐慌了，这太侮辱人了。”这会降低民众对官员的敬意。

➢ “这些官员自己快要恐慌了。”这依然会提升公众的警觉。

➢ “肯定发生了什么真的会让人恐慌的事情了。”

词汇 5：情绪稳定

2011 年 12 月 23 日，中国新闻网发了一篇题为《贵阳一公园野生猴王死亡 负责人：其他猕猴情绪稳定》的新闻，说的是 12 月 20 日，几位市民在贵阳市黔灵山公园内的一座山顶上发现了四只猕猴的尸体，市民说其中有一只是一个猴群的猴王，叫白脸哨猴王。黔灵山公园的相关负责人告诉记者死亡的大猕猴还不能确定是不是猴王，但山上其他猕猴的情绪较为稳定。

这本来是一条马上就被淹没掉的碎片式新闻，但是，相关负责人猕猴情绪稳定的说法一下子触碰到了人们的敏感点，于是，各种调侃讽刺纷纷出炉。有网友评论：众猕猴们纷纷表示“情绪稳定”！维稳工作，深入“猴”心啊！“稳定压倒一切，猴子都理解中国国情。”

“情绪稳定”在网络用语中，常用来讽刺中国式官话、官腔，比如“遇难者家属情绪稳定”。搜狐网评论：“遭了严重灾害或不公平的戕害，谁人还能保持‘情绪稳定’？除非他不是人、没有七情六欲，除非他受了或明或暗的裹挟甚至是胁迫！翻看诸多‘情绪稳定’的主旋律报道，那真是：满纸荒唐言，一把辛酸泪；都云‘情绪稳’，谁解其中味！”

词汇6：从重从快

从重从快是一种不科学的、运动式的法治态度。是否采取从重处罚措施，法律有详细而严格的界定，除了立法机关外，其他任何人都无权变更这些条文。而从重与否，应该由司法机构依据法律和犯罪事实来衡量，而不是由领导的行政命令来决定。从快牺牲的是司法过程中的程序乃至实质正义，法律对所有的司法环节都明确了一定的期间，旨在有充足的时间查明事实、准确定性、恰当量罚（刑），从而保证执法效率，这个法定的时间流程并不能因为某位领导的个人意志而改变，即使这个意志捆绑着大多数人的民意。

词汇7：人格担保

有些领导干部，为了证实某些事情的真实和自己的清白，总是拍着胸脯坚决地说：“我拿我的人格和党性担保”，结果常常是话音刚落就食言了，让自己深陷“领导的人格很不值钱”的嘲笑和讽刺之中。而用党性担保更不可取，人格是个人品格，党性则是崇高的信仰，人格受侵害了，可以依法维权，但党性一旦受损，却无法用金钱和赔礼道歉的方式来弥补。滥用和乱用“党性”，影响的是一个政党的整体利益。而从法律角度讲，用作担保的也只能是自然人的信誉、金钱、物质，并未规定党性可以担保，拿“党性”担保既不合法，也不符合党章的规定。

词汇8：请大家放心

近年来，在一些邻避项目的危机沟通中，有些政府官员为了说服公众，安抚民心，一再强调危害发生的概率微乎其微，并且喜欢用“请大家放心”来进行表态。但是，这样的表态有时候往往起到的是适得其反的效果。因为当人们不能确定他们应该怎样担心才对或者内心矛盾重重时，如果官员极力地试图打消他们的顾虑，他们会变得更加惊慌，而且容易产生愤怒和怀疑，会更加关注这件事会有多么可怕，一旦事实证明比预期严重时，他们就会失去对官方的信任。

近年来，与中国国家影响力日益增强的硬实力相比，我国的文化软实力和国际话语阐释能力还处于与之不相匹配的境地。十八届五中全会审议通过的“十三五”规划建议指出，要“牢牢把握正确舆论导向，健全社会舆情引导机制”，还要“加强国际传播能力建设，创新对外传播、文化交流、文化贸易方式，推动中华文化走出去”。这就要求，今天的中国政府官员一定要转变思维方式和话语方式，通过为公众提供话语体系新供给，拉近政府与百姓之间的距离，这一点，不仅是政府治理现代化的重要标志，也是加强我国文化软实力、对外话语体系和国际传播能力建设的题中之义，在国际话语权争夺日趋激烈的背景下，具有特别重大的现实意义。

著名危机公关专家迈克尔·里杰斯特指出：当组织面临危机时，与相关公众的沟通和传播会比往常任何时候都显得更为重要。若一个组织不能就其发生的危机与公众进行合适的沟通，不能告诉社会面对灾难局面正在采取什么补救措施，不能很好地表现它对所发生事故的态度，这无疑将会给组织的信誉带来致命的损害，甚至有可能导致组织的消亡。①

突发事件发生后，政府在进行外部信息沟通时，把信息分类作为信息公开的抓手，是一个行之有效的办法。通常情况下，需要发布的

---

① ［英］迈克尔·里杰斯特：《危机公关》，复旦大学出版社1995年版，第111页。

突发事件信息可以细分为四大类，即：技术信息、科学信息、社会信息和政治信息。从信息分类的视角对近年来政府信息发布的情况进行观察，我们会发现，由于外部信息沟通涉及政府、公众、新闻媒体以及各类社会组织等多头主体，是一个错综复杂的信息沟通网络，因此，在现实的突发事件应对工作中，外部信息沟通总是处于舆论的风口浪尖，尤其是在公众沟通和媒体沟通方面，暴露出了一些值得引起关注的问题。

TIPS：

在进行外部信息沟通时，信息分类是一个行之有效的抓手，可将信息细分为四大类，即技术信息；科学信息；社会信息；政治信息。

技术信息：不能总靠踩刹车紧急停车

技术信息，是指与事件相关的基本信息，包括事件发生的时间地点、应急预案的启动、应急指挥部的响应、政府采取的措施，包括应急救援行动、医疗保健以及一些地区信息，包括周边安全和疏散区域等。在三鹿奶粉事件的总结中，被提及最多的是信息公开。从 2008 年 3 月～9 月长达半年时间里，质检总局、卫生部、石家庄市政府、三鹿公司，任何一方将此危及婴幼儿健康的信息披露，都将避免更多伤害，然而，这一信息却被一再隐瞒，直到局面无法控制才不得不披露。

危机沟通能够安抚社会情绪，保持社会稳定，为突发事件应急救援营造一个良好的外部环境。在突发事件状态下，人们对信息的判断力会下降，对很多传言甚至谣言都会抱着一种“宁可信其有，不可信其无”的态度。此时，如果政府不能积极公布正确信息，就会使人们产生消极的情绪反应，进而形成一种恐惧的社会心理环境，影响公共安全。

近年来，随着政府信息公开力度的不断加大，“公开为原则，不公开为例外”逐渐被更多的人认同。在各级各类的突发事件发生后，各级政府都能够按照“快讲事实，多讲措施，重讲态度，慎下结论”这 16 个字的新闻发布原则，及时、公开、透明地发布相关信息，如“两微一端”成为政府信息发布的标配，24 小时内举行第一场新闻发布会的规范等，都体现了政府信息公开的成就。但是，综观这些年政府信息发布的情况，还是存在一些问题。“8·12”爆炸事故发生后，有人用一个比喻谈到了对此次事故发布会和舆论引导的总体感觉：车子开出去了，但只装了刹车、没有装方向盘，还没有学会用油门、离合控制车速，总是靠踩刹车紧急停车，换句话说，快速发布的意识有了，更加开明了，但是本领还不行。这个比喻形象地说出了当前中国政府信息发布工作比较粗放的状态，发布的意识有了，但是，发布的策略、方法与技巧还远远不够。

对突发事件而言，最高指挥者就是传播决策者，一定要充分利用各种渠道去释放各种信息，引导人们的行为，减少事件核心区压力。比如，及时告诉突发事件核心区的人应该怎么办、在相邻影响区的人应该怎么办，在潜在影响区的人应该怎么办。告诉公众应该如何行动，引导他们的行为，这实际上就是在疏导公众的情绪。比如，把地图路段都变红，让公众不要再往里走，就是一种行为引导。再如，在不适合疏散的区域，迅速告知公众家里更安全，一定要躲在家里，并做好相关的防护措施，公众明确了自己行动的方向，情绪上自然就会安定下来。

科学信息：“新闻”“旧闻”“不闻”

科学信息，是指事件中与科学相关的信息，包括风险将怎么改变，有什么危险，威胁，保障措施等。比如，是否还会有余震、是否还会有爆炸、危化品的性质与影响、传染病疫苗研制等。许多研究发现：除了个体主观差异的因素外，人们的风险认知结果受到多种因素影响，公众对风险的认知可能与事实相差甚远。因此，在突发事件发生后，及时发布科学信息，可以帮助人们获得对事件的正确认知，并主动采取自我保护措施，而所有采取的措施，都会有助于人们克服自己的情绪反应，防止它们升级为恐慌，或者陷入否定和无望的冷漠。发布科学信息可以提供可选择的措施让人们自己拿主意，这样不仅可以激发其行动的能力，而且可以激发其做决定的能力，是防止人心惶惶或者情绪恐慌的一个有效办法。

2016年3月22日上午，一篇叫作《疫苗之殇》的旧文，被人肢解、重新组装后，在舆论的风口浪尖一跃而上，引起朋友圈转发热潮，转眼之间，到了下午，各式各样的“反殇之文”陆续出现，到了傍晚，一波针对“反殇之文”的“反反殇之文”又再次来袭，济南非法经营疫苗系列案件，旧闻成新闻。

将旧的事实做出鲜活的新闻，是新闻采编人员不可或缺的工作技巧，毛泽东的宣传思想中，就包括著名的“新闻、不闻、旧闻”策略思想。他认为，报纸、通讯社要对新闻有所选择地报道，根据政治形势的需要，来决定报道什么或不报道什么。有些新闻需要抢时间，及时报道，谓之“新闻”；有些新闻要暂时放一放，有了发表的好时机，再放出去，谓之“旧闻”；还有一些新闻，则是不能发表的，谓之“不闻”。毛泽东要求对具体问题做具体分析，根据政治需要而不是新闻价值来进行新闻取舍。

济南非法经营疫苗系列案件，无疑是旧闻成新闻的一个典型案例，而之所以能够把旧闻变新闻，一个最重要的原因就是击中了全社会的恐慌情绪，朋友圈疯传的文章充斥着各种煽动性的标题：“这是杀人”“你的沉默就是帮凶”，其中有一个段子，令人忍俊不禁：“吴奇隆18岁的时候，刘诗诗才一岁。李双江27岁时，梦鸽才一岁。张艺谋39岁时，新妻陈婷才一岁，杨振宁55岁时，他岳母才一岁。所以，请关注这次的疫苗事件，有可能你的女朋友或岳母正在打这个疫苗……”为此，《腾讯传媒大数据调查：“疫苗恐慌”舆情奔袭》中写道：普通网友的微信“朋友圈”到底是怎样的歇斯底里？为何“10W＋”的文章都充斥着情绪因子？

面对突然爆发的济南非法经营疫苗系列案件疫情，一方面，是应急处置，李克强总理发表谈话，国务院批准组织联合调查组，同时成立工作督查组，进行追踪调查，严肃处理渎职行为；另一方面，是舆论引导，而引导的最主要的方法就是发布科学类信息，于是，各类“反殇之文”中出现了大量与疫苗相关的知识普及和科普启蒙：

➢ 此次山东非法疫苗是二类疫苗，并非是一类疫苗。一类疫苗指的是乙肝、水痘等国家强制免疫项目，而二类疫苗指的是像狂犬病疫苗之类的自费项目。

➢ 超温失效疫苗和假疫苗、毒疫苗不是一回事。山东非法疫苗的问题出在冷链而非疫苗本身。

➢ 注射变质疫苗，也不一定意味着就一定会有严重后果。

➢ 正常疫苗注射后有出现不良反应的概率，大概百万分之一，国内、国外都有，一般被叫作“恶魔抽签”。

通过双管齐下，厘清了焦虑，驱散了疑团，公众的恐慌情绪得以舒缓，一次巨浪般的舆情事件终于得以平息。但是，这次突发的疫苗舆情发人深省，为什么客观上较小的风险会引起如此巨大的社会反响呢?

公众对风险的感知和判断与专业人员是存在差异的，他们主要是依靠直觉判断，直觉判断并不是一种理性的判断方法，但是直觉判断到的风险会直接触动人们的情绪，再加上媒体对风险的放大效应，就极大地影响了人们应对和处理风险的态度和行为，可见，科学类信息的发布，或者说信息发布中注重科学知识的普及与启蒙是多么重要。

科学类信息的专业性很强，普通公众没有专业知识背景是不能做出精准判断的。因此，要重视专家的声音，把专业部门、把专家推到前台，直接面对媒体，给媒体做出解释，澄清网上的谣言，避免社会恐慌。此外，还要重视专业自媒体的作用。在天津大火事件中，科普网站果壳网、丁香医生发挥了非常重要的澄清谣言的作用。目前，互联网上有一批有较大影响力和公信力的专业自媒体，他们出来答疑解惑，效果会更好。

社会信息：“北京暴雨”与“美国暴雨”

社会信息是指与公众密切相关的信息，比如，受伤和受影响人群的情况、应急心理疏导情况、声援和支持的消息等。发布社会信息也是最有效的情绪疏导方式之一，因此，一定要高度重视社会信息的发布，充分利用各种渠道去释放与公众最为密切相关的信息。

2012 年 7 月 21 日，北京遭遇了有气象记录以来最大的一场暴雨，一位普通的市民在广渠门下被淹死，给北京市民造成了短时间难以消弭的心理阴影。在“7·21”北京特大暴雨中，发生了不少舆情次生事件，“不通过手机短信发送预警信息”就是其中一个。大雨发生后，公众质疑气象部门为什么不通过手机短信发送预警信息？对此，北京气象局给出的答复是，北京有2 000万常住人口，95%以上拥有手机，发送短信的基站十分有限。“一条短信一秒钟最快发400条，按这个速度，全市市民都收到短信要很长时间，如果收到短信时灾害天气已结束，预警没意义”。[①] 对此，有网友愤怒地表示：即使一秒只能发400条，那一分钟是不是可以发24 000条，一小时是不是可以发1 200万条，俩钟头是不是全北京都通知完了？而且这还不包括亲戚朋友间出于关心的转发数！实在太小看移动的网络了。

发布社会类信息，还需要格外需要注意一点，那就是信息一定是通俗易懂，而不是晦涩难懂的，要让公众一听就能明白，因为这类信息往往意味着必须马上采取行动，如果理解信息还需要一段时间，甚至需要翻查资料才能搞清楚，这样的信息发布出去，效果一定不会是理想的。

还是以北京大雨为例。虽然21日当天，北京市气象台连发五个气象预警，从最初的暴雨蓝色预警，至傍晚18时30分升格为暴雨橙色预警，但这些预警信息，却受到了社会各方的普遍质疑。比如，关于预警等级，舆论认为，什么是蓝色预警？什么又是橙色预警呢？与其去分辨什么蓝色橙色，不如直接告诉市民，面对这种情况，究竟应该怎么去做？

有人在“7·21”北京特大暴雨事件近两年后贴出了美国马里兰州暴雨预警的相关信息：2014年4月30日，美国国家气象局发布了关于马里兰州的暴雨预警，其中，除了有暴雨涉及的时间区间和地域范围外，还详细地告诉普通公民，在面对这场暴雨的时候应该怎么做，包括在暴雨来临前和来临后，在家里和在室外，行走中和开车时，每一种状态下分别应该注意什么事项。比如，预警中强调：不要在水中行

---

① 王海亮：《北京大暴雨为什么气象局没发送预警短信？》，《北京晨报》，2012年7月24日。

走，六英寸的水足以淹没你。如果你不得不在水中行走，一定不要在流动的水中，同时，要用一根棍子来测试你面前的地面是不是坚固；不要开车进入洪水区域，如果洪水在你的车旁涨起，赶紧弃车逃离，尽可能跑到更高的地方去，否则的话，你和你的车都将被冲走，等等。

发帖者质问：倘若北京大雨中的预警信息不是这个颜色那个颜色，而是实实在在的具有行动指导性的信息，也许，丁志健就不至于在二环路上被淹死。再次激起了人们对北京大雨预警发布工作的进一步反思。

在突发事件应对的过程中，政府与社会公众之间应展开卓有成效的双向互动，一方面，可以满足公众的知情权；另一方面，可以将公众了解的与灾害相关的信息以及对政府决策的建议和意见反馈给政府，这些信息作为政府内部信息的有效补充，能够促使政府不断反思和总结，从而做出更加科学准确的决策，提高突发事件应对的水平。而北京气象局的这次舆情危机暴露出了公众沟通的短板，即在突发事件发生后，政府部门为公众提供信息服务的理念和能力差强人意。这方面的案例还有很多，比如在玉树地震中很多灾民发现，他们领取的帐篷有的只有篷布，有的只有支杆，有的篷布和支杆都领到了，但由于型号不匹配搭不起来；再如在汶川地震后期，火车站等地堆满了方便面和矿泉水，灾区甚至出现了灾民用矿泉水浇花的景观；而在芦山地震中，部分受灾群众因为政府对灾区群众的信息沟通工作不到位，对救灾工作不理解甚至产生了不满情绪。

政治信息：政府的担当

政治信息，则是指与政治相关的信息，包括各类质疑信息，非理性情绪等，比如事件背后是否存在腐败问题、是不是人祸、谁应该为此负责等。对此，一方面，要及时发布正面的政治信息，比如一把手的行踪。遇到突发事件，市长可能在现场，也可能在指挥中心，此时，一定要第一时间让公众知道总指挥在哪个位置上，这会让大家感受到政府的担当。纽约“9·11”事件当中，纽约市长第一时间出现在现场，为他赢得了相当多的赞誉。另一方面，要对负面的政治信息进行及时回应，避免形成误解，影响到政府形象。

就突发事件的外部信息沟通而言，有一个现象值得引起重视，我国长期以来的“大政府、小社会”管理格局，使政府危机管理动员能力过强，而社会动员能力却显乏力，导致公众自身没有意识到自己是重大自然灾害应对主体中不可或缺的组成部分，大多数人还是习惯于以被管理对象、被施救者或旁观者的身份出现，参与的积极性、主动性和自觉性普遍不足。另外，公众意见反馈的主要路径是网络舆情监测，而监测的目的又很难说是为了沟通，这样的公众沟通，显然不利于有效地进行灾害应对，需要加以改进。

延伸阅读

井喷：晓阳村的追问[①]

晓阳村现在进行时

井喷并导致 243 人死亡后，那口闻名天下的天然气井会不会重新钻探？

5 月 11 日，记者刚走进重庆开县高桥镇晓阳村，就听说这个消息正在村民中口口相传，这让村民们寝食难安。56 岁的周绪田（音）忧心忡忡地说，“听说他们又要排头（方言，意为开始）了。”

记者多方求证，此消息并未得到明确证实。但从逻辑上推测，一切似乎又并没有可能。

开县是个资源大县，已探明的矿藏有 24 种，开发利用 14 种。天然气已探明储量 1 100 亿立方米，属国家大气田之一，已开采利用 15 口高产气井。

晓阳村支书周克安说，当地人都知道，井喷的“罗家 16 号”天然气井属于三高井，即产量高、质量高、硫化氢比例高。换个角度看，一口质量高、产量高的天然气井，也就意味着财富，从常理上推导，无论是谁，会放弃吗？

① 黄勇，田文生：《井喷：晓阳村的追问》，《中国青年报》，2004 年 6 月 1 日。

更何况，此前有报道说，专家称，压井后的这个矿井还能生产天然气，但是由于井底气压高，开采难度会大一些。

另一则消息则聚集了几乎全体村民的关注：6 名已被逮捕的事故责任人将在近期开庭审理。

因发生井喷事故而一夜成名的晓阳村，如今是什么模样？人们对即将到来的庭审有何见解？记者再度探访了这个悬念丛生的村庄。对事故突发后相当一段时间缺少应急措施产生的“真空”状态进行了追问。

■追问一：怎么没人告诉村民冲出来的是毒气

5 月 14 日。村民廖代华（音）正在修建新房，外墙上贴满了瓷砖，正中有着双龙腾飞的图案。他以前的房子正对着井口，被井喷后点火时的巨大火焰烧得面目全非，“瓦被烧焦了，成了炭，门窗都被烧没了，猪羊都被烧得蜷成一团。根本就看不出是什么东西。”

正午，村民正在抽着烟，聊着对面那个离他们的直线距离不超过 200 米的井口。他们比画着向记者描述说，井喷发生之前，他们见到一道火光冲天而起，但马上熄灭了。不久，又出现一道火光，地面随即发生巨大的震动，让大伙的房屋窗户都哗啦啦直响。“开始，有人以为发生了地震，但更多的人以为这是工地上在放烟花，感觉很好玩，百十号老老少少都跑过去看把戏——大家全被逗乐了——跑过去一看，那些工人的脸上满是黑乎乎的泥浆，只剩下两个眼珠子骨碌碌直转。”“大家围观时，矿井队的人只是叫我们赶紧走，不要围在那里看，可没有一个人告诉我们冲出来的气体有毒！其实，只要一个工人说一声，我们都会赶紧跑。谁会连命都不要了，明知道还往毒气里跑呀？”

少说的这句话，促成事故最终酿成了一场人类历史上罕见的天然气井喷导致的巨大灾难——

不少人被赶离井口后，回到家继续睡觉。直到后来，地面震动得非常厉害，浓郁的、令人恶心头晕的臭鸡蛋味传来，大家才赶紧转移。其中，有几十个人一路狂奔到晓阳私立小学（记者按：那里事实上已经比较安全了）并停下来睡觉、聊天或烤火时，因为看见地面不再剧烈震动、井口处也没有发生他们意想中必然会发生的爆炸（按：

他们当时并不知道喷出的气体有剧毒，外逃的原因只是担心发生地震或井口爆炸），于是放心地回家去拿钱。但这一返回，便再也没能出来。

廖军安夫妇、原3社社长张继明夫妇等人便这样死去了。因这种情况死亡的人，村民们还能列举出一大串名单。“如果当时工人说一声，他们怎么会做冤死鬼呀？”

周克安已经当了近20年的村支书。这位在事发后赶回村里通知乡亲们并在此后一直参与遗体清理的老支书说，“即使他们当时没有告诉村民那些气体是剧毒的，大家没有去逃命，也不要紧。只要在事发后及时点火，同样死不了几个人。”

事发当时，周正在高桥镇镇上，听说发生事故后，他赶紧返回村里，边走边叫人，直到最后，他感觉气味太重，呼吸都有困难，凭直觉认为不能再待，才不得不赶紧撤离。此时，距井喷发生已有4个多小时。“我当时先后叫了40多人，其中只有一个人死亡。那是一个老太太，那天到女儿家吃饭，她和一个小孩睡在一张床上。我去叫时，发现老太太蜷曲着，右脚搭在床沿上，可叫了没应；而孩子应声了。后来，我去清理尸体时，发现这个老太太还在床上躺着，姿势和当时我叫她时一模一样。但除了她，其他的人都还活着。这时离井喷发生已有几个小时，如果那时点火，不就死不了几个人？”

他从另一个角度分析说，事故发生后，距井口最近的几个社，如1社、8社和11社，反而死亡的人很少，他们都有足够的时间跑出去了。而最后死亡人口最多的2、3、5社（按：3个社就死了约150人）与井口的距离比前3个社更远，只是因为没有得到消息而待在家里，而他们的死亡和井喷发生的时间之间，有着很大的时间跨度，“我估计，如果在事故发生4小时之内点火，最多只有几个村民死亡。”

■追问二：平时催款用电视公告井喷时怎么没用

今年4月的一天，那场夺去200多人生命的特大井喷事故过去已近半年之久。在事故中死掉164人、付出最惨重代价的，是重庆市开县高桥镇晓阳村。

当看到镇有关部门在有线电视上打出催要收视费的公告时，晓阳村第五村民小组村民谭祖科心中突然涌上一股无法排遣的怒火。他当即将电话打到镇里负责有线电视的部门，“你们平时催要欠款、催要税费的时候，就知道通过电视公告，一遍遍打字幕，井喷那天晚上，你们在干什么？你们很快知道毒气有危险，为什么不及时通知山里的老百姓？”那位负责人接到电话先是一愣，很快却又没好气地回答：“在睡觉。”

井喷发生时，37 岁的谭祖科和妻子正在大连打工，幸免于难。谭祖科家族中被井喷事故夺去了 8 条人命，其中包括自家 3 个年龄只有 12 岁、10 岁、9 岁的孩子。4 月 25 日，正在村头干活的谭祖科看到前来采访的记者，很快停下了手中的活计。

他说，事故发生后，曾有地方干部说农村睡得早，很多人在睡梦中死去，喊也喊不醒。实际上不是这回事。事故发生时，真正睡觉的只有少数人家，很多村民在家里干活、休息，更多的人在看电视，不少村民在听到巨大的井喷声，还跑到房子附近的山头上看热闹。

另一村民张明军告诉记者，尽管在晓阳村 400 多户人家，装了电话的不足 20 家，可电视却早已家家都有。但灾难来临时，平时用来催款和布置农活都很管用的电视，成了摆设。

晓阳村一位因住在井口附近而听到消息赶快逃跑的廖姓村民向记者证实，他在逃跑途中经过同村的廖代书家门口时，看到屋内灯火通明，一家人围坐在电视机前看电视。他曾劝他家人快跑，但廖代书回答：看看镇上有没有电视通告，不要乱跑。结果是，一直在家里等候有什么通知的廖代书一家六口死于非命。

4 月 24 日上午，晓阳村村民将前来暗访的记者围住，他们共同表达的困惑是：事故发生后，镇政府组织住在周围的群众撤离是可以理解的，但晓阳村、平乐村这些距离井口最近、最危险的地方，为什么在救援中反而被放到了后面？

■追问三：是否接到通知逃命的电话

开县高桥镇政府的一位工作人员接受记者采访时称，尽管事故发生后相关人员全力以赴，但由于缺乏准备预案和必要的设备，加上当时整个村庄陷入了混乱状态，很难做到整体有序的撤退——

有些在家里面等候通知的，没有电话，难以联系；有些家里有电话的，却已中毒身亡，或者已贸然离家，也无法通知。

另一位镇干部则说，（12 月 23 日晚）21 时 55 分，罗家 16H 井发生井喷。高桥镇的行动速度并不慢，他们在 10 分钟之内，首先让镇办公室给各村打电话，要求各村通知到各村民小组，再通知各户，要把每个人都喊起来，赶快跑！同时要镇里各机关通知自己机关的干部，跑。

但实际情况如何呢?

村民们反映，一个最致命的问题是：电话根本没有通知到各户。

今年 59 岁的晓阳村第二村民小组村民丁维珍在去年事发后的第三天和今年 4 月两次在医院接受本报记者采访。在事故中，丁维珍刚退休的老伴、孙子、大儿子和儿媳全部遇难。

因为老伴是粮食系统的老职工，丁维珍的家境稍好，是小组中仅有的三个装电话的家庭之一。但遗憾的是，从事故发生当晚开始，就没有任何人打电话通知他们逃离，尽管她家距离马路很近，尽管生命力顽强的她并不像一些干部在接受记者采访时宣称的“已经中毒身亡”。

事故发生后的第二天早晨（12 月 24 日）7 点多钟，丁维珍早起到儿子家，发现儿子、儿媳已死去，并闻到空气中的异味。于是，老两口拉上同住的 9 岁小孙子开始外逃。但因为一夜时间扩散积聚的毒气浓度已经很大，最佳逃离时间早已过去，丁维珍只有眼睁睁地看着老伴和孙子先后在当天中午、晚上痛苦地死在逃难的路上。

丁维珍从路边拾了些杂草，将两人的遗体拉到一起草草盖上，再自己逃命。直到去年 12 月 25 日上午，实质性的大规模搜救开始，双眼已经高度水肿、根本看不见任何东西的丁维珍才被搜救队伍发现，捡回了一条命。身心都受到强烈刺激和打击的丁维珍，至今躺在医院的病床上，整日头痛欲裂，无法安神。

丁维珍说，如果当时有人及时电话通知，不仅身体健壮的老伴和孙子可以逃脱，住在不远处的儿子、儿媳和其他邻居，也能及时知道。他们的命，就可以保住了。

晓阳村第六村民小组的张士英至今一谈起事故就泪流满面，原因不用解释———事故中，她的娘家一共死了 19 口，其中包括她的父母。

今年 25 岁的张士英说，她记得非常清楚，事故发生后的第二天早上 7 点左右，她接到亲戚打来的电话，说村子里矿井发生事故，放出的气有毒，得赶快走。后来，她和丈夫迅速去找住在同村的父母，但已经晚了，家里横七竖八匍匐着的全是尸体！他俩只好忍着巨大的悲痛，赶快逃走。她奇怪的是，事故发生那么长时间，村镇的干部们为什么不能打个电话？就算能救回一个人的命，心里也好受一些啊！

记者在晓阳村第二、第三、第五村民小组家里装有电话的 4 户村民家中得到的是相同的答案：事故发生后，他们没有接到赶快逃跑的电话通知！

■追问四：为什么挺身而出的都是群众

采访中可以证实的是，镇领导和镇机关干部们的确在毒气大规模弥散之前就跑到了距离事发现场 7 公里之外的安全地带，而不是一些媒体报道的“在现场组织和讨论救援方案”。死去的人中，没有一个镇村干部。只有一位晓阳村村支书周克安的老伴和他的孙女遗憾地死去，因为周克安本人当晚住在镇上，来不及通知所导致。其他都是最普通的、没有得到任何信息的村民。

离井喷口距离最近但却无法知道毒气危害的众多晓阳村村民，要么根本不知情，要么在闻到令人窒息的气味后逃跑。由于许多村民家里关着门窗，天然地对毒气有一定的抵御，事发第三天早上（12 月 25 日）才开始的大规模搜救依然救出了 18 个幸存者。人们不禁要问，如果早一点通知，早一点采取行动，会死掉那么多人吗？

耐人寻味的是，在老百姓可以回忆的，甚至一些媒体报道的深入第一线通知、救助受灾村民的“英雄”们，除了晓阳村村支部书记周克安一人，再也找不到其他村镇干部的踪影。

事发当晚在村外干活的晓阳村村民廖百武告诉记者，他在第二天一大早（12 月 24 日）返回家中时，发现妻子已经死了。村里很多村民家里敲门都没有声音。他就赶紧跑到不足一公里以外的镇上，但镇政府此时已无一人。

高桥镇初中代课教师谭世明，当灾难袭来时，首先将电话打给学校领导，通知井喷灾情，让赶快组织学生转移。随后，他骑着摩托车四处呼喊乡亲们撤离，终被毒气熏倒。搜救人员找到谭世明的遗体时，他一手用毛巾捂着鼻子，一手拿着手机。手机里还有一个没来得及拨出的通知转移的号码。

家住高桥镇晓阳村6社的16岁少年廖平安，刚上初中三年级，2003年12月24日凌晨5点多钟，他与父母本已脱离危险，但为了搜寻邻居家小孩，又毅然回到危险区，不幸被毒气夺去了年轻的生命。

事发当晚，村民张世亮挨家挨户地敲门叫喊，用摩托车将老人小孩一趟一趟地送出来。到第二天凌晨，先后有30多名乡亲因他的帮助死里逃生。

开县一位机关干部在接受记者采访中曾说："这些普通的名字值得牢记！要不是这些默默无闻的群众，事故的伤亡还会增加。"

此言甚是。但需要补充的是：我们同样不能轻易忘记，那些在关键时候没有把最需要救助的普通群众放在心上的人。

■追问五：如果再发生这类事故……

2004年1月，当川东石油钻探公司副经理吴华、钻井队队长吴斌、录井工肖先素、矿井现场组负责人王建东、技术员宋涛、副司钻向一明等6人被正式逮捕的消息传到晓阳村时，引起了村民的震动。

记者从位于重庆市万州区的重庆市第二中级人民法院获悉，最近，这些人将被提起公诉，在该法院开庭审判。对于这则消息，村民并没有意想中的激动，记者先后采访了近10人，没有一个人说过激的话。他们说，"就算处死又怎么样呢？死去的人还是不能复生。"

村支书周克安在事故中失去了老伴和孙女。他的话代表了多数人的意思，"依我看，这件事得话分两头说。一方面，已经认定是一起责任事故，使我们村就有164人死亡，86个单独立户的家庭遭受了失去亲人的痛苦。他们（按：指矿井方面的人）事先没有宣传，事发后的处理也不正确，应当受到最严厉的惩罚。但是，他们也不是故意的。所以，不能仅仅从仇恨的角度看问题，应该按照国家的法律，该怎么判决就怎么判决。”

周克安认为，这个案子如果不处理或者处理过轻，就起不到警醒世人的作用，审判结果应该能起到让其他人重视安全生产、意识到人命关天的作用。

在这层意义上讲，他们更为关注出事后的矿井会不会再次开工，关注如果开工，如何确保村民生命安全。

“国家搞建设，老百姓是支持的。”周绪田说，“我们有个要求，不知道能不能实现。首先，能不能安装个高音喇叭，出事了叫大伙儿一声？其次，挖井时，能不能划出一个范围，500 米或者多远范围内的人，适当给大家一点补助，先转移到别的地方去。这样，井上可以安心地挖，确信工程没有问题了，大家再搬回来。大家实在是被吓怕了，老头子死了倒不要紧，那些小娃娃死了，真可惜！”

“两微一端”：问题与困惑

随着我国新闻发布制度的建立与完善，在突发事件发生后，各级政府和各个部门努力通过“两微一端”或新闻发布会及时发布权威信息，积极引导社会舆论，使其朝着有利于解决危机的方向发展，这对于维护政府形象与声望、促进社会稳定与经济发展有着十分重要的作用。不过，从目前各级政府“两微一端”的建设与发展情况来看，还有很多不尽如人意之处。

定位：还有很多疑问和困惑

比如，就“两微一端”而言，政务微博、政务微信以及政务 APP，其承载的功能分别是什么？哪一个更为重要？怎样才可以更好地发挥各自的作用？从目前各级政府“两微一端”的建设情况来看，有的开通了官方微博、有的开通了微信公众服务号，有的开发了政务 APP，有的则三者皆有。分析这种乱象背后的原因，除了不同部门分管造成的壁垒导致移动政务平台无法统一之外，政务新媒体运营者尚不能区分三者的适用场景，也是一个重要原因。对于“两微一端”来说，如果说政务微博更偏向公开发布信息的媒体性质，更擅长内容发布；那么，政务微信在内容展示上并无优势，而是更偏向封闭式交流的沟通性质，具有私密性更强、点对点传播更为高效精准、综合运用全媒体手段等优势，更适用于交流互动，胜在沟通的深度和渗透率；政务APP则适合深度的政务服务整合，因此可见，“两微一端”各有其特点和适用性，一定要对其进行准确定位和统一规划。

整体建设：制度与管理缺位，运营存在风险

一是“两微一端”的开通缺乏严格统一的制度约束。虽然政府和相关部门出台了一些管理规定，但由于缺乏统一的法规，是否开通“两微一端”处于自发状态，缺乏严格统一的“两微一端”申请流程及认证机制。

二是“两微一端”的管理与应用尚不规范，在信息发布流程、接受用户诉求的响应时效、审批流程、奖励和问责机制等方面都缺乏完善的管理办法和实施细则，容易导致“两微一端”的短期作秀行为。这也是长期不进行更新的“僵尸”政府网站、政务微博、政务微信存在的主要原因。

三是政务新媒体的运营存在风险。我国电子政务实施的“金”字工程，如政府内部的各种系统、平台以及公众能够公开访问的政府网站，其建设运营维护的主体全部是官方，处于一个相对封闭的状态。然而，我国的政务新媒体都是开通在新浪、搜狐、腾讯等外部平台之上，建设、运行、管理和维护由各公司独立负责，这就为政务新媒体的稳定性和安全性带来了一定的安全隐患。当出现黑客攻击、平台瘫痪等突发性状况时，由于处理过程主要依赖于相关企业，政府很难直接开展应急处理工作，这就会使政府丧失掌控平台的主动性。

实际效果：互动能力不足，舆论引导效果欠佳

一是“两微一端”与群众交流互动的能力普遍不足。目前，“两微一端”与群众之间的交流互动主要有三种，即“人工回复”“自动或关键词回复”和“人工＋关键词回复”。从“人工回复”来看，“两微一端”不时因为不正确的回复而成为舆论焦点，比如，广州交警在官方

微博斥责记者："真相都没搞清楚，就乱吠?"引来公众的高度关注，虽然这条微博很快被删，但事件最终还是以广东省公安厅官方微博"平安南粤"向网友致歉收场；再如，在曾成杰被秘密执行死刑后，长沙市中级人民法院的官方微博发出了"法律没有明文规定，对犯人执行死刑时，犯人必须跟亲人见面"的"冰冷回复"，遭到网友群起而攻之。从"自动或关键词回复"来看，虽然政务新媒体都可以通过关键词回复的功能实现"秒回"，但通常却是问与答"南辕北辙"，并不能实质性地满足群众的需求，解决群众的问题。有些"两微一端"就是传统政治的翻版，仅仅转发一些政府公告和地方新闻，有的政务新媒体习惯于发布充满官腔、官味的用语，对群众发表的不同意见随意删除，甚至关闭评论功能，这些都严重损害了政府的公信力。

二是容易出现"线上热、线下冷"的现象，这主要是因为公众对"移动办公"寄予了过高的期待。事实上，"线上"政务新媒体不能代替"线下"政务办理，把从"两微一端"上搜集来的意见和问题处理好，还需要进行现场走访、调查研究等多个程序，政务新媒体可以回应情况，表明态度，但真正解决问题，还有很长的路要走。这和多年前政府门户网站出现时的情况十分相似，当时人们也对网上办公寄予厚望，但今天看来，政府网站还依然停留在展示形象、发布信息的窗口。

三是网络舆论引导的效果尚不尽如人意。一方面，在网络舆情监测、收集、分析、研判、引导的全过程，尚缺少一套完整的机制，另一方面，就具体的互联网舆情处置而言，无论是处置程序，还是行为规则，都缺少科学合理的制度设计。因此，当一些重大的网络舆情发生时，政府的信息发布在速度和内容等各方面都不能令公众满意，甚至引发网民的猜疑与反感。

网络舆情作为一个新生事物，对已有的政府组织架构和制度设计提出了新要求。从目前的现实情形来看，因其具有的高度危害性，各地各部门都高度重视网络舆情，但效果却差强人意。首先，在宣传部门之下都成立了网络中心等互联网舆情引导的专门机构，但一方面受限于编制等客观条件，从事舆情收集与研判的队伍大多都是非在编人员，这样的客观实际远远不能适应高度重视的主观需求；另一方面，由于互联网是个新生事物，年轻人使用更加普遍，比如90后就被称为是“互联网原住民”，因此，在互联网舆情引导的理念层面，更加注重在形式上，比如说信息发布的语言上，去迎合互联网的特点，而不是将互联网引导纳入到政府舆论引导工作的整体中来，去探讨新形势下舆论引导工作的规律与方法，真正找到一条适合于化解社会情绪，形成社会共识的舆论引导之路。基于以上认识，在选拔使用从事互联网舆论引导工作的人员时，也倾向于使用年轻人，而互联网舆情的研判事实上需要具有更高的政策水平和思想认识，因此导致了目前的互联网舆情研判工作流于肤浅，不能真正发挥参谋部和智囊团的作用。

在当前的互联网舆论引导实践中，由于对互联网的技术特点和网络舆情发生发展的规律都缺少深刻认识，因此，对于互联网舆情的管理基本上还停留在被动应付的状态。以近年来比较热门的一门公务员培训课程“网络舆情应对”为例，从课程的名称中就可以感受到，仓皇应对的感觉呼之欲出。再比如这几年宣传部被戏称为“灭火队”，不停地与全国的各色媒体周旋应付，这样的舆论引导工作的真实状况，一方面反映出了当前各级政府在网络舆情处理方面的能力缺失，更为重要的是，事务性的疲于应付，使宣传思想部门几乎没有时间去考虑，更无暇顾及，去创新新形势下的意识形态工作。

此外，管控思维依然占据主导地位，技术手段落后，引导方法单一。面对网络批评，也有政府部门和企业的第一反应是赶紧找人删帖，神通广大的甚至会删除纸媒的PDF版，不惜在网上“开天窗”。删帖的负面效应是显而易见的，公众会觉得你缺少听取批评的雅量和解决问题的诚意；而且，互联网是有记忆的，这次强行抹去一个已经被舆论聚焦的事件和话题，或者没有妥善解决问题，解开老百姓心里的疙瘩，下一次如果再次出事，网民会让你付出双倍的代价。①

当然，也可以用网络治理的方式说打击谣言，但如果人们拿到的的确是事实，比如有照片、有视频、有确切的事实依据，这样的新闻传播用现有的社会治理方式是无法进行有效地把控和治理的。

可见，一味以行政管理、行政命令等行政手段为主，不分青红皂

① 祝华新：《舆论“灭火”之道：对冲胜于删帖》，来源于网络舆情公众号。

白，一律采取“封、堵、删”等强硬方法，或者通过网络水军发表一些一眼就能被识别出来的官方口径，一定会导致舆情迅速发展，到了形成危机状况时，政府相关部门再不得不出来“澄清”、“辟谣”、“解释”，这样的被动应对会使互联网舆情引导的实际效果大打折扣，甚至可能导致本属正常的群众利益诉求表达，逐渐演变为网民关注的热点问题，从而使舆情扩大化，酿成针对政府的舆情危机。

任何一个新事物的萌芽、出现、发展、消落，都有其内在的发展规律，我们必须积极发挥主观能动性去认识并适应这种规律，逆规律而为，注定只能失败。因此，一是要充分认识到网络舆情是社会舆论的重要组成部分，是反映社情民意的重要窗口；二是要学习、认识、尊重新时代舆论传播的自身规律，认识到舆论引导不是舆情应对，“引导”比“应对”更重要；三是要顺应新技术条件下信息传播的新规律和新的社会条件下群众（网民）对知情权的新需求，认真研究新媒体时代互联网舆论引导的新规律和新特点，探索新时期互联网舆论引导的新方法和新手段，构建与时代变革相适应的舆论引导新格局。

最后，从技术发展①的角度来看，互联网时代技术的更新换代使“两微一端”的未来呈现出很大的不确定性。在被称为微博元年的2010年年底，为了应对自媒体的挑战，政务微博被战战兢兢地“推”了出来，之后的三年，政务微博从被动走向主动，从疲于应对走到渐显从容。然而，几乎就是一枕黄粱，横空出世的微信颠覆了人们对于微博的各种想象。2013年年初，就有人提出“微博已死，转战微信”的口号，因为人们获知热点事件和敏感议题的渠道，主要通过微信及其朋友圈。2014年8月8日，国家网信办副主任彭波在一次座谈会上指出，网信办将通过下发文件和指标等形式，全面推动政务微信公共账号的设立，仅仅在一年之后，到2015年年底，“两微一端”政务新媒体基本实现了全覆盖，未来的互联网技术将向何方发展，目前尚不可知，因此，“两微一端”未来的发展也呈现出了很大的不确定性。

---

① 信息时代有三大基本定律：一是摩尔定律，即CPU性能18个月翻一番；二是基尔德定律：骨干网带宽6个月翻一番；三是联网定律（迈特卡尔夫定律）：网络价值随用户数平方成正比。

第三部分

对策篇

美国总统肯尼迪曾经说，你们知道吗？中国有两个奇妙的汉字，危和机，它们组成了一个词，但却有两个完全不一样的意思：危险和机会。也就是说，在危机发生之后，如果处置得好，危机就是机会，而如果处置不好，那它就是危险。政府的舆论引导工作亦是如此，做好了，是塑造政府形象的一次良好机会，做不好，则可能会危及政府的公信力。

TIPS：

危机的两重性

美国总统肯尼迪曾经说，你们知道吗？中国有两个奇妙的汉字，危和机，它们组成了一个词，却有两个完全不一样的意思：危险和机会。

从强生公司泰诺[①]事件说起

1982年9月29日至30日，美国芝加哥地区库克县的法医报告有三人服用氰化物封结的泰诺胶囊而死于氰中毒，之后，死亡人员增至7人。一时舆论哗然，强生公司陷入了前所未有的危机。成百上千的电话打进新布伦兹维克总部的总接线台——恐慌的消费者，药师和医生，毒药中心，还不断有耸人听闻的假消息传来，有人说美国各地有25人因氰中毒死亡或致病，有人甚至说是2 000人。

面对这一危急局面，强生时任前CEO伯克召集由公司董事长为首的七人危机管理委员会，迅速展开危机处理行动。

第一步，他任命了一位他信任的经理担任危机负责人，并亲自负

① “泰诺”是强生公司生产的用于治疗头痛的止痛胶囊。作为强生公司主打产品之一，年销售额达4.5亿美元。

责处理危机事件；

第二步，召回市场上所有的 3 100 万瓶泰诺胶囊；

第三步，伯克给受害家属写了吊唁信，并收集近期买过泰诺的消费者的信息，由公司给他们出钱去医院检查；

第四步，配合有关部门进行调查，并开出 10 万美元赏金，悬赏投毒者；

第五步，研制了一种可防止乱摆弄的药瓶，进行大规模促销，并亲自在电视谈话节目中进行宣传，使其很快成为柜台药品和许多食物、化妆品、维生素的标准包装设计；

第六步，1983 年 1 月 3 日，中毒事件过后三个月，在电视上推出泰诺的新广告，开始了为期一年的营销战略。

强生公司在危机发生后采取的一系列有条不紊的危机公关，为自己赢得了公众和舆论的支持与理解。一年之内，“泰诺”止痛药再次赢得了公众的信任，占领了原有市场份额的 80%，强生公司承受了 5 000 万美元的损失和 5 680 万美元的广告额外支出，但树立了为社会和公众负责的企业形象，确保了泰诺的品牌形象和市场地位。

接下来的几年，强生公司又几次被拖进像泰诺中毒这样的危机事件中。1983 年，五人死于服用关节炎药洛麦克斯（Zomax）的并发症，强生主动召回了此药。1983 年 11 月，强生生产的肾透析仪因故障使三人致死。但这些，都无法与泰诺事件造成的伤害相比。

1986 年，强生公司再次陷入大麻烦。2 月 7 日，一位叫作黛安·埃尔斯的 23 岁女子在纽约州扬克斯的男朋友家中去世，验尸结果显示：埃尔斯服用的泰诺胶囊中含有氰化钾。这一次，强生公司再次开出 10 万美元的赏金，取消了所有泰诺广告，并且对埃尔斯吃的同一批泰诺胶囊一查到底。

在这次事件中，伯克认为泰诺唯一的希望就是放弃胶囊的包装形式，杜绝坏人神不知鬼不觉投毒的可能。为此，他顶住了巨大的压力，耗资 1 亿美元至 1.5 亿美元（不算失去的市场份额带来的损失）将有可能被投毒的胶囊包装改成糖衣药片，这样的营销战略为强生树立了有远见、负责任的大公司形象。

在伯克看来，危机发生后，无论谁是谁非，企业应该承担责任，去赢得公众的理解和信任。他认为："我不认为危机是可以准备的，如何处理危机根植在企业的价值体系中。"因此，罗纳德·里根总统赞美伯克拥有"企业责任的最高理想和压力之下的优雅"。1990年，伯克被列入商业名人堂。

1987年，强生成为美国最受欢迎的十大公司之一，到1989年，创造了5亿美元的销售额。在伯克的带领下，泰诺品牌扩张到了感冒药品和成功的睡眠药品领域。多样化和全球化战略使强生成为20世纪90年代最成功的企业。而强生公司成功处理泰诺药片中毒事件的案例，也成为危机沟通中化危为机的一个经典案例，在危机管理史上被传为佳话。

99＋1＝0

与日常的沟通相比，危机沟通具有一些独有的特征，包括社会性、矛盾性、不确定性、危害性，等等。

第一，危机沟通具有社会性。突发事件发生之后，社会公众的关注度非常高，媒体采访的密度非常高，事件信息的传播率非常高，政府需要进行沟通的面十分广泛。卡梅隆等学者提出的危机沟通理论认为，组织与公众的相互作用"受各种变量的组合的影响，这种组合可能随着形势的动态变化而改变"，尤其是面临危机时，组织对公众的态度受到几十个关系变量的影响，包括法律因素、决策者的个人特质、内外部的信任水准等，因此，危机决策是变量"矩阵"间的相互作用的结果，而非一个或多个变量线性相关的结果。①

第二，危机沟通具有矛盾性。突发事件令人感到震惊、困惑、恐慌甚至迷茫，老百姓恨不得马上获知所有与事件相关的信息，事实也证明，与事件相关的正确信息传播得越迅速，越及时，越有利于消除突发事件的未知因素和不确定性因素给人们造成的负面影响，越有利

① 牟卫民：《政府危机沟通途径的变迁》，《学习时报》，2011年5月9日。

于社会和人心的稳定。[1] 但是，政府管理的程序性及突发事件发展趋势的不确定并不能很好地满足公众此时的知情需求。按照政府的工作流程，突发事件信息需要上报、统计、核实、签批、发布这样一个过程，不可能在第一时间就把所有的信息都传递出去，同时，由于突发事件处在不断地变化中，发展趋势并不明朗，很难在事件初期就掌握全面而清晰的信息，而政府发布信息的一个基本要求是准确性，所以，此时的信息发布在“及时”与“准确”之间面临很大的困境。因此，在突发事件发生之后，公众对信息需求量大与政府可提供信息量少的矛盾十分突出。

第三，危机沟通具有不确定性。突发事件往往是突然发生的，具有高度的不确定性。面对突如其来的危机，无论是危机管理者，还是普通公众，情绪都是起伏不定的，会产生极大的心理波动，兴奋、害怕、激愤、悲痛、失落等各种情绪充斥其间，而且，随着环境的变化和利益关系的调整，可能会出现公众情绪失控的局面，导致政府与公众之间的信任关系面临瓦解的情形。

在这种高度不确定的状态下，常规的管理理念和方法失去了应有的协调作用与管理效果，政府必须作出紧急决策，采取应急措施，并以积极的态度进行危机沟通，回应公众需求，但是，由于信息的极度缺乏和环境的混乱与不确定，应急指挥人员很难对事件的形成、发展和演变给出明确的判断，包括沟通的基调和口气也很难把握。因此，常常会感到无可适从，导致出现反应迟缓，沟通不及时的情况，事件初期往往还可能做出错误的定性，因此，危机沟通是不确定的，这种不确定性极大地影响着沟通的成效。

第四，危机沟通具有危害性。2014 年 3 月 18 日，习近平总书记在兰考县委常委扩大会上发表讲话时，提起了著名的“塔西佗陷阱”(Tacitus Trap)，他说，古罗马历史学家塔西佗提出了一个理论，说当公权力失去公信力时，无论发表什么言论、无论做什么事，社会都会给以负面评价。这就是“塔西佗陷阱”。我们虽然没有走到这一步，但

---

① 朱力：《突发事件的概念、要素与类型》，《南京社会科学》，2007 年第 12 期。

存在的问题也不可谓不严重，必须下大气力加以解决。

正如习近平总书记所言，我们还没有走到“塔西佗陷阱”那一步，但当下的政府，显然面临着一定程度的公信力危机，而政府公信力危机的形成，除了社会矛盾集中展现之外，还有一个重要的原因，就是危机沟通工作出现了很大问题。有专家借用管理领域“99＋1＝0”的公式来形容危机沟通的重要性。也就是说，在一个突发事件发生后，如果应急处置可以得 99 分，但危机沟通只得了 1 分，那么，最后的总体效果就只有零分。近年来，一些政府部门与地方政府在危机沟通中暴露出的能力不足，对政府形象形成了巨大的杀伤力。因此，走出政府公信力危机，危机沟通，在其中起着至关重要的作用。

TIPS：

“99＋1＝0”

如果应急处置得了 99 分，但危机沟通只得了 1 分，最后的总体效果只有零分。

“有效的危机沟通有助于重塑组织形象，危机沟通是危机管理的组成部分。”[①] 有学者认为，公共危机沟通主要有四项基本功能：环境监测，危机反应，危机解决，组织学习。[②] 把这四项基本功能与突发事件的事前、事发、事中和事后四大阶段联系起来，我们发现基本是可以一一对应的。也就是说，突发事件的事前阶段，危机沟通的重点是环境监测；事发阶段，危机沟通的重点是反应能力；事中阶段，重点是危机处置与化解；事后阶段，则主要是形象修复与组织学习。因此，我们不妨以这四个阶段为切入点来对危机沟通的重要性进行探讨。

事前：加强防范准备

正如海恩法则所指出：每一起严重事故的背后，必然有 29 次轻微事故和 300 起未遂先兆以及 1 000 起事故隐患。每一起突发事件发生之前，必定存在着大量的事件诱因，这些诱因是潜在的、隐蔽的、偶然的、孤立的、非连续性的，其危害性尚未对系统运转构成威胁。此时，

① ［美］艾伦·杰伊·查伦巴：《组织沟通》，魏江译，电子工业出版社 2004 年版，第 249 页。

② 陈世瑞：《公共危机管理中的沟通研究》，上海人民出版社 2010 年版，第 56 页。

如果能够防患于未然，建立快速灵敏的沟通机制，做到“一叶落而知秋之将至”，及早发现事件隐患，并迅速采取措施进行整改，就可以将潜在的危机消灭在萌芽状态。

关于事前沟通的重要性，在古代的典籍中有很多有意思的故事，最典型的就是曲突徙薪和扁鹊三兄弟行医。

故事1：曲突徙薪

客有过主人者，见其灶直突，傍有积薪。客谓主人：“更为曲突，远徙其薪；不者，且有火患。”主人嘿然不应。俄而，家果失火，邻里共救之，幸而得息。于是杀牛置酒，谢其邻人，灼烂者在于上行，余各以功次坐，而不录言曲突者。人谓主人曰：“乡使听客之言，不弗牛酒，弱亡火患。今论功而请宾，曲突徙薪亡恩泽，焦头烂额为上客耶?”主人乃寤而请之。

——《汉书·霍光传》

TIPS：

曲突徙薪

曲突徙薪亡恩泽，

焦头烂额为上客?

译文：有一个客人看到主人家炉灶的烟囱是直的，旁边还堆积着柴草，便对主人说：“把烟囱改为拐弯的，把柴草搬离烟囱。不然的话，将会发生火灾。”主人没答应。不久，家里果然失火，邻居们一同来救火，还好，火被扑灭了。于是，主人杀牛置办酒席，答谢邻人。被火烧伤的人安排在上席，其余的按照功劳依次排定座位，却没有邀请那位提“曲突”建议的客人。有人于是对主人说：“当初如果听了那位客人的话，就不会有火患，更不用破费摆设酒席，现在评论功劳，邀请宾客，为什么提‘曲突徙薪’建议的人没有受到答谢、恩惠，被烧伤的人反而成了上客呢?”主人这才醒悟，赶紧去邀请那位客人。

故事2：扁鹊三兄弟行医

魏文王问扁鹊：“子昆弟三人其孰最善为医?”扁鹊曰：“长兄最善，中兄次之，扁鹊最为下。”魏文王曰：“可得闻邪?”扁鹊曰：“长兄于病视神，未有形而除之，故名不出于家。中兄治病，其在毫毛，故名不出于闾。若扁鹊者，镵血脉，投毒药，副肌肤，闲而名出闻于诸侯。”

——《史记·鹖冠子》

译文：魏文王问名医扁鹊：“你们家兄弟三人，都精于医术，到底哪一位最好?”扁鹊答：“长兄最好，中兄次之，我最差。”文王很诧异，再问：“但为什么你最出名呢?”扁鹊答道：“长兄治病，是治于病发之前。由于一般人还不知道自己有病，觉得他没有做什么事，所以他的名气无法传播出去。中兄治病，是治于病起之时。一般人对自己病况不以为然，以为他只能治治轻微小病，所以他的名气只及本乡里。而我扁鹊治病，是治于严重之时。一般人常见我施行大手术而让病情有了好转，疗效对比明显，所以都以为我医术高明，名气因此响遍全国。”

正如孙思邈所说，上工治未病，中工治欲病，下工治已病，这两个故事告诉我们，事前的防范准备具有十分重要的意义。在突发事件发生前，良好的信息沟通，如风险评估等，能够使政府掌握客观环境的发展趋势和动态，预先评定突发事件发生的多种可能性，做好组织准备、人员准备和物资准备等多方面的应急准备，在突发事件到来时及时进行必要的防范，将危机消灭在潜伏状态；良好的信息沟通能够使政府在出现灾害诱发因子等征兆时，及时发布灾害预警，使社会和公众提前采取措施，趋利避害，赢得社会和公众的理解与支持，形成应对灾害的共识，从而整合各方力量，迅速展开应对突发事件的各项工作。

事发：及时预警调度

事发阶段，良好的信息沟通能够使政府尽早掌握信息，及时启动预案，优化配置应急资源，最大限度地遏止突发事件的进一步发展，降低灾害应对的成本；而利用自身信息源的权威性、广泛性和灵通性，及时、真实地披露信息，可以使公众了解事件的真实情况，知道预防、控制、处理事件的基本知识和方法，降低公众的恐惧感，杜绝谣言的产生，起到稳定社会情绪，恢复社会秩序的作用；此外，良好的信息沟通能够克服政府信息的盲点，维持社会信息的平衡，吸引社区、志愿者组织、红十字会等社会力量参与到救灾工作中来，形成众志成城、共克时艰的救灾氛围。

在2009年南方雨雪冰冻灾害期间，在交通几乎全部瘫痪的情况下，广东省等一些地方的应急办就已经利用气象短信发布平台，紧急发送了几千万条交通提示短信，这些交通指引信息与每天召开新闻发布会等举措一起，让受阻旅客及时了解到最新交通信息，加之舆论引导措施得当，旅客的情绪没有出现很大波动。①

延伸阅读

北京雾霾红色预警发布评析②

2015年12月7日，北京历史上首次发布最高等级的空气重污染红色预警，12月19日第二次启动红色预警，通过实施企业停产停工、单双号限行、中小学停课等系列措施，降低了30%左右的污染物排放量，预警效果显著。但也暴露出预警标准不合理、预测技术水平不高、信息发布粗放、社会保障措施不足、京津冀联动不畅等突出问题，造成政府仓促行动、社会扰动较大、公众认知混乱等不良影响，亟须重点加以解决。

一、存在的问题

（一）预警信息的科学性尚待提高

一是预警标准不合理。目前，空气污染严重程度主要通过空气质量指数（AQI）来衡量。北京市应急预案仅以空气重污染（AQI≥200）的持续时间作为划分预警等级的依据，规定空气重污染将持续3天以上才能发布红色预警。有时污染持续时间虽然没有达到3天，但AQI指数已接近上限，污染程度极为严重，对公众的伤害更大，在这种情况下，不发布红色预警，会导致公众的直观感受与预警级别之间存在

① 曹海林，陈玉清：《我国灾害应急管理信息沟通的现实困境及其应对》，《电子科技大学学报（社科版）》，2012年第3期。

② 本文为董泽宇、王彩平针对2015年12月北京市发布的两次红色雾霾预警撰写的决策咨询成果，原标题为《提高政府精细化预警管理水平》。

较大反差，从而引发社会的不满情绪。二是预测技术水平不高。预测是预警的前提基础。目前，至少要预测到未来4天的空气污染情况才能达到规定所要求的提前24小时发布红色预警，但是，受限于目前的空气质量预测技术水平，很难做到准确发布空气重污染预警。例如，2015年11月底，由于“对未来三天情况估计不足、预测结果偏低”，在AQI峰值一度逼近1 000且重污染天气持续近5天的情况下，北京市环保局仅发布了橙色预警，引发了预警“橙红门”之争的社会舆情。

（二）预警发布管理比较粗放

以北京首次发布红色预警为例，暴露出政府部门在预警发布的时间、主体、期限、信息、覆盖面等多个方面存在问题，一是发布时间滞后。2015年12月7日18时许，北京市环保局宣布8日7时至10日12时启动红色预警措施，仅提前13小时发布而非规定的24小时，导致政府各部门和公众匆忙应对，措手不及。二是发布主体错位。红色预警应当经市应急委主任批准后由市应急办发布而非由市环保局发布。三是预警期限与规定不符。规定预警期限至少有72小时，但是只宣布53小时。四是初期预警信息模糊。单双号限行措施没有具体说明单双日限行或行驶造成公众认知障碍。五是预警信息覆盖面不全。出现预警“最后一公里”问题，不少市民没收到预警相关通知等。

（三）预警社会成本偏高

虽然作为非常规手段，预警可以起到保护公众健康的作用。但是，预警措施无限扩大也会让社会付出高昂的成本。一是学校停课使得家长压力巨大。北京市教委应急预案规定，在空气重污染红色预警期间，全市“中小学、幼儿园、少年宫及校外教育机构停课”。但是由于缺乏相应的保障措施，学校停课对学生及其家庭带来了较大困扰。2015年，北京市仅中小学和幼儿园在校生就约为183.8万，按照三口之家的标准计算，至少有551万人左右受到影响，约占首都总人口的1/4。有近7成家长因“孩子在家没人带”而不赞成雾霾天气孩子停课。二是企业停产停工措施粗放。对所有污染企业实行“一刀切”的停产停工措施将会打击污染治理好的企业继续治理的积极性。有些非大气污染的企业，例如熟食品加工厂，也被纳入停产停工范围增加了不必要的成本。

三是政府动员模式成本过高。北京市政府“从讲政治和执政为民的高度”紧急部署各部门落实红色预警措施，环保部派出12个工作组进驻北京、天津、河北、山东、河南等地加强监督执法工作，这种紧急动员的模式主要依靠强制手段，而非常规的制度安排，导致政府行政成本明显偏高。

（四）京津冀区域联动不协调

解决雾霾和空气重污染困扰，离不开地区之间的协同联动。以京津冀为例，目前，三地在组织结构、预警级别和响应措施等方面存在较大差异，预警区域联动难以步调一致。一是组织结构不同。京津冀三省市的应急指挥部分别由常务副市长、分管环境的副市长和省长担任，环保部门的职责和地位略有不同。二是预警级别不同。北京与天津、河北关于启动红色预警的条件和限制性措施明显不同，北京规定空气重污染持续3天以上才能发布红色预警，但天津与河北的空气重污染红色预警标准分别为“将发生1天（含）以上AQI≥500，空气质量为极重污染”和相关区域“AQI达到500且1日及以上气象条件不利于污染物扩散的重污染天气”。三是响应措施不同。三地执行力度不一致，其中河北省的企业违法排污、基层响应难落实等问题尤为突出。

二、解决对策

为了提高政府预警管理的精细化、科学化与人性化水平，应当结合党的十八届五中全会提出的“推进社会治理精细化，构建全民共建共享的社会治理格局”要求，重点从以下几个方面入手：

（一）提高预警信息的准确性。

一是完善预警等级标准。坚持以人为本理念，将空气污染对人体的伤害程度作为划分预警等级标准的主要参考依据，按照空气污染的严重程度和持续时间两个维度，科学界定不同预警级别的响应标准，把AQI严重超标但持续时间较短的情形纳入到高级别的橙色或红色预警响应，以最大限度地保护公众健康。二是提高预测技术水平。有关部门应当加强对气象、环保领域中涉及空气质量监测的科研与设备投入，精确预测未来几天内的空气质量污染情况，为科学做出预警决策提供坚实的技术支撑。

（二）推动预警响应常态化建设。

一是健全预警管理机构。在各级政府应急委的领导下，整合应急指挥中心与平台资源，建立高规格、常态化的预警指挥中心，提高预警管理专业化水平，统一发布各类预警信息，组织协调各部门积极落实预警响应措施。二是加强预警响应演练。各专项应急指挥部应当定期开展预警响应演练，组织牵头部门和联动单位，针对预警审批、发布、响应与联动等关键环节，联合开展桌面推演和实战演练，增强参演人员对预警流程和职责分工的熟悉程度，磨合相关部门预警联动机制，提高各地各部门的协同作战能力。

（三）制定精细化的预警保障政策。

一是健全学校保障措施。通过各种方式，减少学校停课对学生学习及家长照顾孩子造成的困扰。例如，通过网络课程、慕课、数字学校、微信授课等多种方式，增强师生互动，确保“停课不停学”“停课不停考”；通过政府拨款、家长筹资、企业捐助等方式加大教育投入，由教委统一为学校教室配备空气净化系统。二是健全企业保障措施。要求每个行业内排名靠前的严重污染企业必须停产停工，提高所有企业提高治污水平的积极性。精准划定空气污染关联企业范围，避免停产停工企业名单扩大化。对于红色预警期间污染减排工作做出特殊贡献的企业给予税收减免等优惠政策。三是鼓励公众积极参与预警工作。加强预警科普宣教与公众沟通，通过媒体向社会公布停产企业名单，充分发挥公众参与预警监督的积极性，让企业自觉接受公众监督。

（四）完善京津冀预警联动机制。

一是制定相对统一的预警标准。在坚持区域差异和属地管理原则的同时，推动三地预警标准保持相对一致，在发布预警时集体行动，为消减空气污染洪峰创造良好条件。二是健全跨区域的预警协调机制。完善京津冀环保应急管理领导机构，健全跨区域的预警与应急协调机制，加强信息交流与共享，提高三地预警发布与联动执法的协作能力。三是完善区域联合应急预案。制定与完善京津冀空气重污染区域联合应急预案，明确各方预警管理的发布流程与职责范围等，提高预案的针对性与操作性。

事中：提供决策支持

从信息运动的角度看，决策是将信息转换为行为的过程，信息是危机决策的重要基础与前提条件，贯穿于危机决策过程始终。在危机状态下，由于事件本身无章可循，高度不确定，与事件相关的信息肯定是缺失的、不完整的，并不能提供决策所需的信息和资源，所以，危机决策是非程序化的，同时，危机决策又是紧迫的，危机管理者必须在信息缺失的情况下作出决策，采取应对措施，这就使得危机决策具有很大的风险性。一是因为在这种状态下做出的决策可能有利于后续行动，也可能会加剧损害；二是因为管理者最初的反应与解释可能会是公开的表态或承诺，这些表态和承诺并不能撤销、否认或者修改，而他们一旦实现不了，就会严重影响到政府的公信力。

即便如此，信息依然是危机决策的重要基础与前提条件，危机决策必须建立在指挥部或指挥人员收集、分析和处理信息的基础上，信息越完整，做出的决策就越可能正确，因此，在突发事件应对过程中，健全高效畅通的信息沟通机制，强有力的危机沟通，能够使政府提高决策的可信度和可行性，在有限的时间、资源和人力等约束条件下，做出正确的处置决策，采取有效的应对措施。

案例

贵州省瓮安事件

2008 年 6 月 28 日下午，因对贵州省瓮安三中初二年级女学生李树芬死因鉴定结果不满，死者家属聚集到瓮安县政府和县公安局上访，最终酿成一起两万多人聚集、影响全国的打砸抢烧恶性事件，导致瓮安县委、县政府和瓮安县公安局、财政局被烧毁，以及一百多名公安民警被打伤的严重后果，直接影响到当地社会稳定。回顾事件，如果要是在几个时间节点上沟通到位，恶性后果是可以避免或者至少可以减缓的。

➢ 15时30分，游行队伍到达县政府，无人接待。此时，事件博弈双方主要是李树芬家属和县公安局，事件的矛盾点十分单一，就是对死亡原因的认定。这是消除危机的最佳时机，如能展开谈判，进行危机沟通，事态也许不会扩大。

➢ 18时30分左右，接到州公安局负责人指示，要求由州里统一指挥，19时许，黔南州公安局负责人赶到现场，在外围转了一圈，未采取措施。

➢ 20时许，黔南州委组织召开了处置瓮安事件专题会议。会后，原州委一位负责人赶往瓮安县城，在外围“转了又转”，等候从省里赶来的领导。

➢ 20时10分左右，“等不来一个领导说话”的人群向县政府转移，县政府开始被打、砸、烧。

经后来调查，当时冲入政府楼内的真正暴徒只有十多人，并且已基本没有学生。当时集结待命的公安干警和武警有200多名，如果黔南州公安局负责人和州委负责人及时掌握了这一信息，并采取了相应的处置措施，至少县委大楼可以不被烧毁。

案例

重庆开县天然气井喷事件

2003年12月23日21时55分，重庆开县高桥镇境内的天然气井发生井喷事故，243人命赴黄泉，4 000多人中毒就医，6万多群众连夜疏散，2004年1月2日，国务院调查组认定该事故为一起特大责任事故，是我国石油行业类似事故中死亡人数最多的一次。重庆开县井喷特大事故之所以造成那么多人员死亡，最主要的原因就是在事故信息的传递过程中消耗了大量时间，错失了点火的良机。

➢ 事故发生当晚22时13分，川东钻探公司副经理、总工程师，公司应急指挥中心主任吴华接到紧急电话并率队从重庆出发前往事故现场。

➢ 24日凌晨30分，先期赶到的钻井二公司主任工程师曾伟到达高桥后，井队队长吴斌向其请示能否放喷点火。曾伟于凌晨1时左右向尚在途中的吴华请示放喷点火，但吴认为点火会引爆井场，答复不同意点火。

➢ 24日上午10时30分左右，吴华到达高桥镇，11时许，获知硫化氢已致人员中毒死亡的消息，但仍未果断作出放喷点火决定。

➢ 直到24日17时30分，才放喷管线实施了点火，有毒的硫化氢气体才不再扩散，事态也才得到控制，而此时，距离事件发生已经过去了将近20个小时。

事件过后，国家安全生产监督管理总局、国家环境保护总局、重庆市人民政府、中国石油天然气集团公司、中国安全生产科学研究院联合成立了课题组，对开县井喷事件进行研究，在最后的研究成果《中石油川东北气矿“12·23”井喷事故案例研究分析报告》中，对不同点火时间可能造成的居民死亡情况进行了理论推演（见表3.1）。

表3.1 不同点火时间居民死亡情况

项目	15分钟点火	1小时点火	18小时点火
死亡人数（人）	9	171	243
污染范围内人数（人）	302	983	4 253
死亡概率	0.029 8	0.174	0.057 1

从这两个案例可以看出，在突发事件状态下，准确到位的危机沟通对于做出正确及时的危机决策是多么重要，因此，一定要高度重视事中的危机沟通工作，避免因危机沟通不到位造成决策失误。

事后：积极恢复重建

事后阶段，是危机管理的最后阶段，在这一阶段，尖锐的矛盾得到了很大程度化解，危机情境也基本缓和，但这并不意味着该阶段不重要。事实上，事后阶段的信息沟通具有至关重要的作用。事后阶段的工作重点主要有两方面内容：一是积极完成危机的善后修复工作，比如，对灾难损失信息进行准确评估，并以此为依据针对性地出台与灾后重建相关的各项政策。如汶川地震后国家实施的对口支援计划以及为失去孩子的家庭实行免费试管婴儿再生育等政策，有力地破解了灾后重建这一世界性难题；二是从灾难中学习，即汲取经验和教训总结突发事件应对过程中的经验与教训，据此改进应急管理机制、流程和方法，为更好地开展今后的突发事件应对工作打下基础。

还是以瓮安事件的善后处理为例。瓮安事件结束之后，瓮安县启动了书记大接访，干部大巡访、教师大家访、公检法司大联访、乡镇干部大走访，俗称“五大访”活动，引爆了全县信访潮。2008 年上半年县上信访只有 42 件次，7 月 4 日到年底，就爆涨到 2 121 件次 3 449 人次，许多长年积案都翻了出来。

构皮滩水电站移民搬迁是瓮安的一个著名积案。由于不满安置政策，部分移民长期上访。2004 年 12 月，当时的县领导带队到江界河村商议补偿标准，谈判陷入僵局。有村民将宪法拿给县领导，让其当众朗读第二章“公民的基本权利和义务”，矛盾瞬时激化，干部群众发生激烈争执。不满的移民把工作组扣了两天，工作组最后在警察解救下才得以脱身，解救中多名村民受伤。从此，江界河移民成了瓮安一块板结的伤疤。

“6·28”事件中，有移民抢占乡政府食堂，自己淘米做饭。2009 年夏，瓮安县工作组到江界河村进行了逐户访问，新政策很快出台：愿意搬迁的移民，及时补偿到位。暂时不愿搬的不强迁，哪天愿意哪天迁，县机关部门对口帮办手续。实在难离故土的，政府花钱在水线上平整一块地，供其建房安置，并由县领导逐一“包保”。移民后来大多自愿迁走了，300 多户中只留下 20 多户，也都已安定，江界河基本实现了息访。

大接访当年接案 3 170 件，结案率达 98.1%。“6·28”事件前，瓮安的信访结案率只有 18%。半年间，信访结案率提高了 80.1%，堪称奇迹。大接访次年，瓮安信访量迅速回落，2010 年下降到 693 起，较 2008 年下降 68%。“80%的上访其实完全可以止于初访。”一份总结报告写道，“如果基层执政得力，民怨何以如此淤积，又怎么会爆发

‘6·28’事件?”[①]

总之，危机沟通对于突发事件应对来说，具有十分重要的意义。在突发事件的应对中，信息沟通是贯穿其始终的生命线，如果危机管理好，危机沟通也好，效果会好上加好；危机管理好，危机沟通不好，效果通常不好；危机管理不好，危机沟通好，也许还可以好。信息沟通工作的成败，决定着整个突发事件应对工作的成败，因此，危机沟通必须是政府危机管理战略不可分割的一部分。

六个王道

带领强生公司走出泰诺药片中毒事件的伯克认为，处理危机实际上是做两个选择，是选择眼前还是选择未来，是选择金钱还是选择形象。这句话对于政府的危机沟通而言，同样至关重要，只有从未来着眼，从形象着手，才能够真正做好危机沟通工作。就当前中国政府的突发事件舆论引导和危机沟通工作而言，制度建设正在不断健全，发布活动也逐渐趋于规范，但是，随着一些深层次问题的凸显，如何进一步做好突发事件信息发布工作，提高新媒体时代的新闻发布和舆论引导能力，依然面临着巨大的压力。那么，如何才能做好危机沟通工作，化危为机呢？笔者以为，一要加强危机沟通的意识，二要转变危机沟通观念，三要理顺危机沟通的机制，四要落实危机沟通的制度，五要经常性开展以危机沟通为主题的应急演练。

增强意识是王道

危机沟通是一连串信息的传递过程，如果信息没有被传递，危机沟通就没有发生。因此，做好危机沟通首要的前提与任务，就是要不断提高信息沟通意识。

首先，在政府内部信息沟通中，一定要提高应急指挥部以及成员的沟通意识，只有树立了信息沟通的意识，才能激发起每个指挥部成

① 毛浩，董伟，白皓：《瓮安答卷》，《中国青年报》，2012年4月27日01版。

员在突发事件应对过程中信息沟通的主观能动性，才能真正把信息沟通理念作为突发事件应对工作的出发点和落脚点，也唯有其如此，才能使每一位参与救灾的人员将信息沟通意识内化为行为规范，从而在指挥部内部形成一个迅速有效的信息传递系统，杜绝信息孤岛和信息过滤等不良的信息沟通现象，在适当的时间，把适当的信息，以适当的方法，传递给适当的人。这就既为应急决策与处置提供坚实的信息基础，也为做好突发事件应对中的外部信息沟通工作奠定扎实的基础。

天津港“8·12”特别重大火灾爆炸事故发生后，国家行政学院应急管理培训教研部临时接到了国务院领导下达的任务，举办一个“省部级领导干部重特大安全生产事故预防、处置和舆情应对研讨班”，由于该研讨班的调训对象为全国31个省、市、自治区分管安全生产的副省长、安监局局长和新闻办主任，具备了成建制指挥部演练的部分条件，我们针对性地运用了总指挥部、新闻中心和现场指挥部三个演练主体分室演练的办法，通过设置决策困境等方法来检验领导干部的应急决策能力以及应急指挥部之间的沟通协调能力。这次演练的总体效果很好，在很大程度上达到了最初设定的演练目标，该演练结束后，我们又分别对海南、山东、青岛、甘肃、北京等省市的干部进行了培训，使省部班的培训成果产生了广泛的辐射效果。

在这些演练中，笔者负责的主要是指挥部沟通协调的部分，发现演练中有一个突出的问题就是，无论是总指挥部，还是新闻中心，或者现场指挥部，在各自独立的演练空间里，大家都在积极认真地参与演练，进行决策。但是，除了我们强制性设定的汇报节点之外，各个不同演练空间的内部沟通意识并不强，彼此之间的互动严重不足。比如，新闻中心设置了专门的新闻联络组，负责指挥部内部沟通与媒体联络与管理，但是，在演练开始后，新闻联络组的成员通常都做不到积极主动地打电话联系或前往现场指挥部要信息，而当他们和现场指挥部接洽的时候，现场指挥部要么忙于处置无暇顾及，要么简单应付敷衍了事，总指挥部倒是十分重视舆论引导工作，但是，在下达的指令中，要么是让新闻中心等待总指挥部的通稿，要么就是要加强媒体的管控，等等。

通过演练，反映出了当前我国各级政府及官员缺乏危机沟通意识的现状，大家都认识到了危机沟通对于突发事件处置的重要性，也了解失败的危机沟通会对政府形象造成不可挽回的负面效果。但是，在具体的执政过程中，这些观念认知并不能转化为实实在在的行政能力，暴露出了沟通意识缺失、沟通观念落后、沟通方法单一等各方面的问题。除此而外，还有一些认识上的误区。比如，有人担心突发事件信息公开可能会造成社会恐慌和混乱，因此，直到把整个事情调查清楚之后才发布突发事件的信息等等，不一而足。这些错误的认识，都会导致危机沟通不到位，对政府形象造成严重的损害。

其次，在政府外部信息沟通中，一定要提高公众沟通意识。一是要强化政府对公民知情权的尊重意识，保证紧急状态下公民的知情权，在突发事件发生后应及时向社会发布公众迫切需要了解的信息。

重庆开县“12·23”井喷事件为幸存者留给了永远的伤痛。灾民廖百喜说，如果村民知道气体有毒，就不会死这么多人；丁维珍说，如果有人打电话通知或来叫自己，就不会眼睁睁看着孙儿死去；周荣军说，如果平时有人把安全知识告诉我们，让我们知道毒气这么厉害，就不会……[①]这些沉甸甸的教训告诉我们，政府必须改革落后的公众信息传播理念，真正将公众视作与自己同等重要的沟通主体，在突发事件来临时尊重公众对灾害的认知特点及其对信息的接受习惯，着眼于公众的现实需要，正确发布突发事件信息、防灾减灾信息以及政府救援举措等有效信息，使公众能够理解并配合政府的工作。同时，要通过开展多种形式的防灾减灾科普宣传，培养公众的危机主体意识，使公众能够相信、理解和支持政府，愿意积极与政府进行信息沟通，从而真正实现政府与公众之间的双向信息沟通。

二是要发挥政府行为规范的导向功能。在紧急状态下人们的行事规则容易受最先行为者带头作用的影响，从而形成“紧急规范”。“紧急规范”一旦产生，就会对其他人的行为起到导向作用。因此，在灾

---

① 田文生：《重庆井喷事故幸存者追忆：243条生命就这样走了》，南方网，2004年1月9日。

难性突发事件发生后，政府必须成为“紧急规范”的首倡者和实施者。通过政府树立快速反应、有效解决危机的良好形象，有利于引导全国同心协力共同战胜危机。[①]

最后，要提高媒体沟通意识。在突发事件中，社会舆论环境可以说是由媒体构建的，媒体的报道直接影响着公众在灾难状态下的思维模式和价值判断，因此，政府一定要加强媒体沟通意识，做好媒体沟通工作。第一，要通过新闻发布会、政务微博、微信平台等多种形式，畅通重大自然灾害应对中的信息沟通渠道，及时准确地向媒体发布信息，要勇于接受媒体监督，及时修正突发事件应对中的各种偏差。[②] 第二，要做到指挥部内部及不同指挥部之间的信息共享和口径统一，在向外发布时始终保持口径的一致性。第三，要将媒体纳入到政府信息传播的整体中来，通过制定灾难报道职业道德准则等方式形成媒体灾难报道的基本规范和要求。同时，要加强对媒体的监督和管理，使媒体增强灾难报道职业伦理的自律意识，在突发事件应对中真正成为政府信息发布的主渠道和舆论引导的主战场。

案例

上大支矿难：政府信息公开的力量[③]

2010 年 4 月 5 日，美国西弗州梅西公司上大支矿发生爆炸。梅西公司是全美第四大煤矿公司，是西弗州的主要经济支柱，拥有 46 口矿井，6 000 名矿工，年产量高达 23 亿吨，在当地拥有广泛的影响力。那么，这场被美国煤矿工会断言为“可以避免的悲剧”，到底是怎样酿成的呢？

像中国一样，矿难之后，美国的互联网上民情汹涌，声讨责任的

① 周全胜，刘斌志：《论灾难性突发事件中的政府危机沟通》，《云南行政学院学报》，2010 年第 6 期。

② 朱春辉：《论公共危机处置中信息沟通存在的问题及应对策略》，《决策管理》，2010 年第 10 期。

③ 涂子沛：《大数据：正在到来的数据革命》，广西师范大学出版社 2012 年版，第 254—258页。

声浪此起彼伏。美国网民也在网上挖掘灾难发生的原因，但与国内盛行的“人肉搜索”不同，随着公共数据的大面积开放，美国民众可以通过数据发现真相。

矿难发生的当天，民众舆论的矛头首先直指政府主管部门——美国矿山安全健康局，第一个问题是：该局是否工作到位、监管得当？

矿山安全健康局的网站，可以看到“煤矿警告、命令和安全”的数据库，输入“上大支矿”，返回逾千条数据条目，这些数据，是该局对上大支矿进行监管的流水记录。每一条记录，都包括检查的时间、结果、违反的法律条款、处理的意见、罚款的多少、已缴纳的金额、煤矿是否申诉等数据项。

这些数据表明，上大支矿的安全早已亮了红灯。该煤矿仅2010年3月份就有53条违规记录，其中12条与地下逃生通道和通风设施有关。2009年，上大支矿共有515条违规记录，被处以总计为897 325美元的罚款，违规次数是全国煤矿平均水平的11.6倍。而就在2010年1月7日，也就是灾难发生前的3个月，上大支矿又因为通风设施的问题，被矿山安全健康局处以66 142美元罚款，是罚款金额最大的一次。

为什么这样一个劣迹斑斑的煤矿迟迟没有被关闭？矿山安全健康局的官方解释说，为了保证公平，安全检查中设有申诉制度，在最后的申诉结果出来之前，无法关闭煤矿。不幸的是，申诉过程复杂冗长，梅西公司正好以此作为缓兵之计，不断提出申诉，最终导致了悲剧的发生。数据显示，在202项比较严重的警告中，梅西公司对154项进行了申诉；对于前100宗大额罚款，梅西公司只认了15%的账。

4月6日，矿难发生的第二天，矿山安全健康局特事特办，将上大支矿的监管记录打包、专门陈列到一个文件中，以供网民浏览。这些数据是政府职能部门“有所作为”的最好注脚，矿山安全健康局也因此在民众的视线中迅速“脱责”，关注的焦点很快转移到梅西公司的管理层上。

网民很快就在data.gov网站上公开的从地理人口到经济能源等几十万项来自政府各部门的数据资料中查询到了答案。梅西公司的老板叫布兰肯希普，其名下46个煤矿的名字、地点、所有人和经营人等资料在data.gov上都条目清晰。

而布兰肯希普的政治影响力，也很快以数据的形式浮出了水面。在一个叫“透明数据”的网站上，网民可以查询到和梅西公司相关的全部政治捐款记录。数据表明，自2003年以来，梅西公司的政治行动委员会有过326笔政治捐款，共计287万美元，绝大部分是布兰肯希普个人捐出的，捐款有两个特点。一是近90%的捐款14笔共248.55万美元流向了一个叫“以孩子的名义”组织；二是接受款项最多的个人是西弗州地方上诉法院的法官本杰明，计24笔共2.25万美元，其次是现任州议员安第斯。

“以孩子的名义”是一个竞选组织，它在新闻网页和视频网站上留下的唯一脚印是一场罢免上诉法庭麦格劳法官的选举运动。顺藤摸瓜，网民很快发现，这位法官曾作出过一系列对梅西公司不利的判决，至于现任州议员安第斯，曾在梅西公司的公关部工作过。

2004年，麦格劳法官败选，新当选的法官正是梅西捐助次数最多的个人：本杰明。

本杰明更经不起搜索。在美国最高法院的网页上，更多的故事浮出水面。4月8日，有网民贴出了其涉嫌偏袒梅西公司的案件链接：在一场涉及5 000万美元的索赔官司中，他在陪审团投出了关键的一票力挺梅西公司。但原告不服，继续上诉到最高法院，2009年6月8日，美国最高法院认定本杰明接受过梅西公司直接和间接逾250万美元的竞选捐款，存在“重大偏袒”的可能，判决其回避。

TIPS:

政府数据是公共资源

政府数据作为一项公共资源，应该像天气预报、体育赛事和股票信息一样实时公开。通过把信息的力量放到民众的手中，可以增加公民对公共事务的参与、对政府的监督。

至此，一幅充满数据细节的图像已经清晰地出现，灾难发生的原因不言自明。梅西公司利用申诉制度对抗政府的监管，一再拖延被关闭的命运；同时通过政治捐款在权力机关安插、扶持代言人，以争取最大的生存空间。

但这一切，似乎都是在合法的框架内发生的，梅西公司钻的是制度的漏洞。4 月 8 日，矿难发生后的第 3 天，网络舆论、新闻媒体开始转向，开始了对煤矿管理制度层面的反思和批判。如何完善制度、避免同样的悲剧在其他煤矿重演，一时间成为新闻舆论讨论的重点。

转变观念是王道

2013 年，国办发布 100 号文《关于进一步加强政府信息公开回应社会关切提升政府公信力的意见》，题目中就可以感受到扑面而来的“提升政府公信力”的紧迫感，而加强政府信息公开、回应社会关切，显然是提升政府公信力的两大抓手。2016 年，中办、国办印发《关于全面推进政务公开工作的意见》，第三大部分“扩大政府开放参与”中再次明确要求“回应社会关切”，这些都充分表明，转变工作观念，回应社会关切，从单向宣导走向双向沟通，是下一步新闻发布工作的另一个关键。

回应社会关切，首先要打破官本位怪圈

“1·2”哈尔滨仓库火灾事故中，585 个字的“通稿”有 258 个字都是关于领导的报道，牺牲的消防战士的报道被放在最后，引发舆论的轩然大波，多家媒体发表评论，认为“这是官本位思想在作怪”。[①]突发事件发生后，新闻通稿无疑是政府部门发布事实的主要手段，但是，通稿中事实描述少、领导指示多，却是单向度的宣传心态和官本位的传统思想在新媒体时代政府新闻发布工作中的体现。

再从频频发生的群体性事件来看，如果群众提出的诉求能够得到及时回应和解决，很多事件完全可以不发生或在萌芽状态得到解决，而现实的情况是，当群众提出自身利益诉求时，有些政府官员不是着眼于解决问题，化解矛盾，而是维稳思维占据主导，工作作风简单粗

---

① 《哈尔滨火灾事件舆情分析》，新华网，http：//news. xinhuanet. com/yuqing/2015 - 01/29/c _ 127436206. htm

暴，以至于群众积怨越来越深，直到最后通过激烈的手段来维护自身权益，而当事情发展至此，政府又不得不去“花钱买平安”。这样的恶性循环又何尝不是“官本位思想在作怪”呢？长此以往，只会损害党和政府的公信力，使党和政府陷入动辄得咎的诚信危机。

因此，在“公开为原则，不公开为例外”成为常识的今天，在政府掌握着信息传播主动权的技术条件下，一定要走出官本位的怪圈，重视群众诉求和社会关切，尊重新闻传播规律，创新方法手段，切实提高党的新闻舆论传播力、引导力、影响力、公信力。①

回应社会关切，要有同理心

有这样一个佛学小故事。弟子问：师父您有时候打人骂人，有时候对人又彬彬有礼，有什么玄机吗？师父答：对待上等人直指人心，可打可骂，以真面目待他；对待中等人最多隐喻他要讲分寸，他受不起打骂；对待下等人要面带微笑，双手合十，他很脆弱心眼小，装不下太多指责和训斥，他只配用世俗的礼节。虽然人不可分三六九等，但社会地位有高有低，因此，故事中蕴含的一个深刻哲理就是，政府官员在处理社会热点敏感问题时，在回应社会关切时，一定要以同理心去将心比心，换位思考，体会群众的情绪和想法、理解群众的立场和感受，并站在群众的角度思考和处理问题。

在马航370客机事故中，外交部领事司副司长翟雷鸣在与失联乘客亲属沟通时说：“说老实话，心情非常沉重。因为我今天来，实际上有两个身份：一个是外交部领事司的副司长，还有一个身份，我跟你们大家一样，我也有亲友在飞机上。所以大家的心情我感同身受，我也非常非常希望在下一秒钟知道亲友的信息，知道飞机的下落。这是我目前最迫切的愿望。”这样的以同理心换位思考的沟通方式，提高了信息送达的有效性，取得了很好的沟通效果。与之相比，在一些突发事件中，有的政府官员会脱口而出一些带有阶级斗争思维特点的、命令式的、缺少生命关怀的语言，比如“少数不明真相的群众受到蛊惑”“大家一定要理智，不要采取过激的行为”“目前死者家属情绪稳定”

---

① 《习近平关于新闻舆论的16条新论》，中国网信网，2016年2月21日。

“你们一定要相信政府”等，在如今更强调交流与对话的政府与公众沟通中，不仅不能平息公众情绪，化解官民冲突，反而会引发一些不必要的次生舆情。

回应社会关切，要学会正确表态

真诚关切的表态，传递出的是一种以人为本的执政理念；认真负责的表态，传递出的是一种积极作为的执政方式；公平公正的表态，传递出的是一种开明清廉的执政形象。在新媒体时代，能否在突发事件发生后做出恰当的表态，有效化解公众情绪，树立政府的良好形象，考验的是当今媒介环境发生变化后政府官员与媒体打交道的能力。而会表态，表好态，既是起点，也是归宿。

一些责任事故发生后，公众情绪激愤，此时，一句真诚的道歉，一句恰当的表态，往往能够让公众看到政府处理危机的诚恳态度，提升对政府执政能力的认可度与好感度。例行公事的前台端坐，目无表情的照本宣科，草草收场的新闻发布会，不仅不能化解危机，反而让公众加深了冷漠的印象，效果适得其反。从近年来发生的与政府官员相关的舆情危机来看，很大一部分是由于突发事件应对中不恰当的表态而引发的，如江西“史上最牛官腔主任”、新密“不知道局长”，等等，都是因为在突发事件发生后表态不正确而被曝光或被免职的。

表态不当的原因多种多样：有的因为不了解媒体特性，将官场惯例移植到与媒体打交道的过程当中；有的因为内心深处有“防火防盗防记者”的抵御心理，在接受记者采访时不自觉地表露出对立情绪；有的因为不重视培育媒介素养，心理和技能等各方面准备不足，突然面对记者顾左右而言他；还有的因为工作中确实存在问题，执政的价值观也发生偏离，于是在表态时漏洞百出。总之，不管出于哪种原因，表态不当几乎可以在瞬间引爆舆论，不仅使自己成为众矢之的，而且严重地损害了党和政府的形象和公信力。因此，突发事件发生后，一定要既能够积极表态，树立政府的良好形象，又要避免回应失当，引发舆情次生灾害。

“4R”是著名的危机公关原则，“4R”分别指遗憾（Regret）、改革

(Reform)、赔偿（restitution）和恢复（Recovery），这一原则同样适用于政府危机沟通，为政府官员如何正确表态提供了一个实用的抓手。换句话说，在突发事件发生后，政府官员需要围绕这四个方面适时表达遗憾、道歉等态度，承诺竭尽全力提供解决措施，对事件造成的损害依法依规进行赔偿、并承诺一定会吸取教训，以此为诫，杜绝相同事件再次发生。

回应社会关切，要重点疏导社会情绪

“怨气充积，必有任其咎者。”改革开放以来，在中国经济快速发展的过程中，从总体上而言，社会情绪是积极、健康、平和、向上的，但面对日益凸显的社会矛盾，也有部分群众因为心理压力增大而产生不良心态，体现出来一种颇为强烈的社会情绪——“民怨”，并经由互联网舆情中的“罗宾汉情节”和“群体极化”等传播特点得以泛滥、弥漫和强化。于是，我们在互联网上看到了各种各样的情绪发泄，比如雾霾版的《卷珠帘》，再比如“看一天‘天涯杂谈’，需要看一周《新闻联播》来疗伤”，等等。

“民怨”式社会情绪的形成与累积，原因复杂多样，其中一个主要原因，就是在社会转型逐渐深入，社会结构急剧变动，利益格局激烈调整的过程中，政府工作不能很好地适应新形势发展的要求，尤其是各级政府官员做群众工作的能力明显不足，使得一些本来可以得到及时化解的社会矛盾和问题越积越深，越积越多。以陷入“多输”怪圈的突发环境群体性事件为例，事件发生后，一方面，环评等相关部门在项目立项、审批和终止过程中的程序合法性乃至政府的权威性及严肃性深受质疑；另一方面，也有公众因自己不理智使当地错过经济发展机会而心生后悔之意。有人说，此类事件的发生是源于一种对技术模糊的恐慌，而这恰恰说明，及时恰当地回应社会关切，是当前政府工作中的一块“短板”，是当下改进干部作风的重点。

应该说，“民怨”式的心理失衡是转型社会在现代化历程中必须面对的心理考验和精神挑战，但同时我们也必须看到，社会情绪如得不到及时疏解，有可能逐渐演变成高悬的社会情绪“堰塞湖”，一旦溃坝，就会释放出巨大的能量，从而引发社会危机。因此，回应社会关切，疏导社会情绪，是当今时代对政府官员提出的一项新的能力要求。

突发事件会给公众带来各方面的影响。如一些重大的灾害性事件，来得非常突然，目睹亲人离去，家园毁灭甚至亲身经历可怕的事件，没有一点心理准备的人们会承受巨大的心理压力，甚至引发心灵创伤。再如，近年来频繁发生的群体性事件往往是群众利益受损后的极端反应，突出的社会矛盾使公众情绪非常激烈，而社会冲突又会给事件参与者带来巨大的精神压力。因此，正确回应社会情绪，表达对相关当事人的关怀，对于突发事件的处置，具有十分重要的意义。

在重大的自然灾害或者事故灾难发生后，政府一定要站在受害者的立场上表示同情和安慰，尤其是在一些恶性的事故灾难中，更要学会通过新闻媒介向公众致歉。如在一起有人员伤亡的地铁相撞事故中，官方首先需要表达的就是对利益受损方的态度。诸如“首先对在这次事故中失去生命的遇难者表示沉痛的哀悼”“对遇难者家属和在事故中受伤的市民致以真挚的慰问”，等等。

道歉也是回应公众情绪的一种方式。政府道歉，主要是指政府及其代理人，就现实或历史中的伤害事实向受伤害者及相关公众做出的明确、公开且规范的歉疚表示，自愿承担由此引发的不力后果，并公开接受社会公众对此的检验。① 在讲究政治伦理和政治美学的国度里，道歉是消弥矛盾、增进和谐的“黏合剂”，是改善人际、丈量文明的“标尺杆”。在突发事件中，“道歉”不仅不会损害公权力的威望，反而能够让公众看到政府处理危机的诚恳态度，提升对政府执政能力的认可与好感度。宝鸡市市长因数百名农村儿童血铅严重超标，在“激动的村民”冲击污染源工厂和堵截道路交通时，向村民连连躬身以示歉意，就受到了媒体和公众的好评。② 虽然与普通的道歉行为不一样，政府道歉的事由更广泛，目的与需求更复杂，过程也更规范和严谨，但

① 唐彬：《我国政府道歉规范的制度变迁及其特征分析》，《中国行政管理》，2010 年第 9 期。

② 《人际交往中“道歉心理学”的重要性》，今日头条，http：//toutiao.com/a6200132986561675522/。

道歉，无疑是危机沟通的一种重要策略。

回应社会关切，要能够直面社会质疑

在突发事件中，媒体和公众通常都会对事件真相和官员问责等政府信息充满质疑，此时的正确回应，能够体现政府处置事件的决心和勇气，化解“黑箱操作”的质疑，体现出高明的政府危机沟通能力。

对于政府隐瞒信息的质疑，要坚定而清晰地给出两点清晰的回应：一是政府一定会及时准确、公开透明地公布信息；二是事故调查组正在进行严肃认真的调查，事件原因会在调查清楚后及时公布，给人民群众一个真诚负责的交代。

对于官员问责的质疑，要清晰而坚决地给出“出了这么大的事，一定会有人对此负责”的回应，表明政府会对事件负责到底的决心。像温家宝同志在“7·23”甬温线特别重大铁路交通事故中回答记者提问时所说：“我要强调，我们的调查结果一定要对人民负责，不论是机械设备问题还是管理问题以及生产厂家制造问题，我们都要一追到底。背后如有腐败问题，依法处理毫不手软，只有这样，才能对得起长眠在地下的死者。”此外，还要学会巧妙地跳出问题本身，阐释政府从根本上解决这一问题的态度，如“问责不是目的，处理人更不是目的，我想，吸取教训，完善制度，从根本上杜绝此类事件再次发生，才是最大的目的”。

列宁曾经说过，群众情绪是一种要求改造社会的自发性，蕴含着强大的创造力，但也往往具有盲目性和破坏性；善于引导这种自发性并使之成为自觉性，它就可以成为社会进步的动力，否则就有可能对社会发展带来破坏。今天我们听到的各种“民怨”亦然，其中虽然有不满，有冲突，有分歧，也有偏执，但更多的，是群众对社会发展的真切关注以及希望得到改善的良好愿望，是社会结构性变革中出现的多方利益主体和多元价值观念在寻求对话和彼此辩驳。因此，在倾听民众诉求中改进工作作风，在回应舆论质疑中疏导社会情绪，对于形成社会共识，加强社会凝聚力，具有十分重要的现实意义。

理顺机制是王道

马云从阿里巴巴卸任后联合多家企业组建了菜鸟网络公司，目标是通过建立一张覆盖全国的智能物流网络，使中国任何两个城市之间购物都能实现 24 小时必达。而目前全国九大物流公司的 2 860 条线路中，能做到 3 日送达的尚不足 50%。[①] 在菜鸟的蓝图中，将搭建一个开放的社会化数据平台，将生产流通领域的数据整合起来，实现信息的高速流转，而生产资料、货物则尽量减少流动，也就是说，你在网上下单后，数据会显示距离你最近的哪个仓库有货，从这个仓库发货即可。菜鸟所依托的，正是信息沟通的优势。

由此我们可以想象，在一次重大的突发事件发生后，政府在信息沟通方面如果能够像菜鸟的设想一样，将所有与突发事件应对相关的信息迅速整合起来，依托信息的高速流转来开展救灾工作，那么，损失与伤亡是不是会因此而减少，甚至大幅减少？答案无疑是肯定的。

在重庆开县 2003 年的“12 · 23”井喷事故应急前期，地方政府和石油企业没有建立起整合的通信和一元化指挥体系。比如在 12 月 24 日上午，石油企业和重庆市政府分别组建了各自的指挥系统，两个指挥系统各自运行，指挥、通信互相独立，使得在信息传递、决策制定、措施执行等方面浪费了宝贵的时间，同时也不利于整个应急资源的调度和利用，降低了应急工作的效率。

2003 年 12 月 24 日 3 时，开县县委、县政府组建“12 · 23 天然气井喷事故抢险指挥部”，由原县委书记余明哲、县长蒋又一任指挥长，指挥部下设 5 个工作组（见图 3.1）。

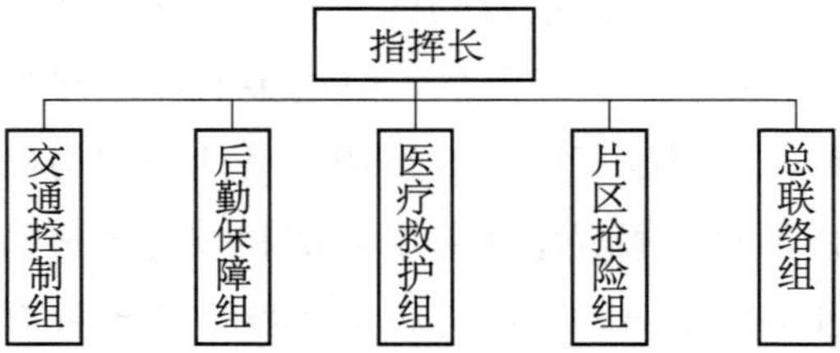

图 3.1　开县组建的事故抢险指挥部组织架构示意图

① 《传统物流将被马云和“菜鸟网络”颠覆》，中国时尚品牌网，2013 年 6 月 5 日。

2003年12月24日上午，重庆市副市长吴家农带领市级相关部门和专业救援队伍紧急赶往开县，指挥权上移，成立了由吴家农任指挥长，开县县委书记余明哲、县长蒋又一任副指挥长的“12·23”抢险指挥部，下设5个工作组（见图3.2）。

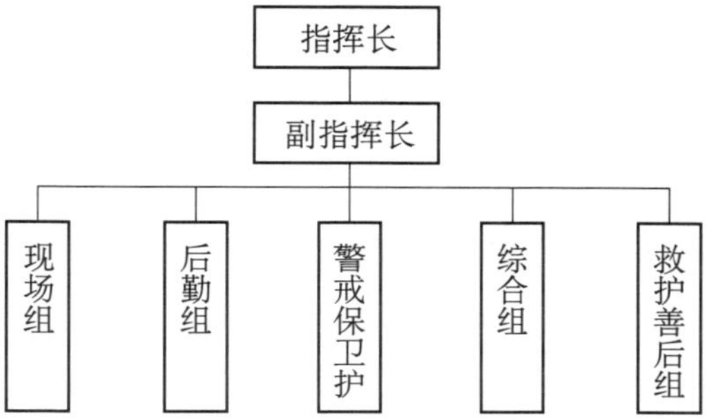

图3.2 重庆市和中石油组建的事故抢险指挥部组织架构示意图

2003年12月24日22时30分，召开了由地方政府、中国石油天然气集团公司、四川石油管理局、西南油气田分公司领导、技术专家和川东钻探公司有关领导参加的会议，重新调整了抢险指挥部，确定了指挥和副指挥，下设6个工作组（见图3.3）。

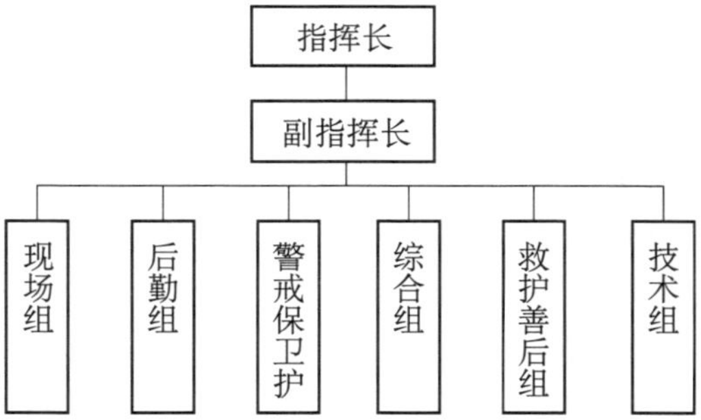

图3.3 重庆市和中石油组建的事故抢险指挥部组织架构示意图

2003年12月26日1时，国务委员、国务院秘书长华建敏率国务院工作组抵达开县后立即召开会议，成立“12·23”井喷事故抢险救灾指挥部，下设3个小组。抢险救灾工作统一由重庆市委、市政府负责，中石油和有关部门予以指导配合（见图3.4）。

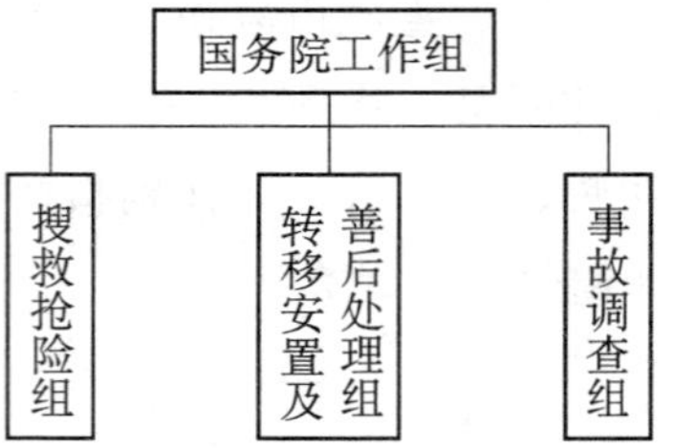

图 3.4　国务院工作组组织架构示意图

2003 年 12 月 26 日，国务院“12·23”井喷事故抢险救灾指挥部成立的同时，还成立了开县“12·23”井喷事故抢险救灾指挥部（见图 3.5）。

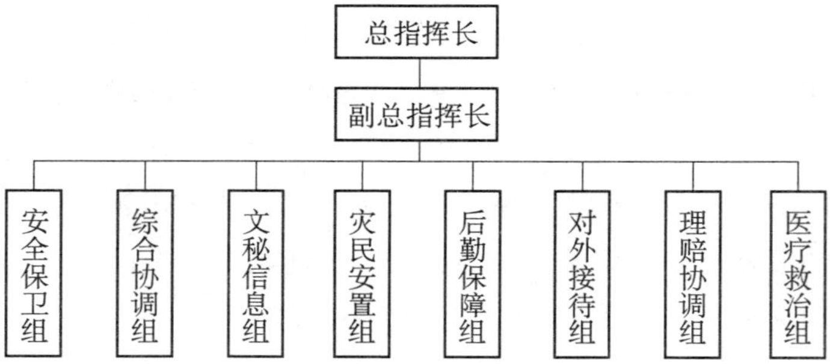

图 3.5　开县调整组建的“12·23”井喷事故抢险救灾指挥部组织架构示意图

重庆开县“12·23”井喷事故应急指挥机构的演变情况[①]突出地体现了当前中国应急指挥体系中存在的问题，即在突发事件发生后，条条块块、上上下下都会成立相应的指挥部，但在这些叠床架屋的应急指挥部之间，要么工作职能是重复的，要么成员单位是重叠的，而且，从横向来看，每一个指挥部的组织架构都是自成体系的，彼此之间的接口不一致；从纵向来看，在事件不同的应急阶段会出现不同的组织架构，前后的接口也都不一样，这些都严重影响到了整个应急系统效率的发挥。

由此可见，做好危机沟通工作，必须理顺突发事件应对中的信息

---

① 国家安全生产监督管理总局，国家环境保护总局，重庆市人民政府，中国石油天然气集团公司，中国安全生产科学研究院：《中石油川东北气矿“12·23”井喷事故案例研究分析报告》，2007 年 6 月。

沟通机制，这一机制，主要是指应急指挥部内部沟通的机制。关于这一点，德国模块化的应急指挥部组织架构，为我们提供了可资借鉴与参考的对象。

德国的应急指挥部将领导权与指挥权相区分，分为行政—组织指挥部和战术—操作指挥部，行政—组织指挥部负责突发事件应急救援的行政协调和综合保障工作，战术—操作指挥部则负责具体的专业救援工作。两个指挥部相互交换信息、沟通协调，但各司其职，互不干涉。①

行政指挥和战术指挥分工明确、衔接紧密的应急指挥组织架构，为指挥部内部的信息沟通提供了组织保障和机制基础，特别是能够有效破解领导“无所不知、无所不能”“行政级别越高、指挥本领越强、指挥权力越大”的根深蒂固的官本位难题。一定要深刻认识到，对于突发事件处置来说，事发现场不是来的领导数量越多越好，不是来的领导级别越高越好，而是要坚持岗位权力大于级别权力，“让专业的人来干专业的事”，建立规范化的专业处置程序，明确指挥要点，严格按规程进行处置，各级行政领导要“多宏观指导、少微观指挥”，不要“越俎代庖”，不分情况在第一时间匆忙赶到事发现场越位指挥。要积极推广突发事件现场指挥官制度，进一步明确现场指挥官的职权、成立条件和运转程序；根据“谁先到达谁先指挥，依法逐步移交指挥权”的原则，建立现场动态灵活的应急指挥机制，规范现场指挥权的交接方式和程序。②

德国的战术指挥部的组织结构是标准化的，也就是说，各级政府、各个部门的指挥部结构基本相似，这样的组织结构为突发事件状态下指挥部内部的沟通和协调提供了很好的组织优势。

一是标配的指挥部为不同层级，不同部门的指挥部提供了直接对接的接口，大大提高了信息传递的速度，符合法约尔跳板原理，与中国的应急指挥部之间缺少接口的状况形成了鲜明的对比。

---

① 张磊：《分权与集权应急管理统一领导需调节的三种关系》，《行政管理改革》，2013年第8期。

② 钟开斌：《应急指挥如何走向科学化》，《学习时报》，2015年6月8日。

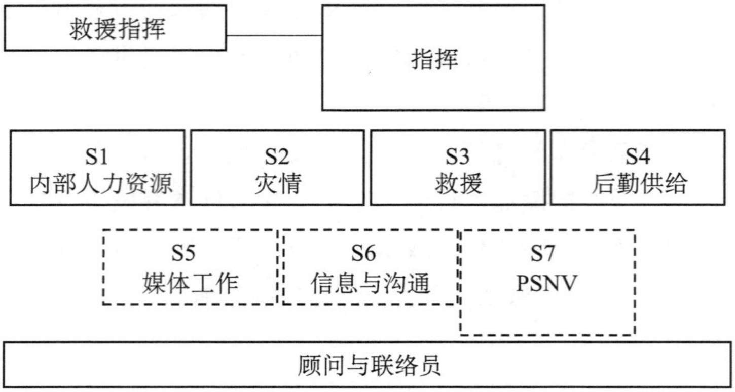

图 3.7　德国的战术—操作指挥部组织结构图（战术操作部分）

所谓法约尔跳板原理，是指在一个层级职权划分严格的组织中，由两个分属不同系统的同一等级的部门在得到各方面的同意而上级又始终知情的情况下，也就是在上级授权的基础上，横跨过权力执行的路线而直接建立联系①，从而缩短相互之间信息沟通的时间。法约尔跳板（Fayol Bridge）原理是由程序管理学派的创始人亨利·法约尔（Henri Fayol）提出的，他认为，在等级制组织结构中，指令总是从上到下一层一层传递，报告请示也是一层一层往上传递，如果两个部门之间发生问题都要按等级层层上报到最高层，再由最高层将决定层层往下传递，必然造成低效的管理局面，因此，法约尔跳板的意义在于，两个横向之间的部门有问题要解决，可先由其自行协商解决，只有在解决不了的情况下各方才向上报告，由上级来协调。

二是在 S1-S6 六个基本功能组中，有三个功能组的职责都承担了信息沟通的职能，即 S2 灾情组，S5 媒体工作组和 S6 信息与沟通组，而中国的应急指挥部，延续了常规政府管理条块分割的管理机制，通常根据每次事件的具体要求，分别下设抢险救援、医疗救助、群众安置、道路抢通、物资保障、新闻宣传等工作组，既没有共同的灾情中心，使指挥部内部能够共享灾情，步调一致，也缺少信息与沟通组，

① 王天娇：《浅析组织危机管理中的信息沟通——以法约尔跳板为理论视角》，《理论界》，2013 年第 8 期。

无法进行系统的社会组织与动员。

2007 年 10 月，美国政府出台了《信息共享的国家战略》，促成联邦、州、地方政府、私人组织及美国的国际伙伴、盟友之间实现有效的信息共享；在各州及大城市设立整合中心要达到处理共享和利用信息的基本标准。[①] 可见，促进信息共享被各国政府高度重视，因此，我们一定要在机制上为信息共享提供保障，通过建立行政指挥和战术指挥彼此独立的指挥体系，进一步完善应急指挥部组织架构，如通过设计标准化的指挥部结构、设立专门的信息沟通组等方式，使得突发事件发生时，能够破除条块间信息封闭的枷锁，主动、广泛地收集和掌握突发事件相关信息，使指挥部在真实、快捷、可靠、严密的信息整合与分析的基础上，驾驭突发事件形势，确保应急决策的针对性和沟通协调的准确性，提高政府应对突发事件的整体水平和能力。

制度落实是王道

黑龙江大火通稿引发的舆情次生灾害中，《团结湖参考》评论员段修健在一篇评论中写道：“一个成熟的社会治理体系，应对突发事件早已有完备预案。只要事故发生，不用大小领导重视，应急救援机制和指挥体系的按钮会自动开启。官员们只要安静地待在通稿背后，各司其职，做好本分。……当离开批示后自动运转的应急体系成为常态，通稿才有可能愉快地向领导的名字们说拜拜。”这段话恰切地说明了制度建设对于应急管理的重要性。

“非典”之后，我国陆续颁布出台了《国家突发公共事件总体应急预案》、《中华人民共和国突发事件应对法》和《政府信息公开条例》等法律法规，对突发事件，包括重大自然灾害中的信息管理做出了规定和说明，要求各级政府和有关部门在突发事件发生后，要及时报告事件的基本情况和后续动态，确保信息畅通，为有效解决长期以来我国在突发事件应对中信息来源单一导致的信息匮乏、失真和扭曲等问题提供了一定的法律保障和制度化依据。但从目前已经出台的有关突

---

① 杨梅：《论政府应对突发事件的信息沟通能力》，《行政与法》，2011 年第 11 期。

发事件的法律、行政法规、部门规章和文件等来看，这些规定都较为笼统，不够具体，操作性、执行性和规范性不强。比如，在重庆开县“12·23”特大井喷事故开庭庭审时，公诉机关在法庭上的陈述表达了制度缺失的观点，如“在罗家十六H井开钻前，有关方面没有充分了解井场周围的居民住宅、学校、厂矿等详细情况，并据此制定有效的应急预案，以致在井喷失控时，不能及时通知井场周围居民迅速撤离危险区”①。

因此，要妥善应对当前频频发生、日益复杂的突发事件，还必须进一步健全突发事件信息管理制度，在立法框架内构建更加完善、更加微观、更具操作性的制度体系，为突发事件应对中的内外信息沟通提供统一的依据。如信息通报和会商制度、公众报告与举报制度、突发事件新闻报道准则以及相关的问责制度和法律后果制度，等等。通过制度的规范和约束，理顺当前的应急管理信息沟通机制，建立综合的应急信息管理机构，搭建通用的应急信息管理技术系统，建成覆盖全社会的应急信息数据库，形成有责任、有监督、有反馈的良性循环的政府信息通路，从而为突发事件应对中的信息沟通提供保障。

明代张居正曾说过这样一句名言：“天下之事，不难于立法，而难于法之必行。”就当前中国政府的突发事件新闻发布工作而言，相关的刚性制度逐步建立并完善，但新闻发布工作是否能够真正取得成效，则取决于制度的贯彻与落实。

2015年年底，深圳光明新区渣土受纳场“12·20”特别重大滑坡事故引发公众和媒体对于事件舆论的高潮，但舆论引导这条战线却是被肯定的。红网12月24日发布《深圳滑坡事件网络舆情分析》，认为尽管在事故发生之初，媒体把事故简单归结为“山体滑坡”的说法引起了网民的质疑，但是官方在第一时间公布了事故调查结果，化解了这一阶段的舆情危机。……在此次事件中，政府抓住信息公开的黄金期，引导舆情，取得了网民的信任，缓解了对政府的质疑之声。

---

① 邹辉，范卉：《重庆开县井喷悲剧的罪魁祸首是制度性缺失?》，南方网，2004年9月4日。

这个结果看似反常，实属必然，是新闻发布制度“深圳模式”得到具体落实的必然结果。2003年，深圳市委市政府就确立了新闻发言人工作相关原则；2004年4月，在全国率先推出新闻发布“行政首长负责制”，将舆论引导责任落实到人；2009年，公布《深圳市人民政府新闻发布工作办法》，量化了发布时限，对常规政府信息和重大突发事件分别设置了7个工作日和120分钟的时限，建立起了新闻发言人“问责制”，规定如果发布不作为、不及时、不规范、不准确，造成不良社会影响和后果，单位或有关责任人将被依法追究行政责任，涉嫌犯罪的还将移送司法机关追究责任。之后，在探索实践中，新闻发布从市领导直接发布变为授权发布，新闻发言人直接从不同层级“一把手”那里得到最新信息并授权发布，“一把手”对新闻发布负直接领导责任，形成“多层次、多部门、多角度”的新闻发布体系，被称为新闻发布制度的“深圳模式”。

滑坡事故发生后，现场救援指挥部密集召开新闻发布会回应舆论关切，公布失联者名单、救援进展以及善后情况，并通过官微、媒体形成信息联动，与公众进行多维互动，积极到位的舆情处置得到社会的普遍认可。@网眼八分斋 发表微博《深圳滑坡舆情简析》：“本地反应趋淡，全国关注集中；网络热度低，传统媒体热；官方聚焦大，民间观望多；深圳公开及时，传言谣言未起；城市发展过快，遗患遗留未解；宣传部门尽职，管理机关失职；事件本身已生，追责反思为要；救援煽情较少，现场表演没有；年轻深圳生病，根治仍需勇气。”以点睛之笔一分为二地对事故进行了分析，肯定了深圳市的信息发布工作。

因此，制度的价值在于落实，过去，一些新闻发言人常常感叹：“老大难，老大难，老大重视就不难”，如今，《关于全面推进政务公开工作的意见》要求主官要当好“第一新闻发言人”，如何才能当好这个“第一新闻发言人”呢？正如一篇评论所言，当“第一新闻发言人”与当好“第一新闻发言人”，是两码事。一个好的“第一新闻发言人”，除了主动接受媒体采访，还应该做到及时、准确、全面地呼应公众关切。如果避重就轻，避实就虚，象征性地回答几个无关痛痒的问题，就会适得其反；如果按兵不动，拖延时间，错过了回应疑问的黄金时间，效果也会大打折扣。[①]此外，《〈关于建立健全信息发布和政策解读机制的意见〉实施细则》要求在突发事件发生后24小时之内召开第一场新闻发布会，并拟对新闻发布不力进行问责等，如何确保这些制度真正执行到位，落到实处，发挥实效，无疑是下一步突发事件新闻发布工作的关键。

案例

两组数据

第一组数据来自SARS：从2002年11月1日至2003年7月31日，SARS席卷超过30个国家和地区，8 445人感染，812人死亡。其中，席卷中国26个省区，感染7 429人，占全球累计感染病例的91.7%。死亡685人，占全球累计死亡病例的88.5%。

第二组数据来自H1N1：从2009年1月1日至2010年3月7日，H1N1在全球的确诊病例是1 311 522人，死亡病例是14 142人。而中国的确诊病例是127 427人，死亡病例是796人，死亡率为0.6%，远低于全球1.1%的死亡率。

从这两组数据中我们发现，从2002年到2009年，在7年的前后两端，我们得到了两组完全不一样的数据。为什么会这样呢？

让我们把视线放回到新中国成立之初。新中国成立之初的30年，中国用占世界2%的卫生总费用，解决了1/4世界人口的健康问题，建立了遍布城乡的三级医疗预防保健网和卫生防御体系，被世界银行评为以最少投入获得最大健康收益的中国模式。

随着改革开放的不断深入，20世纪90年代，医疗改革被提上了日程，在1993年5月召开的一次全国医政会议上，时任卫生部副部长殷大奎明确表示反对市场化，要求多顾及医疗的大众属性和起码的社会公平，但是，他的反对被认为是思想保守，反对改革。于是，就像时任卫生部部长陈敏章在华东七省市卫生厅局长座谈会所讲：“如果等一

① 北青报特约评论员：《“第一新闻发言人”当好不容易》，《北京青年报》，2016年2月19日。

两年，其他部门行业搞起来了，甚至你自己的领地都被人家挖走了，市场、群众就不需要你的产品了。”医疗市场化迅速被推行了开来。

结果怎样呢？毛泽东有一首诗叫《七律·送瘟神》：“绿水青山枉自多，华佗无奈小虫何。千村薜荔人遗矢，万户萧疏鬼唱歌。坐地日行八万里，巡天遥看一千河。牛郎欲问瘟神事，一样悲欢逐逝波。”这首诗表达的正是新中国成立之后血吸虫病被消灭后的喜悦心情。但是，在改革开放之后医疗卫生市场化的过程中，新中国成立之初被消灭掉的淋病、梅毒死灰复燃，结核病，血吸虫病卷土重来，以至于在很长的一段时间里，轻预防、重治疗；轻社会效益、重投资回报；轻适宜技术，重高新技术，导致了在医疗卫生领域，市场失灵，政府失职。而就在这样一个情形之下，“非典”来了。[①]

那时，国内疫情报告的程序是这样的：医生诊断传染病病例后，填写纸质传染病报告卡片，交医院保健科。保健科通过邮局邮寄到所在区县卫生防疫站，经审核汇总，上报到地市卫生防疫站。地市卫生防疫站统计汇总，每旬一次上报到省卫生防疫站。省卫生防疫站再统计汇总，每月一次上报到中国预防医学科学院（中国疾控中心前身）和卫生部。

按照这个信息报告的程序，“国家想获知某地或全国传染病的基本情况，最快要1个多月，几个月是常事，那时获得疫情数据就像大海里捞针，非常难”[②]。信息报告如此，也就很难奢谈什么迅速启动预案，采取行动了，所以，非典时期无论是应急处置还是危机沟通出现问题都属意料之中。

2004年1月1日，中国疾病预防控制中心（CDC）建设的国家传染病与突发公共卫生事件网络直报系统试运行，截至2011年12月31日，网络直报系统在31个省市自治区设立了1 548个长期监测点，覆盖了全国所有县级及以上疾控机构，县级及以上医疗机构报告率达98%，乡镇卫生院报告率达87%，平均报告时间为0.8天。

---

① 本部分内容参见张毅强：《风险感知、社会学习与范式转移：突发性公共卫生事件引发的政策变迁》，复旦大学出版社2011年版。

② 杨文彦：《全球最大传染病网络直报系统在中国建成》，人民网，2013年4月28日。

根据要求，当医院发现传染病后要立即上报，甲类传染病必须在2个小时内报告，实行3级审核，所属上级机关要在报告发出2个小时内有所行动进行核实或处理。中国CDC还有24小时值班人员进行监督。此外，直报系统还设有预警功能，当严重的或不明原因的疫情出现后，系统会将设置的预警信息第一时间发送到相关负责人和管理者手机中。

制度的完善使我国的疫情监测、报告手段和能力产生了质的飞跃，而这，正是7年之后H1N1能够提供一组不一样数据的根本原因。[①]

信息博弈是王道

马克·吐温曾经说过："当真相还在穿鞋的时候，谣言就已经跑遍半个地球了。"在这个互联网技术发展日新月异，公众知情权、监督权意识日益高涨的年代，危机传播中的舆论引导面临着更加严峻的挑战。近年来，中国每一起重大突发事件都伴随着高强度的舆论交锋，深刻地影响着事件的进程和走向，在这个没有硝烟的舆论战场上，政府的新闻发布常常出现这样那样的问题，面临很多质疑和批评。比如，"8·12"大爆炸事故后，那些冲在公众视野前台的官员，给人的观感是：他们似乎有意躲着真相，回避危机沟通的焦点问题。[②]舆论引导战线处于疲于应对的状况，必然导致引导功能弱化，政府公信力下降。如何才能改变这一被动局面？提高信息博弈的能力，无疑是最好的抓手。

所谓信息博弈，指的是通过有策略的信息释放，在众说纷纭，各执一词的舆论场中占据主动，获取认同。目前，中国政府致力于推进国家治理现代化进程，但是，对于一个庞大的政府体系来说，这个过程显得格外艰难，体现在危机沟通中，主要的问题还在于习惯了传统家长式的强制管理方法，沟通手段单一，更谈不上具备博弈思维。

2015年12月25日，习近平总书记在视察解放军报社时发表重要

---

① 杨文彦：《全球最大传染病网络直报系统在中国建成》，人民网，2013年4月28日。

② 张涛甫：《8·12大爆炸后政府危机沟通的短板》，《青年记者》，2015年9月（上）。

讲话指出：要研究把握现代新闻传播规律和新兴媒体发展规律，强化互联网思维和一体化发展理念，推动各种媒介资源、生产要素有效整合，推动信息内容、技术应用、平台终端、人才队伍共享融通。他着重指出，对新闻媒体来说，内容创新、形式创新、手段创新都重要，但内容创新是根本。因此，在突发事件处置过程中，一定要树立信息博弈的意识，提高信息博弈的能力，坚决主动地争夺解释权，从而真正做到舆论引导，而不是被动应对。

提高信息博弈能力，要善于进行信息研判

对突发事件的不同阶段进行观察会发现，舆情信息在突发事件不同阶段具有不同的特点，这就要求政府在进行危机传播时对舆情信息进行更加精细化的研判，并有针对性地进行信息发布。

事发阶段，以猜疑类信息为主。由于事件刚刚发生，相关情况还不明朗，通常会出现大量夸大而失真的猜疑类信息。此时，要重点对信息的真实性、敏感度和发酵性进行研判，力争在第一时间发布事件基本信息，还原事实真相，并不断发布后续信息，通过权威信息发布避免谣言四起，人心惶惶；

事中阶段，以质疑类信息为主。在这一阶段，政府的应急工作已经有序展开，此时，互联网上出现的舆情通常以质疑类信息为主，从各个方面对政府的救灾工作，包括信息发布、抢险救援以及事件原因等进行质疑。这一阶段，要重点对信息的真实性、指向性和发酵性进行研判，并针对社会对政府应急工作方方面面的质疑和监督，实事求是地面对，认认真真地回应，及时澄清那些似是而非的传言，对于确实存在的问题，一定要承认，并给出解决方案，承诺尽快落实。

事中阶段的危机传播一定是立体化的。一是通过各级政府各个部门的两微一端将与应急工作相关的信息进行充分释放，二是通过举办新闻发布会对社会关切进行及时回应，三是通过组织集体采访形象直观地展示政府抢险救援工作的真实情况。

事后阶段，以批判类信息为主。到了事后阶段，危机情境得到了很大程度的缓和，尖锐的矛盾也得以部分化解，事件基本上已经尘埃落定，造成事件发生的原因也已经基本水落石出，此时的舆情信息就以批判类的信息为主，对政府管理中存在的问题进行批评。在恢复重建阶段，要重点对信息进行指向性研判和跟踪性研判，针对来自社会各方面的批判信息，一定要对舆论和民意表现出诚恳和谦卑，认真进行反思，以此为诫，不断改进工作，同时，要逐步减少信息释放的数量，降低信息发布的频度，逐渐使舆情回到正常的状态上来。

TIPS：

信息对冲是舆论博弈的基本思维方式，对冲能力体现在有策略地进行信息释放上，通过形成信息对冲的效果，减少或消解负面信息形成的舆论压力。

提高信息博弈能力，要善于进行信息对冲

信息对冲是危机传播中舆论博弈的一个基本思维方式，也是进行信息博弈的一种主要能力，对冲能力体现在有策略地进行信息释放上，通过形成信息对冲的效果，减少或消解负面信息形成的舆论压力。

提供事实是信息对冲。这与约翰·密尔所说的“观点的自由市场”有异曲同工之处，约翰·密尔认为，在观点的自由市场上，让真理和谎言自由去竞争，最终真理会胜出。而在突发事件舆论场上，通过提供事实信息去与谎言对冲，毫无疑问，事实会胜出。

现代社会，公开是最好的稳压器，亦是政府公信力的重要来源。国务院总理李克强曾在国务院常务会议上告诫各部门官员：“凡在重大事件中主动及时公开信息，积极回应社会关切，就会赢得民众的理解；但如果遮遮掩掩，不及时发布权威信息，就会引发舆论批评，甚至谣言满天飞。”①

但是，并不是所有的信息都适合发布，有时候，要不要发布信息，会成为一件很难做出决断的事情。比如，天津港“8·12”瑞海公司危险品仓库特别重大火灾爆炸事故中700吨氰化钠的信息，是不是应该公布？应该如何公布呢？

这种情况，考验的正是政府的舆论博弈能力。首先，公布不公布，取决于政府对信息有多大程度的掌握，在没有确切掌握信息的情况下，确实不能公布，这一点，与满足公众知情权并不矛盾。因此，在决定

① 朱珉迕：《怎样当好“第一新闻发言人”》，《解放日报》，2016年2月19日。

是否公布之前，必须要对信息进行核实。其次，在掌握了准确信息后，需要对舆情反应进行预判，如果发布不至于引起失控，就及时准确发布，如果可能引起失控，则不能直接发布这一信息，而是要想办法提供抚慰信息和对冲信息。再次，对于确实会引起失控的消息，有时候需要采取预言“坏消息”的办法，避免出现公众情绪失控。预言“坏消息”，可能引起人们更多的担心，但是，这对应对危机而言通常是有帮助的，它可以减少突然的负面消息带来的令人沮丧的影响，同时，会让人们感到自己并没有被蒙蔽或者误导。

比如，在天津港的案例中，可以采取逆着公布的办法，先说因为发生爆炸的是危化品仓库，有可能有多种危化品在仓库，同时说明已经采取封堵出水口等措施，正在检测危化品的含量。之后，再发布全部事实，此时，公众已经有了一段时间的心理准备，就比较容易接受了。

信息博弈的结果必然是次优选择，因此，敏感事件的信息传播，不是要更迅速，而是要更有序；不是要更充分，而是要更慎重；不是要更有技巧，而是要更有策略。可以在对事情有一定掌握的情况下说，但要有策略，按时间线有序释放信息，调控公众预期和柔化相关信息释放可能产生的心理冲击。通过信息博弈控制社会和公众情绪，使公众安全度过情绪敏感期，防止出现情绪失控。但需要注意的是，敏感问题可以提供模糊性信息，但不可以传播虚假信息，更不可以否认政府应知信息的存在。

提供措施是信息对冲。突发事件发生后，除了要及时提供时间、地点、人物等与事件相关的基本信息之外，重点要讲清政府措施。突发事件是一种公共危机，是个人、家庭或私人部门靠一己之力解决不了，只能依靠政府部门才能予以解决的事件。因此，突发事件发生后，公众对于政府的期待是异乎寻常的。此时，一定要讲清政府的举措，说明政府及时开展了救灾工作，这对于化解社会情绪，赢得公众理解和信任，引导社会舆论具有十分重要的作用，具有不可辩驳的说服力。

SARS事件中，两位正部级官员被问责之后，王岐山同志当时担任北京市代市长。我们看到，在《面对面》栏目《军中无戏言》一期节目中，王志向王岐山提出了这样的问题：你上任以来采取了哪些措施？这个问题看似简单，其实并不好回答，因为事件发生以来政府一直都在采取措施，此时，受命于危难之中的代市长如果泛泛而谈，很难令人信服。王岐山代市长重点谈了三点：一是通过陆续制定出台一系列政策措施，理顺了工作关系，形成了一个有效率、果断的政府；二是以“两提高”“两降低”为目标，以救治为中心，开展工作；三是坚决果断的对密切接触者实施隔离，切断传染源，确保广大市民的健康。

在千头万绪的工作中强调这三点，是有指向性的——首先，一个强有力的政府在突发事件中能够成为公众的主心骨和定心丸；其次，提高收治率，提高治愈率，降低病死率，降低医护人员感染率，可以使人们减轻对医院的惧怕心理；再次，“坚决隔离”打消了人们不敢出门的顾虑，使公众回到正常生活状态——从宏观的政策层面，中观的医学层面和微观的生活层面都给公众带来信心，这样的政府措施，谁又会不信服呢?

提高信息博弈能力，要善于进行信息阐释

如果说通过信息研判能够了解舆情发生发展的规律，通过信息对冲能够最大限度减轻负面舆情的不良后果，那么，信息阐释，则要通过信息释放，引导公众认同自己的观点，接受自己的主张，支持自己的做法。有人说，世界上最难的事有两件：一是把自己的思想装进别人的脑袋，二是把别人的钱装进自己的口袋。虽然是调侃，但此言不虚。信息阐释，就是要将自己的思想装进别人的脑袋之中，必定是一件十分艰难的事情。

提供解释是一种信息阐释。这是一个解释权竞争的时代，事实客观存在，但从不同的立场和角度给出的解释却不一样，甚至完全相反，你不去给予解释，别人就会去给予解释。

TIPS：

这是一个解释权竞争的时代，事实客观存在，但从不同的立场和角度给出的解释却不一样，甚至完全相反，你不去给予解释，别人就会去给予解释。

青岛大虾事件发生后，有评论曾说：“‘青岛大虾’，这张无比丑陋的‘狗皮膏药’，将长久贴在青岛的脸上难以撕下。”颇为耸人听闻，但也在相当程度上代表了当时的社会情绪。时隔5个月，青岛市市长张新起在两会期间面对《北京

青年报》记者关于“大虾”的提问，首先承认事件中存在政府对市场监管不力，当时的处理也有失当的问题，接着表明青岛将集中精力在六大消费领域重拳出击，打击侵害消费者权益行为的零容忍态度，最后他说：“青岛还是蓝天碧海，红瓦绿树，这件事情是教训，但是青岛魅力尚在。”这样一种直面关切并认真解释的做法，获得舆论的普遍认可，而那张无比丑陋的“狗皮膏药”，随着市长诚恳的解释，已然悄悄地被撕了下来。

在某些情形下，也许政府释放的信息并不能完全说服公众，但是，在泥沙俱下、鱼龙混杂的突发事件舆论场中，公众往往会出现无从判定的情况，觉得舆情的质疑批评有理，但政府的解释也有几分道理，在这种情况下，舆论压力已经大为减轻，为从根本上解决问题赢得了时间。

提供结论是一种信息阐释。近年来，由于人为原因引起的事故频发，越来越多的公众在“是什么”以外，更热衷于“为什么”以及“怎么办”，他们拒绝媒体通稿式的报道方式，更多寻求对于事故责任方的责任追问。但是，政府的新闻发布却习惯着眼于“采取了强有力的措施，事故得到了有效控制，体现了领导重视”云云，与公众的信息需求并不匹配。

毫无疑问，“快讲事实，多讲措施，重讲态度，慎讲原因”是突发事件新闻发布的一条基本原则，不讲原因也有不讲原因的道理，比如调查结果确实还没有出来，但是，一个大的突发事件发生后，政府告诉公众，正在进行调查，还没有结论，这样的回答记者会满意吗？当然不会满意。召开新闻发布会，接受媒体采访，一个主要的目的就是要提供结论，如果你不能提供结论，媒体就会出一个大标题：为什么发生事故没有结论？因此，“慎下结论”不等于不提供结论。但是，如果真的没有结论怎么办？如果没有确切的结论，可以告诉媒体几个可能的方向，比如说，事故正在调查中，现在还没有确定结论，从正在排查的情况来看，可能的几个方向是什么什么。

“慎讲原因”不等于不讲原因，将二者等同起来，从一个侧面折射出发布者“能力不足”的事实，因此，一定要直面社会关切，努力做到“政善治，事善能”①，只有真正满足公众的知情权，突发事件新闻发布才能让公众满意，政府公信力也才能真正得到提升。

提供观点是一种信息阐释。政府发布的信息不仅要有广度，而且应有其相应的深度。美国总统里根根据自己多年接受记者采访的经验总结出一个著名的公式：“Q=A+1”，“Q”（Question）指的是“记者的提问”，“A”（Answer）指的是“回应，解答”，“+”指的是“桥梁”，“1”指的 是“观点”。这个公式说明，当记者提出一个问题时，需要在回应记者提问的同时，加一个桥梁，巧妙地将自己的观点表达出来。也就是说，接受记者采访，不是为了回答记者的问题，而是为了表明自己的观点。② 因此，一定要创新理念、内容、体裁、形式、方法、手段、业态、体制、机制，③以各种各样的方式提供观点性内容，通过提供观点掌握事件的解释权，从而化被动为主动，牢牢把握话语权，实现引导社会舆论的最终效果。

“制造同意并非一种新技巧。它已经十分古老了。据说它已经随着民主政治的出现而消亡了。事实上，它是在技术上获得了极大的改善，因为它现在以分析为基础，而不是以粗糙的经验为基础。……在目前控制局势的这一代人中间，说服已经变成了一种自觉的艺术和世俗政府的一个常规功能。”④突发事件新闻发布是一项政治传播活动，天然地携带着政治说服的目的，因此，在遇到重大突发事件时，政府必须通过权威性的观点或者评论，积极引导公众舆论、心理和行为，从而达到政治说服的效果。

事实上，今天的舆论场并不是铁板一块的，“舆论场之争中，谁的议程设定能力强，哪个问题就会被突出，随之，民意可能随时倾斜，

---

① 老子：《道德经》，第8章。

② 王彩平：《转变思维方式提供政府话语新供给》，《光明日报》，2015年12月31日。

③ 《习近平关于新闻舆论的16条新论》，中国网信网，2016年2月21日。

④ [美] 沃尔特·李普曼：《公众舆论》，阎克文，江红译，上海人民出版社2006年版，第182页。

舆论可能随时逆转，中青报评论员曹林将之称为舆论‘摇摆率’”。[①] 2014年2月，广东东莞扫黄之后，网上舆论出现“一边倒”的态势，诸如“东莞挺住”“东莞不哭”，认为色情产业是“市场需要”“有益无害”，甚至主张到了讨论“中国搞合法红灯区”的时候了。人民日报抓住这个话题，连发4篇言论。说起“市场需求”，黄赌毒哪一个市场需求不大？要是有“市场需求”就可以合法化，毒品交易也要合法化吗？评论提醒说，卖淫嫖娼在大部分西方国家也属违法，“公权力介入”是世界各国的通行做法。这些评论合情合理，评得精到、驳得机智，在关键时刻逆转了舆论态势。

还原事实真相，阐明立场观点，提供信息对冲，要重视发挥本地媒体的导流作用。在一些突发事件中，对本地媒体的约束太多、管辖太严，被人称为“灯下黑”，这一现象的存在，不仅不能封堵信息的传播，反而会让外地媒体，甚至是境外媒体，包括某些网友、大V掌握了传播的先机。在媒体铺天盖地的时代，有些敏感的事情，与其让外地媒体说，不如让本地媒体说，因此，在突发事件发生后，要高度重视本地媒体的导流作用，可以让自己能够管控的主流媒体主动引爆一些敏感点，起到导流舆情的作用。

将众说纷纭，莫衷一是的“摇摆”舆论场止纷定争，是新媒体时代舆论引导的重要手段。虽然在微博上人人都有麦克风，但是网络名人的批量涌现，在一定程度上改变了过去由政府和官方媒体主导新闻宣传和社会舆论的格局。在微博兴盛的时期，网络意见领袖，即“大V”，是舆论生成发酵的重要节点，突发性事件发生后，公众更倾向于信任长期履行信息过滤、引导职能，并具有一定公信力的“大V”，地方网管部门也十分重视“大V”的研究，希望能够培养传播正能量的意见领袖，在突发事件发生后主动承担起澄清事实、揭露真相的责任，引导网民理性、科学地看待问题。

不过，在人民网舆情监测室为《社会蓝皮书》撰写的《2015年中国互联网舆论分析报告》中，新的研究发现，职业群体浮出水面。

① 参见任昌辉：《微博舆论场博弈的内涵分析》，人民网传媒频道，2014年12月8日。

例如，在深圳娃娃鱼事件、河北“6·9”肃宁特大枪击案中，警察群体在网上联手对媒体报道评论表达了不满。这几年集体发声的，还有袭医案中的医护群体，司法“死磕类”辩护案中的律师群体等。早期网络舆论打破血缘、地缘、业缘，构建了一种以公共事务为话题的“公共交往”，网民看中的是精神认同而非身份认同。随着职业群体的崛起，让网络舆论从少数能言善辩的人掌握话语权，还原为社会各阶层趋于均衡的利益表达。社会各群体真实的利益博弈在互联网上聚合成体。真实的社群利益冲突，将盖过个别“意见领袖”的口舌之争。

因此，政府在舆情管理中要注重“打捞”和倾听各利益相关方的声音，消除各方的信息不对称，促进各方相互理解、相互尊重，打造“职业共同体”乃至“社会共同体”，同时，要从以往的舌战“大V”，转向平衡社会各阶层的利益，调和鼎鼐，通过对网络社群的研究，平时就追踪和梳理社会各群体的价值取向、行为方式，知己知彼，在舆情处置、舆论引导和舆论斗争中才能胸有成竹，处乱不惊，稳操胜券。①

在如今的改革攻坚期、社会转型期和矛盾凸显期，利益关系复杂而交织，群众难免会在思想认识上产生困惑和疑虑，事实上，今天我们看到的“民怨”，正是在经济快速发展过程中，面对突然展开的多重矛盾，群众的情绪既得不到社会支持，也无法自我完善与修复，表现出来的某种集体性焦虑和不安，因此，从现实条件出发做好政策解读，实事求是地讲清楚政策出台和利益调整的通盘考虑，说明白哪些事情必须大刀阔斧推进，哪些问题需要循序渐进解决，从而使群众了解政府承担的发展责任，体会干部面临的现实挑战，真正理解治国理政的各种艰难，并发自内心地支持政策的推行，是疏导怨气，理顺情绪，重建理性的必经之路。

从全球视野的宏观层面来看，话语权等软实力是与国际政治、经济权力的分布密切相关的。近年来，中国的社会发展举世瞩目，国际

---

① 祝华新：《舆情应对中最关键的环节是什么？》，人民网舆情监测室微信公众号。

政治、经济地位迅速提升，在中国发生的重特大突发事件都会引发世界范围内的广泛关注。但是，与国家影响力日益增强的硬实力相比，我国的文化软实力和话语阐释能力还处于与之不相匹配的境地。因此，一定要将突发事件新闻发布的相关制度落到实处，进一步转变舆论引导的观念，提升政府新闻发布的能力和水平，努力做到在突发事件发生后，及时权威发布信息，妥善回应公众关切，牢牢掌握解释权，这不仅是政务公开和舆论引导的内在需求，更是国家治理现代化的重要标志，在国际话语权争夺日趋激烈的背景下，具有特别重大的现实意义。

开展演练是王道

在德国危机管理学院（AKNZ），应急管理课程体系以递进式的三级演练课程为基本框架。而在这三级演练课程中，指挥部决策和沟通是贯穿始终的两个最为重要的演练目标。2010—2012 年，笔者参加了国家行政学院与中德技术合作公司共同开展的 TOT（Training of Trainer）培训，与 AKNZ 的专家多次交流，这次学习使我深刻体会到，应急管理是一门实践性很强的学科，提高突发事件应对能力，必须开展经常性的应急演练。

汶川地震中，桑枣中学创造的奇迹令人惊叹，地震来临时，教师和学生按照演练时规定的每个班的疏散路线、楼梯的使用分配、不同楼层学生的撤离速度设定、到操场上的站立位置安排等进行逃生，快而不乱，井然有序，无一人伤亡。这要归功于该校每学期组织一次的紧急疏散演练，而这一演练解决的，恰恰就是在灾难状态下信息的沟通和协调问题，避免了因恐慌和无序造成的秩序混乱和人员伤亡。

如前所述，从国家行政学院开展的应急演练中，也充分暴露出了当前的应急指挥部在信息沟通方面存在的缺陷和问题。令人欣慰的是，通过身临其境地参与演练，学员能够很快发现并充分认识到这一问题的严重性，在演练的反思和评估阶段，针对性地提出完善指挥部信息沟通能力的诸多措施，并致力于在实际工作中去加以改善，这就使演练的目标真正落到实处。

因此，加强突发事件应对中的信息沟通能力，必须依托于经常性的应急演练，要改变过去以表演为主要形式的演练方式，为演练设置更加具有实用性和操作性的目标，从而通过演练，真正提高一个成建制的指挥部及其成员的信息沟通意识和应急决策水平，为卓有成效地应对突发事件打下坚实的基础。

延伸阅读

一次指挥部应急演练的实践探索及反思[①]

2009 年 9 月，国务院应急办出台了《突发事件应急演练指南》，对应急演练的组织、内容、步骤、培训等提出了多方面要求。此后，各级地方政府和各行业部门也都陆续依据该演练指南的架构，出台了各自的演练指南。在各级各类演练指南的指导下，我国各级政府和各个部门都高度重视应急演练工作，广泛深入地开展了多种多样的应急演练活动。然而，从这些年开展的应急演练的实际来看，普遍存在着“演”大于“练”、片面追求层次高、场面大等突出问题。如何有针对性地设置演练目标并有效实施？如何构建具有中国特色的应急演练模式？这是许多应急管理工作者当前在认真思考解决的重要问题。本文以“重庆·2013 生产安全事故指挥部应急演练”为例，围绕演练计划、演练准备、演练实施和演练评估四个环节，剖析演练过程，并结合国内外应急演练实际，探讨应急演练工作的发展方向。

一、“重庆·2013 生产安全事故指挥部应急演练”的实践

“重庆·2013 生产安全事故指挥部应急演练”由重庆市生产安全委员会主办，旨在进一步提升重庆市安全生产领域防范和处置突发重特大事故灾难的综合能力，不断强化风险管理和责任意识，深入完善应急准备。作为本次演练的主要策划者和组织实施者，在经过这次真实的、成建制的应急指挥部演练的实践之后，笔者就如何开展应急演练

① 王彩平，闫利平，王健：《中国应急管理》，2014 年第 5 期。

进行了深刻反思与理论总结，以期为今后开展此类演练提供有益的思考与借鉴。

（一）演练计划

演练计划是应急演练的前提，包括对演练方式、演练范围、演练主题、演练经费、演练时间、演练地点、演练组织者等所做的整体规划。需要确定是采取实战演练还是桌面演练？演练经费是否能够支撑演练的进行？演练范围有多大？是本部门还是联合其他部门是自己内部组织演练还是邀请第三方？这其中，尤为重要的是确定演练主题。

在制订“重庆·2013生产安全事故指挥部应急演练”计划的过程中，作为受委托方，演练催化小组（为表达方便，以下称我们）与本次演练的需求方——重庆市人民政府安全生产委员会进行了多次反复沟通，并在演练前3个月就针对本次演练进行了充分的调研，以确保形成的演练计划实用有效。通过调研分析，道路交通运输事故是重庆市重点防范的事故种类，而在近几年重庆发生的危险化学品事故中，有60%发生在运输过程中，尤其是多发生在高速公路上，这就使得高速公路危化品事故处置面临着严峻的挑战。基于此，我们首先确定了演练主题，即危化品公路运输事故处置。

在确定了演练主题之后，针对重庆市近年来，尤其是2013年“7·6危化品电石车交通事故”救援情况中暴露出的问题，我们与演练需求方共同商定了本次演练的三个具体目标：一是发现应急预案中存在的问题，提高应急预案的科学性、实用性和可操作性；二是提高应急管理相关部门、单位和个人应急处置能力和沟通协调能力；三是提高应急管理相关部门、单位和个人在危机状态下与媒体沟通的能力。根据这一目标要求，考虑到既要节约资金，又要很好地保证应急演练的实效性，确定探索采用无脚本桌面推演的方式来进行本次演练。

本次演练的参与范围限定在重庆市安委会组成单位，演练参与的单位包括市政府应急办、市安监局、市交委、长寿区政府等24个单位，共41人参加演练。依据预案，确定了指挥部组织架构，由正副总指挥、综合协调组、抢险施救组、安全保卫组、善后处理组和后勤保障组组成。之后，经过协调，最终确定演练时间为2013年8月23日上午，演练地点在重庆市安监局，演练时长为3小时。至此，一次以提高应急处置能力为目的的桌面应急演练基本成型。

制订演练计划时，需要注意几点。一是要切合实际。也就是说，演练主题的确定一定要结合本地本单位风险评估的结果，选定最有可能发生的或者最多发生的突发事件类别作为演练的主题，突出贴近性和实用性，从而更好地为预防和处置突发事件做出贡献。二是要有的放矢。一次演练能够承载的考察范围和指标是有限的，演练目标的确定不能大而全，一定要根据演练主体的实际需要，有针对性地确定演练目标。三是要量力而行。即在演练形式的选择上不片面追求宏大整齐的演练景观，而要本着厉行节约的原则，依据演练目标，选择合理有效的演练形式。

（二）演练准备

演练准备是应急演练的基础。演练准备包括熟悉预案、研习案例、情景设计、设计方案等诸多环节。

熟悉预案。应急预案是一个完整的体系，“重庆·2013生产安全事故指挥部应急演练”涉及《重庆市高速公路事故灾难应急预案》《重庆高速公路灾害天气应急预案》《重庆市安监局生产安全事故应急预案》等多个应急预案，在演练准备阶段，我们对这些预案进行了深入研究，充分熟悉在危化品道路运输事故状态下，重庆市相关指挥部的组织体系及相关职责、启动预案的条件，应急响应的工作机制等制度要求和程序设计，并根据事故性质、指挥部构成等诸多因素，并最终明确以《重庆市高速公路事故灾难应急预案》为本次演练所依据的主要预案。

研习案例。案例是演练的基础，虽然应急演练往往依托虚拟情景进行，但演练情景的设定和演练任务的设计都必须有真实案例作为支撑，这样应急演练才更具针对性和有效性。在本次演练的前一个月，重庆市渝涪高速公路发生了一起电石车运输事故，重庆市安监局对处置过程中存在的问题进行了深入地分析，形成了一个较为完整的案例。“重庆·2013生产安全事故指挥部应急演练”就是以“7·6危化品电石车交通事故”这个真实案例作为情景设计的基础案例，并借鉴结合了杭州、哈尔滨等多地发生的电石运输交通事故案例情节，保证了演练的真实性、丰富性和压力感。

情景设计。情景是开展应急演练的依托和载体。“重庆·2013生产安全事故指挥部应急演练”基于“7·6危化品电石车交通事故”进行了初始情景设计。同时，针对参加演练的人员是否具有相关应急处置经验等因素，结合杭州、哈尔滨等地的电石运输交通事故情况，对演练的动态情节进行了精心设计，使演练更具紧张感、综合性和合理性。

情景设计框架如图3.7所示，按照“信息树”的情景设计原则，围绕一个初始情景和直接、间接引致的7个事件（次生灾害）渐次展开。

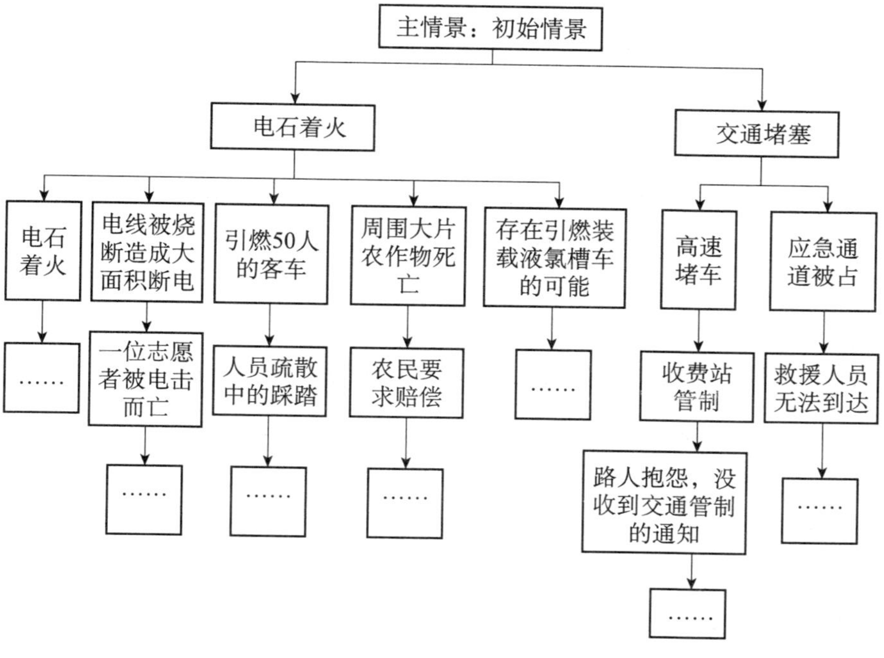

图3.7 “信息树”情景设计框架

设计方案。演练方案的设计非常关键，需要对开展应急演练所需的软硬件环境、演练流程、演练脚本等内容进行全流程精细化设计且形成文字材料。

“重庆·2013生产安全事故指挥部应急演练”方案共包括六部分：

第一部分为演练基础，包含演练背景、演练名称和类型、演练时间和地点、演练参与范围、指挥部结构图、演练流程表、演练目的和演练目标等内容；第二部分为演练结构，包含前期准备、演练前培训、正式演练和演练评估四大部分；第三部分为演练信息，包含首次会议的初始情景、动态信息和新闻发布会记者提问等内容；第四部分为演练评估，包含对总指挥的评估和对工作小组的评估等多项内容；第五部分为演练信息条附件；第六部分为附件，包含应急预案、指挥部演练信息条示例、To do list 示例等。

此外，为了确保演练的顺利实施，重庆市安委会于演练前向市安委会有关成员单位、长寿区人民政府、重庆保监局、市通信管理局以及有关企事业单位和应急救援队伍下发了《重庆市人民政府安全生产委员会办公室关于举办重庆·2013 生产安全事故指挥部应急演练的通知》，专门印发《重庆市 2013 年生产安全事故指挥部应急演练工作方案》，要求参演单位和个人结合自身职责，做好筹备和组织实施工作，这些都为本次演练的顺利开展奠定了良好的组织准备和思想准备。

演练准备工作是否充分决定着一次应急演练的成败。因此，一定要高度重视演练准备，一要吃透应急预案，将演练的指挥体系、部门职责及相关要求了然于胸，确保演练严格按照实际的应急工作规范进行。二要研究深入相关案例。所幸的是，“重庆·2013 生产安全事故指挥部应急演练”有一个现成的完整案例作为基础，如若没有，必须通过调研等方式获得大量一手材料，确保演练能够符合现实逻辑。三是在进行情景设计时，可借鉴德国的“信息树”设计原则，分层次设计主次情景，同时，根据美国应急演练中广泛应用的“能力—情景—任务”设计规范，针对能力提升的实际需求和已经设定的演练情景，提出具体的演练任务。四是应急演练方案一旦形成，就成为指导演练全过程的基础文本，因此，演练方案的设计要兼顾整体性，结构性和全流程性，依托一个完善的演练方案，使演练的组织井然有序。

（三）演练实施

演练实施是应急演练的核心。“重庆·2013 生产安全事故指挥部应急演练”的实施包括预演练和正式演练两大部分。

预演练在正式演练的前一天进行。通过预演练，让参演人员知晓演练流程，了解演练规则，到正式演练时就能很快进入角色，按照演练要求迅速开始救援处置。预演练一般不用正式演练的情景，只需编写一个相对简单的情景及少量的动态信息即可，演练过程中也可以随时停下来解疑释惑，帮助参演者逐渐熟悉和掌握演练的基本流程和具体方法，从而为正式演练奠定基础。

正式演练分三个阶段进行。首先由催化师导入演练，讲述演练背景，讲解演练规则（大约 20 分钟）；紧接着指挥部演练阶段（90 分钟），指挥部按照演练初始情景设置的条件部署紧急救援工作，并根据情节的变化和新任务的不断出现开展相应的应急处置，整个演练以召开新闻发布会而收尾；最后，是演练评估阶段（60 分钟）。

在催化师导入阶段，一是要进行动员，使参演人员从思想上重视起来，尽快进入角色；二是要讲清规则，使参演人员清楚地知道自己应该怎么开展演练；三是烘托气氛，最好能提前制作初始情景的视频，有声有色的影像会使演练更加逼真，更能烘托出事故救援的紧迫性。

指挥部演练阶段有三个环节。一是初始决策环节。针对演练初始情景提出的演练要求，召开首次指挥部会议进行灾情判断，并作出初始决策。二是动态决策环节。导调组不断给指挥部传递新的各种事故信息，指挥部根据信息变化做出相应决策。三是新闻发布会环节，指挥部相关负责人对记者提出的问题进行一一回应解答。

演练实施分别由催化师、导调组、评估组来组织完成，催化师负责演练导入、控制进度、把控全局；导调组负责指挥部演练的信息条分发（有些任务是演练前准备好的，有些则需根据指挥部应急处置的情况现场设计）、演练任务信息及指挥部决策内容等的展示；评估组按照设计好的演练评估指标观察指挥部演练各个环节，并对总指挥及各工作组的演练情况进行主客观评估。其中，导调组和评估组是两个由专家组成的团队，在本次演练中，导调组和评估组分别配备了两名危化品处置专家，导调组的专家能够根据指挥部决策适时决定是否需要增加新的事故信息，并通过适时下达新任务等方式来对指挥部决策行为进行调整和纠偏；评估组专家则可以对指挥部决策沟通等演练行为给出专业的评判意见。

正式演练过程中需要注意以下几点：一是让指挥部按照既有的组织流程运行起来，轻易不要打断演练进程；二是要尽可能保证指挥部内部各工作组都有演练任务，避免出现有的工作组手忙脚乱，有的工作组无事可做；三是动态信息的发放要根据演练的实际情况灵活掌握，参演人员有经验或进入角色快，决策沟通都很顺畅时，就多发一些，反之则酌情适当放慢演练速度，使参演人员能充分参与进来；四是演练要有明显段落性的结束信息，可以通过召开一次新闻发布会，或者令事态发展恶化使事件级别超出了本级应急指挥部的应对范围，再或通过安排领导视察，需要向领导做一次整体汇报等方式，使演练活动整体布局详略得当。

（四）演练评估

演练评估是各项演练工作的反馈环节。演练评估包括五个阶段。一是设计评估方案。在演练前，由演练策划人员提出主客观评估要求，设计评估指标，制作评估表，完成评估方案。二是培训评估人员。在演练前对评估员进行必要的培训，使他们熟悉评估要求和自己的评估对象。三是现场评估。在演练中认真观察参演人员的演练行为，包括应急决策、沟通协调以及自我反思等情况，认真做好记录并填写评估表。四是撰写评估报告。演练结束后，演练组织方会依据演练的实际情况及演练现场的评估结果，对演练总体进行定性、定量分析，并撰写演练评估总结报告。五是召开评估报告研讨会。评估报告草拟完毕后，召开评估报告研讨会，由演练组织方向需求方报告整体的演练评估结果，并为今后的工作改进提出具体的措施。

本次演练中，演练现场评估的时长占到了演练总时长的1/3，这不仅体现了演练组织方对演练评估工作的重视，更重要的是，参演人员从个人、工作组和指挥部三个层次都从表现好和表现不到位两方面进行了深入反思，这种热反馈似的演练反思使他们都真切体会到了当前重庆市高速公路危化品事故应急救援中存在的问题，并针对这些问题提出了解决方案。

演练评估需要注意的事项主要有：一是要针对演练目标设计科学合理的评估指标，使评估员在进行评估时有针对性地进行观察和评判；二是在演练过程中，评估组成员可进入演练区观察，但不能干扰演练进程；三是观察时不要急于给出评判，但要认真记录，包括行动发生的时间点等小细节，都要记录在案，作为评估阶段的重要依据；四是一定要重视现场评估时的反思环节，要以结构化方式，即从优点和缺点两个层面引导参演人员反思刚刚结束的行动，从而固化已有的长处，发现改进存在的不足。此外，工作改进环节也非常重要，一定要把演练作为改进工作的抓手，引导参演者去思考如何把演练成果应用到今后的实际工作中，从而使演练成果转化为现实生产力，真正达成演练目标的实现。

二、关于应急演练的几点思考

通过组织实施“重庆·2013 生产安全事故指挥部应急演练”，我们对于应急演练，尤其是对于指挥部应急演练，有了更加深入的思考。我们认为，今后的应急演练，应该以“练”为主，以“演”为辅；以“桌面”为主，以“实战”为辅；以“成建制”为主，以“单打独斗”为辅。

（一）以“练”为主，以“演”为辅

应急演练按目的作用划分，可分为示范性演练、检验性演练和研究性演练。示范性演练重在“演”，主要突出的是突发事件情境的逼真性、突发事件发展的动态性、突发事件处置的复杂性和突发事件下角色的职能化；而检验性演练重在“练”，主要突出的是突发事件下预案响应的高效性、应急决策的准确性、应急处置的专业性以及舆论引导的及时性。

通过示范性演练，实现应急演练对社会公众的教育宣传作用以及向上级领导汇报工作的作用，无疑也是必要的。但是，重“演”轻“练”，甚至只“演”不“练”，均不足取。

“重庆·2013 生产安全事故指挥部应急演练”是一次真正以“练”为主的检验性应急演练，本次演练设定了三个具体而清晰的演练目标，

并围绕演练目标进行了初始情景和后续信息条设计，这就使得在进行演练评估时，能够很快从指挥部的表现中发现对应的问题。以演练目标之一——检验预案为例，在演练前熟悉预案的过程中我们发现，在有的相关预案中，指挥部构成中居然出现了某个领导的名字，这就暴露出了一个很有意思的问题，是不是每一次指挥人员的变动都要进行一次预案修订？还有的应急预案中部门职责划分不是十分清晰，在演练过程中下发信息条时无所适从，反映到实际的应急救援中就会出现信息的上传下达不顺畅。此外，预案与预案之间的衔接也存在一些问题，在演练反思环节，参加演练的相关负责人都反思到了这些问题，并针对性地提出了具体的改进措施。这恰恰就实现了检验应急预案的演练目标，使预案更加具有针对性和指导性。

因此，通过组织实施“重庆·2013 生产安全事故指挥部应急演练”，我们深切地感受到，走出“演”的误区，由示范性演练为主逐渐向检验性演练为主过渡，从亦步亦趋的脚本安排逐渐向脱离脚本的情节设计（盲演）过渡，以“练”为主，以“演”为辅，应该是今后应急演练工作的主要发展方向。

（二）以“桌面”为主，以“实战”为辅

作为国际上较早开展应急演练的国家，德国危机管理学院（AKNZ）和美国危机管理学院（EMI）开设的应急演练培训课程，绝大多数都采用了桌面演练这种演练方式。[①]

在笔者看来，这首先是因为实战演练更加注重实操性，往往需要动用大量的装备和人员，不仅耗费较大，组织实施也不是很容易。与之相比，桌面演练通常在室内就可以完成，成本很低，较易组织。而应急演练是一种需要经常性开展的活动，如果以实战演练为主，必然需要巨额的经费投入，而这样做并不见得是十分必要的，以“桌面”为主进行演练，同样能够实现实战演练所想达到的多数演练目标。其次，以“桌面”为主进行应急演练，还具有互动性强、灵活度高等特

① 关于桌面演练的理论阐述和实际操作可参阅李雪峰、王彩平：《应急管理演练式培训》，国家行政学院出版社，2013 年第 1 版。

点，既可以考察突发事件应急预案的有效性和指导性，又可以检验指挥部的应急响应能力；既可以考察应急管理者的指挥决策能力，又能够考量突发事件下应急救援队伍的专业处置能力；既可以检验指挥部内外信息传递与信息反馈的快速性与准确性，又可以发现指挥部内部在分工与配合中存在的不足，可根据培训目标灵活选择运用。

"重庆·2013 生产安全事故指挥部应急演练"是一次无脚本的桌面推演。所谓无脚本，并不是说演练的组织实施者没有对演练进行精心设计，也不是说导调组手里没有演练脚本，临场组织开展演练，而是指所有参加演练的真实指挥部的成员在演练之前都不知道即将进行的演练内容，不知道自己面对的将是怎样的情景，而预演练使用的情景也与正式演练使用的情景完全不一样。

本次演练在重庆市安监局的一间中型会议室进行，在整个演练过程中，从总指挥到各工作组都沉浸在演练情境中。在信息条的流转过程中，指挥部运作的状态一目了然，问题也暴露得十分充分。比如说，应急指挥部是由政府不同部门在紧急状态下临时组合在一起的一个应急综合体，其高效运转很大程度上取决于指挥部内部的协调与沟通是否顺畅，通过演练我们发现，指挥部运作过程中，各个工作组内部的信息沟通是畅通的，但工作组与工作组之间，工作组与总指挥之间，工作组与外界之间的信息沟通却存在孤岛现象，因此，虽然没有动用应急装备，但通过"桌面"的方式以极低的费用更好地实现了演练目标。

选择哪一种应急演练的类型展开演练，应该取决于演练目标。[①] 而从具体的演练目标来看，桌面演练在检验应急预案、完善应急准备、磨合应急机制等方面，在投入产出比方面具有更大的优势，而实战演练在锻炼应急队伍和开展宣传教育等方面更加适合。以"桌面"演练为主、"实战"演练为辅，应该是今后我国应急演练工作的另一个发展方向。

---

① 姜传胜，邓云峰，贾海江，王晶晶：《突发事件应急演练的理论思辨与实践探索》，《中国安全科学学报》，2011 年第 6 期。

（三）以“成建制”为主，以“单打独斗”为辅

指挥部应急演练本质上是一种组织行为。组织行为是一项十分复杂的社会行为，是组织中要素之间以及组织要素和外部环境之间相互作用而产生的行为。[①] 虽然组织行为需要通过成员的个体行为来实现，但它又不是成员的单独个人行为，而是一种整体行为，这种整体行为反过来又影响成员的个体行为。组织行为可以分为管理行为和业务行为两大类，就指挥部应急演练而言，演练的重点在于组织的管理行为，虽然演练过程中也必须完成某些具体的、操作性的工作，但更重要的还是要考量该组织是否能够设计科学的指挥架构，是否能够及时做出正确的应急决策，是否能够合理调配人、财、物等各种应急资源，是否能够通过有效的危机沟通理顺关系、协调行动，保证应急决策的顺利实施。

近几年来，我们在行政学院组织的应急演练培训课程中有很多困惑，比如学员参与的积极性问题、应急决策的随意性问题、应急资源的提供质量问题，等等。通过组织实施“重庆·2013 生产安全事故指挥部应急演练”，部分解决了这些困扰。首先，演练的主题具有很强的针对性，是当下重庆当地面对的迫切需要解决的一个问题——高速公路危化品事故应急处置。因此，对于参加演练的所有人员来说，会带着一种真正的关切全身心投入演练，这就解决了学员积极性不高的问题。其次，演练的情景是本土化的，是以 2013 年发生于重庆市渝涪高速公路的“7·6”危化品电石车交通事故为基础的，因此在演练时，指挥部所做出的决策必须具有可操作性，类似张口就说“调 10 架飞机过来”这样天马行空的决策完全不符合实际，经不起任何推敲，所有参演人员必须在认真分析研究的基础上谨慎做出决策。再次，由于演练情景设定在重庆境内，指挥部所能调动的资源只能是有限的本地真正的应急资源，因此，作为演练组织实施者，我们不必考虑为演练准备应急资源，而这一点，恰恰是导致当前学院派演练中经常出现的根本性问题。

---

① 见百度百科：组织行为。

此外，参与演练的指挥部重庆市生产安全事故应急指挥部就是现实中真正的专项应急指挥部，成员单位有市公安局、市安监局、市交委、市政府应急办、市政府新闻办、市交通执法总队、市气象局、市通信管理局、高速公路集团、电力公司等相关部门，这些部门在危化品运输事故状态下组成了抢险施救组、技术专家组、安全保卫组、善后处理组、后勤保障组等工作组，展开组织性的应急处置工作，同一个应急指挥系统的所有相关成员单位共同参加一次演练，能够有效地锻炼该组织在复杂条件下的决策和沟通等能力，从而在真正的危机状态下做到高效应对。

通过这次演练，我们更加深切地感受到“成建制”指挥部演练的重要性，也认识到“成建制”指挥部演练将成为我国未来应急演练的发展趋势。因此，一方面，我们建议组织部门在调训应急管理人员参加各级行政学院的培训时，能够着眼于应急培训实操性强的特点，逐步开始调配更具针对性的“成建制”指挥部，如国家行政学院可以开展全国性的传染病指挥部应急演练，地方行政学院则可以开展当地常发突发事件的指挥部应急演练，这样才能通过培训真正提高我国各级政府的应急管理能力；另一方面，可以借鉴美国经验，通过标准化、模块化、系统化的训练项目培训专门的演练催化师，他们将在各级政府部门开展应急演练时发挥重要的主导作用，从而使应急演练更加具有针对性、实用性和有效性。

微时代微能力

2013 年 8 月 19 日，习近平总书记在全国宣传思想工作会议上发表重要讲话时指出：很多人特别是年轻人基本不看主流媒体，大部分信息都从网上获取，必须正视这个事实，加大力量投入，尽快掌握这个舆论战场上的主动权，不能被边缘化了。可见，在这个微博微信微视频等“微”字当头的微时代，提高互联网执政能力，不仅是技术发展对治国理政提出的新挑战，更是国家治理现代化的内在要求。

在讨论这个话题之前，首先需要强调的是，从来就没有什么孤立存在的网络执政，网络空间里的舆论焦点，究其本质，只是现实治理矛盾的延伸，所谓网络政治，只是现实政治的镜像，而网络执政的实现，只能落实于现实执政的改革。①如果不能正确认识问题的根源，单纯希望通过网络舆论管理来解决问题，达成公共治理，显然是缘木求鱼。

TIPS：

从来就没有什么孤立存在的网络执政，网络空间里的舆论焦点，究其本质，只是现实治理矛盾的延伸，所谓网络政治，只是现实政治的镜像，而网络执政的实现，只能落实于现实执政的改革。

“两微一端”，是当前成本最小、风险最低的政府管理工具，一个运营良好的政务微博、政务微信或政务 APP 会成为媒体和社会关注的重点。各级政府一定要主动适应新的生产力发展要求，进一步转变执政理念和执政方式，将网络问政内化为常态的网络执政，通过制定法律法规，完善管理制度，建立长效机制，有序引导“两微一端”健康发展，使其真正成为我国各级政府信息公开的重要渠道、实现官民沟通互动的重要平台、提高社会管理水平的重要窗口、引导社会舆论的重要空间、建构政府公信力的重要场域。

首先，要确保“两微一端”成为突发事件公众信息的首要来源。目前，“两微一端”已成政府新闻发布和突发事件处置的“标配”。通过“两微一端”第一时间发布权威信息，不仅能够抢占舆论高地，合理辟谣，引导舆论，而且能够塑造政府开明形象，提升政府的公信力。因此，一定要明确“两微一端”信息发布管理的规则和流程，尤其要制定针对性的突发事件“两微一端”信息发布预案，“对涉及本地区本部门的重要政务舆情、媒体关切、突发事件等热点问题，要按程序及时发布权威信息，讲清事实真相、政策措施以及处置结果等，认真回应关切，依法依规明确回应主体，落实责任，确保在应对重大突发事件及社会热点事件时不失声、不缺位”②，使“两微一端”成为不可替

① 杜骏飞：《天津港爆炸案：舆论危机反思》，财新网，2015 年 8 月 19 日。

② 中办国办印发：《关于全面推进政务公开工作的意见》。

代的政府信息公开渠道。

在突发事件发生后，“两微一端”的信息发布一定要采取定时整点发布的策略。今天这个时代是一个可以随时传播、获取的时代。但恰恰在这个时代，定点、定时传播最有穿透力。突发事件发生后，要第一时间向社会公布这次突发事件在新媒体信息公开的主渠道，比如在哪个政务微博、哪个微信公众号上发布信息，并明确公开的频率，比如每半小时一次。由于政府掌握的是最权威的信息，因此，定时整点发布策略一定会吸引所有媒体的关注，这在客观上就掌握了信息传播的主动权。

其次，要强化“两微一端”的服务功能，提升公共服务的能力。一方面，“推动政务服务网上办理，把实体政务服务中心与网上办事大厅结合起来，推动政务服务向网上办理延伸”①，要充分发挥互联网优势，探索互联网＋政务，搭建政民互动平台，利用政务微博、微信连接形成的微博、微信广场，微博、微信群实现政府各部门的网络联动办公，积极探索公众参与新模式，问政于民，问需于民，问计于民，真正做到执政为民，为人民办实事；另一方面，“要回应社会关切，建立健全政务舆情收集、研判、处置和回应机制，加强重大政务舆情回应督办工作，开展效果评估”②，要认真研究和规范“两微一端”受理投诉的范围和程序，如是否要求通过提供图片和视频来印证事实，如何将微博、微信投诉与现实投诉结合起来。虚拟空间重信息，包括对反映问题的记录、对处理结果的发布等，现实投诉重行动，包括调查和解决问题等。此外，还要提高运维团队的微博微信应用能力，提高网络互动沟通交流能力，掌握网络舆情应对技巧和方法，积极妥当与社会展开互动，与公众有效沟通。

再次，要提高互联网舆情应对能力。互联网上反映出来的舆情往往是鱼龙混杂、泥沙俱下、真假难辨的，带有很大的情绪化倾向，具有一定的凝聚力和煽动性，但也在很大程度上反映了民众的意见，反

① 中办国办印发：《关于全面推进政务公开工作的意见》。

② 中办国办印发：《关于全面推进政务公开工作的意见》。

映了网民的社会政治态度。因此，互联网舆情已经成为影响政府决策和形象的一个重要因素，能否应对突发事件复杂多变的网络舆情，是政府执政能力的具体体现。

有效研判舆情

舆情研判，是建立在数据的基础上，用传播学、心理学和社会学的方法，结合经验主义对舆情的下一步走向进行判断，从而决定如何面对舆情，如何构建新闻发布话语体系和发布方式的重要过程。① 舆情研判是危机传播和舆论引导的上游工作，由采集和研判两部分构成。在当前我国的舆情工作中，重采集轻研判的倾向比较严重。事实上，舆情采集通过技术手段就可以完成，但舆情研判，不仅需要数据支撑，更需要经验判断，决定着危机传播和舆论引导的基本方向、具体方法以及最终效果。舆情研判有几个关键的研判目标。

第一是“议题性研判”，即研判舆情形成的主要议题。这是舆情研判中最重要的部分，要分析议题形成的时间、地点、关系人、议题内容和形成的方式，研判失误，往往容易造成舆情被忽视而快速发酵。祝华新曾举过一个例子，2015 年高考有个作文题：一位父亲在高速公路开车打电话，旁边的女儿一再提醒无效，只好选择报警，警察前来对父亲进行了批评教育。作文要求以此为内容，给违章当事人、女儿或警察写一封 800 字的信。网友很快发现这是源于湖北一起真实的新闻报道，于是展开“人肉”搜索，发现了疑为这位女儿的微博，纷纷跟帖调侃辱骂。对此，他认为交警或教育部门并不需要回应，因为其中并没有什么真实的利益诉求，更多是全国成千上万名的高考生 12 年寒窗苦读一朝得到解脱，一种情感的宣泄。但他同时指出，如果涉及“官二代”“富二代”与平民子弟的摩擦，这样一些触碰民众心理疮疤的事情，即使网络热度不高，也需要高度重视，及时做出应对。这个案例说明，网上新闻的热度与其敏感性和危害性不一定成正比，因此，一定要做好议题研判。

---

① 周庆安，张珂：《如何进行有效的舆情研判》，《新闻与写作》，2015 年第 6 期。

第二是“发酵性研判”，舆情的研判，要重视舆情发展中的媒体介入情况。一般来说，目前的舆情爆发，跨媒体的议程设置是一个重要变化。传统媒体介入网络热点，或者网络大面积转载传统媒体报道，都应该是舆情研判的重点。

第三是“解释性研判”，即研判舆情发展的趋势，这个趋势往往是议题的解释性走向，或者政策性背景，或者对于议题原因的挖掘和猜测，也有学者将其称为指向性分析。

第四是“跟踪性研判”，即研判新闻发布或舆情回应之后的舆情可能的走向。目前，不少舆情的形成其实是在新闻发布或舆情回应产生之后，政府回应不当或者不及时，容易形成新的舆情。“跟踪性研判”还可以帮助危机应对主体，对于舆情的走向提出新的评估和建议，以避免舆情应对和新闻发布工作整体落后于舆论，陷入被动的情况。①

掌握舆情处置的规律及方法

按照发生事件的性质，中石化新闻发言人吕大鹏将需要处置的舆情分为的确错了、遭遇诬陷、局部出错三大类，并为这三类舆情提出了不同的处置办法。事实上，笔者自己在培训政府官员的时候，对互联网舆情的划分也是本着这样的思路，将需要处置的舆情分为“我错了”、“我没错”和“我没全错”三大类，颇有异曲同工之感。

的确错了，或者说，我错了，怎么办？态度！态度！态度！

在“事实”层面已经犯错，之后任何有关事实的言说都可能沦为空洞的旁白，要么被弃之不顾，要么被用来煽动更炽烈的情绪之火。在这个时候，态度所代表的价值修复才更有力量，唯有以平等、开放、理性、建设性的态度，才可能创造与公众的对话空间，同时得到舆论的谅解。

2011 年 6 月 26 日晚，四川省会理县政府公众信息网突然瘫痪，巨大的访问量使得网站服务器不堪重负。原来是该网站发布了一张 3 名县领导下乡考察新建公路的照片，很像是“悬浮”在空中。网友纷纷

① 选自周庆安，张珂：《如何进行有效的舆情研判》，《新闻与写作》，2015 年第 6 期。

展开PS大赛，把“会理三杰”PS到世界各地名山大川，各种新闻事件现场。

会理县领导下乡考察属实，只因县政府一名科员为求更好的视觉效果PS合成照片，好心办了傻事。“悬浮照”舆情发生后，会理县政府于第二天晚上开通“@四川省会理县政府”微博认证账户，诚恳表达政府的歉意，还附上了PS图片的原始真照素材。新浪微博“@头条新闻”予以转发，得到网民谅解。县政府微博趁势向粉丝介绍会理风情。甚至在微博上转发网友的PS创作，与网友一起欣赏。几天后，又表态感谢全国热心网友让会理县领导免费“周游世界”，现在领导“旅行”归来已回到正常工作轨道，也希望网友把关注焦点转移到会理古城的美丽风光，并以网言网语自我调侃说：“绝对没有PS哦!”

在“悬浮照”舆情危机中，会理县沉着应对，及时承认错误，表达歉意，以诚意和谦卑化危为机，使一次地方政府的舆情危机事件转化为了一次借势营销地方形象的公关事件。

遭遇诬陷，或者说，我没错，怎么办？斗争！斗争！斗争！

拔刀亮剑挺身而出。这个时候，事实层面的真相就显得尤其重要。利益各方的舆情“漩涡”激荡，加剧了真相的迷局，那些被认定的“真相”，也许只是事实的“草稿”，甚至与事实全然无关。危机主体必须对真相负责，将真相的查证视为一种责任。这既意味着讲真话的勇气和原则，同时也是让自己脱离危机的方法。

2002年5月26日深夜3点多，深圳滨海大道西行侨城东路段发生了一起3人致死的交通事故。一名男子酒后带着3名女性驾一辆红色GTR跑车，高速撞上两辆同向行驶的出租车。事件造成电动出租车内3人被困当场死亡。事故发生后，跑车男侯某逃逸，上午10时，侯某自首，被警方刑拘，此时，离事发已经过去整整7个小时。

“5·26”飙车案从一开始，就充满了足以酿成一桩重大公共舆论事件的新闻元素：豪华跑车、3名美女、深夜泡吧……3条人命、的士全毁、逃逸……信息显示，侯某并非车主，该车车主另有其人，为侯某老板许某……等等。

5 月 27 日，网友眼袋兔兔子发了一条微博："希望能揪出真正逃逸的肇事司机，还她们家人一个公道。"被转载 42 746 次，评论 8 792 条，引发对交警的猜测、质疑乃至强硬的攻击性信息都开始汹涌而起。

5 月 28 日下午，深圳警方召开第一次新闻发布会，警方公开了相关信息：拖鞋、酒店视频等，称不存在顶包、侯某系肇事司机。然而，由于诸多媒体都报道了死者父亲张先生怀疑顶包的质疑，警方的结论引起了舆论的强烈反弹。@香港 ABCV 发表微博：今天，5・28，是深圳耻辱日。一千多万深圳人眼睁睁地，被强奸了。网上出现各种版本不明来路的爆料，比如，"听说深圳有关部门对媒体下达了封口令""听说肇事实际另有其人""真正肇事者很有背景，而且已经外逃"，等等。

5 月 29 日《南方都市报》发出"全城寻找目击证人"的"号令"，并用数个整版密集报道，央视、新华社、《南方日报》《南方都市报》、南方电视台、《羊城晚报》《新快报》《广州日报》、新华网、人民网、新浪、天涯、凯迪纷纷加入，铺天盖地的顶包说、长篇的通讯、尖锐的评论、充满猜测与想象的质疑等，舆论焦点与矛头直指政府公信力，迅速将深圳官方（交警）推向舆论漩涡。

5 月 29 日，深圳警方召开了第二次新闻发布会，死者家属与深圳市人大代表杨勤到场，警方公布了更多视频，其中，第一段视频是侯某某与 3 名女子离开酒吧，进入电梯的视频。视频显示，26 日凌晨 2 时 53 分许，3 名女子先后进入电梯，随后穿着红色格子衬衫的侯某某也进入电梯。第二段视频是侯某某与 3 名女子离开时，其中一名女子期间去洗手间，侯某某与另外两名女子先行到达室外广场。第三段视频中，2 时 57 分侯某某与两位女性到达室外的广场，虽然视频有些模糊，但可以看到 3 个人正在等待另外一名女子。第四段视频显示的地点在酒吧门口的小广场，该视频比较清晰，可以看到侯某某脚穿"人"字拖鞋出现在视频中，3 名女性随行。第五段视频中，2 时 58 分可以看到 4 人走近停在路边的车辆，车门解锁时，车灯有明显闪烁，3 时整，4 人进入车内，驾驶员开始倒车，直至 3 时 02 分，车辆驶出监控视频的镜头。

深圳交警表示，所有展示给公众的视频没有经过任何加工篡改，福田交警大队为此案专门设立接待室，市民经批准后可以查看全部完整的视频证据。并称指纹、DNA 正在比对中。

当天，深圳市交警局副局长、新闻发言人徐炜走进深圳电视台《第一现场》直播间，直接回应公众质疑。随着信息进一步透明、更多证据公开，公众的不满情绪有所缓解，媒体质疑的声音也开始减弱，然而，网民依然强烈质疑警方没有形成完整证据链。

5 月 30 日，警方召开第三次新闻发布会，通报了 DNA 检验比对结果，DNA 比对鉴定结果显示，粤 BG077R 号车上人字拖鞋、方向盘气囊上血迹、驾驶室侧车门血迹、纸巾盒上血迹、肇事司机侯培庆事发时所穿的花格子上衣上血迹与检验报告中侯培庆的 STR 分型一致，同一认定概率大于 99.99%。

同日，警方还通过官方微博进行“微访谈”，与网友进行问答，市检察院也宣布介入此案调查。

连续三次发布会后，网友对“顶包”话题兴趣骤减。但依然有网友质疑为何测速摄像头全部哑火？对于没有完整证据链的质疑之声依然不断。

5 月 31 日，深圳警方再次召开发布会。警方找到一张肇事车辆当时照片。副驾驶座为一名白色无袖衬衣女子，驾驶座为一名着紫红色格子衬衣男子，从而佐证了侯某的肇事者身份。

舆论在连续 4 次新闻发布会后急剧缓解，然而，6 月 1 日，一段事故现场视频在网上疯传，画面中惊叫的白衣女子被疑为是真正的肇事司机，“5・26”案件风波再起。

警方迅速展开调查，证明白衣女子并非肇事司机，视频的误传者立即在网上承认自己的错误，进行了公开道歉。至此，“5・26”飙车案舆情终于平息。但是，过程中的一波三折依然令人唏嘘不已，而之所以最后能够化被动为主动，根本原因就在于深圳市“不封堵、不删帖、公开透明地挖掘真相”的应对原则，深圳警方对真相负责、坚持不懈召开发布会展示最新证据的信念和恒心。

局部出错，或者说，我没全错，怎么办？切割！切割！切割！

这里所说的切割，并非指切割责任，而是危机主体不为价值观有问题、损害公共利益的人埋单，不伤害组织的核心价值。

备受各界瞩目的“邓玉娇刺官案”发生后，舆论几乎呈一边倒，网络上出现《玉娇曲》《浪淘沙·咏娇》《邓玉娇传》《邓玉娇列传》《烈女邓玉娇传》《侠女邓玉娇传》和《生女当如邓玉娇》等大量赞美邓玉娇的作品，面对这样的舆情，警方又是如何发布信息的呢？警方三次公开通报，一次比一次暧昧。小吏将民女“按倒”，最后变成危险度大为降低的“推坐”。民女自卫使用的武器，从劳动工具修脚刀，最后变成主观攻击性大为增强且不知来由的“水果刀”。最初指称小吏胁迫民女提供“特殊服务”，最后变成可做多种理解的“异性洗浴服务”。最初指称至少4人前往欢场，稍后变成3人，最后变成2人，其他人等先隐名埋姓，最后干脆神秘脱身。[①]

有人曾用一句话概括邓玉娇案：一个平民刺死了一个好色的官员。我们当然应该对生命有起码的敬畏，但是，正如笑蜀评论，几个心怀不轨的小吏对民女的侵犯，已经令人发指。而后当地警方的处置，更凸显出民女的深度危情。……关键案情就这样不断修改，似乎回避什么的同时，又似乎在强化什么。总之修改的客观效果，都是小吏刑责的降低和民女刑责的升级，都是印证当地警方对案件性质的认定，并可能影响最终判决。这仿佛是一次新的围殴。如果说第一次围殴要剥夺的是邓玉娇的贞洁，那么这新的围殴可能剥夺的则是真相的贞洁。

因此，公共利益和公共精神是媒体评判危机事件的根本尺度，也应当是组织处理危机事件的一个标尺。当整个政府组织的形象受到损害的时候，一定要壮士断腕，敢于切掉损坏组织名誉和利益的部分，把损失降到最小。[②]

总之，应对互联网舆情，一味地删帖只会引发公众的反感，激起舆论的反弹。在发生重大或敏感突发公共事件时，在涉及政府公共政

① 笑蜀：《谨防理性成为奢侈品》，《南方周末》，2009年5月20日。

② 国资小新：《中石化发言人在人大演讲遭遇下马威》，2015年4月2日。

策、公共形象等焦点问题上，一定要从公共利益和大众利益出发，以勇于担责的态度去积极应对，以真诚沟通的勇气去促进理解，通过政府信息公开，或与公众展开对话与探讨，来解疑释惑，化解舆情。唯有如此，才能够成就信任，化危为机。

从互联网执政的广阔视野来看，信息公开、政务处理只是政务新媒体在方法层面的工具式应用，在如今的社会转型期，利益调整期和改革深水期，社会矛盾有被扩大的危险，政务新媒体应该而且可以承担更为重要的政治功能，那就是凝聚社会共识。当前在政务新媒体运营中存在一个突出的困惑，那就是在发生突发事件时，“两微一端”很忙很热闹，但在日常状态下，不知道该在微博微信上说点什么、该怎么说。其实，当我们看到政务新媒体越过传统媒体，直接发布政府信息的时候，它已经在发挥着媒体的作用了，也就是“自媒体”。目前互联网舆论的力量构成，主要分为民间“意见领袖”、市场化媒体、体制内媒体和政务新媒体四支力量，虽然与“意见领袖”相比，政务新媒体的影响力还相对较小，但是政务微博、微信粉丝数达到几十万、上百万的并不在少数，丝毫不亚于一个纸媒的发行量，完全具备议程设置的条件。因此，在风平浪静的平时，“两微一端”的运营管理者应该充分发挥媒体优势，利用媒介的议程设置功能，主动设置新闻议题，通过转发和评论，引发人们对某一热点社会问题的讨论，从而构建一个广泛参与、有序互动的“两微一端”舆论新环境，增进理解，化解矛盾，形成共识。

总之，互联网的本质是技术，属于“生产工具”的范畴，如今，生产工具的创新倒逼着生产关系的进步，也就是说，互联网的发展倒逼着政府管理体制和机制的创新，倒逼着国家治理体系和治理能力走向现代化，唯其如此，才能真正解放生产力，发展生产力。

附　录

附录 1："新闻搭车"现象研究
——以庆安枪击事件为例

一、庆安枪击事件过程描述[①]

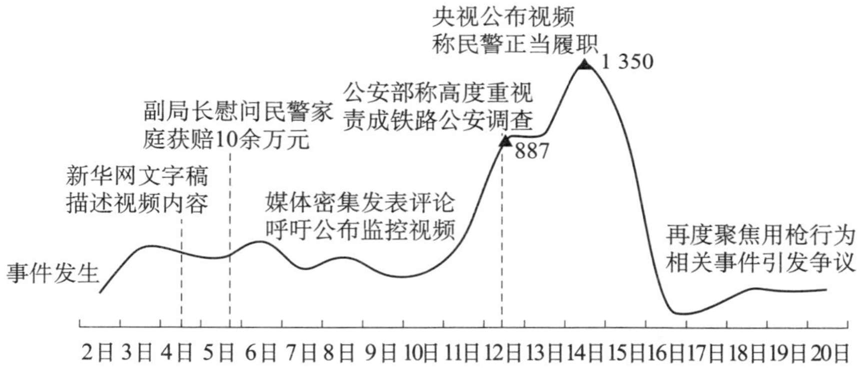

图 1　黑龙江庆安枪击事件舆情趋势图

案发

2015 年 5 月 2 日下午，黑龙江省绥化市庆安县农民徐纯合带着母亲和三个儿女去大连走亲，在庆安火车站候车大厅与执勤民警李乐斌发生冲突后，将自己的女儿扔向李乐斌，抢走李乐斌携带的警具并抢夺枪支，被李乐斌开枪击倒身亡。

---

① 事件经过参考资料：法制网舆情监测中心《黑龙江庆安枪击事件舆情研究》；红网舆情中心《高压难疏一声枪响——关于庆安枪击事件的舆情思考》；中青舆情《舆情分析：庆安枪击事件引发的舆论反思》；清博舆情《"庆安枪击事件"舆情分析》《新京报》《庆安枪击事件舆情"拔萝卜带泥"》。

官方回应：

哈尔滨铁路局铁路公安处宣传处称，2 日中午 12 时许，民警在哈尔滨铁路局管内庆安站候车室安检口拦截旅客进站乘车时，一名中年男子不听劝阻并抓住一名 5 岁儿童向执勤民警抛摔，抢走民警携带的警具并抢夺枪支。随后该男子被民警开枪击毙。

舆情反应：

2015 年 5 月 2 日 18 时 07 分，东北网发布快讯称，当日中午，黑龙江绥化市庆安火车站发生一起枪击致人死亡案件，引发舆论关注。

20 时许，新华网报道称，哈尔滨铁路公安局通报“系铁路民警在处置一起危及旅客生命安全的突发事件时开枪”。通报称“男子在安检口处拦截旅客进站乘车，执勤民警予以制止，该男子不听劝阻，并抓住一名 5 岁左右幼童向民警抛摔，抢走民警携带的警具，并抢夺枪支。为确保现场旅客生命安全，执勤民警开枪将其击倒在地”。

《南方都市报》报道，事发当天，45 岁的徐纯合带着八旬母亲权玉顺和三个儿女准备去往大连，车站安检人员认识他们，以为他们又要赴外地上访。家属介绍说，此前徐纯合多次上访，是想把自己的儿女送入福利院，把母亲送入敬老院。

当日，新浪网、凤凰网等各大门户网站跟进报道此事，百度搜索相关报道达 138 篇，新浪网相关报道网友跟帖达 7.5 万条。大部分网友表示“如果是抗拒执法，威胁他人生命安全，可以击毙”；但也有网友质疑“制伏一个带老母、幼儿，明显是临时起意、手无寸铁的人需要击毙吗?”

当晚，中新网采访死者母亲，其表示当时和儿子带着孙子孙女乘车，不知什么原因儿子和警察发生冲突，随后被击毙。

发酵

5 月 3 日，男子倒地、幼儿站在身边、母亲瘫坐在地等现场图片曝光，引发更多网友质疑“在孩子面前，击毙是否是唯一手段?”还有部分网友表示“警察不可能乱开枪，等结果吧。”

5月4日，徐纯合的家庭信息在论坛、微博、微信上广泛流传。其中一则消息称，徐纯合体弱多病，其母带他的3个孩子以乞讨为生，因多次求助政府无果，此次打算到北京告状，在车站被截访发生冲突后被击毙。尽管该消息以“求证”的形式流传，但诸多网友均因此而表示同情，呼吁公布监控视频。

5月4日17时13分，新华网黑龙江频道发布报道《哈尔滨铁路公安还原黑龙江庆安县枪击案现场》，称检察机关已介入调查，新华社记者已于3日晚看到监控视频。报道中还对视频内容以文字形式作了详细描述，并明确被击毙男子名为徐纯合，开枪民警名为李乐斌，称徐纯合向民警抛摔的孩子系其女儿，但民警以为是其他乘客的孩子。该报道还称，二人在抢夺警棍过程中，徐纯合曾扬言“你有枪咋的，抢过来就是我的”。哈尔滨铁路公安处刑警支队队长赵冬滨介绍“在民警口头警告无效的情况下，民警手背又已受伤，如果枪被抢走，后果不堪设想”。当晚，该报道被转载152次，腾讯网相关报道跟帖量逾万条，部分网友坚称“打腿不行？没必要击毙！”还有网友称“主流媒体出来背书，截访看来是真的！”

5月5日，《南方都市报》发表报道《黑龙江庆安枪击事件死者家属获“救助”》称，徐纯合遗体被火化，警方与其家属达成“协议”，徐纯合的母亲、妻子和三个孩子分别被送往养老院、精神病医院和福利院；家属透露，其家人还得到一笔以救助款为名的金额超10万元的补偿款；该报道还称，据《庆安新闻》消息，庆安县副县长董国生于事发次日慰问受伤民警，肯定其在负伤的情况下与歹徒搏斗。网友质问“检方还在调查，为何民警已获官方肯定？”

当天，有网友发帖举报庆安县副县长董国生，称其1976年生，“中专还没毕业，大学学历是假文凭，夫人姜艳萍在政府部门吃空饷”，但董国生被提名为庆安县委常委、副县长人选时的公示资料显示，他于1974年出生，1990年参加工作，1995年入党，黑龙江省经济管理干部学院经济管理专业大学学历。由于发帖者自称从小认识董国生，知道董家内部的事，该帖子引起了广泛关注。

5月6日，舆情热度骤然上升，《新京报》报道《庆安被枪击者："谁抢到枪，是谁的"》被转载413次，《南方都市报》报道《黑龙江庆安枪击事件死者家属获"救助"》被新华网等多家网站转载354次，而该报道被更名为《黑龙江庆安枪击事件死者生前上访诉求得以实现》后，转载量也高达338次。

5月7日，《南方都市报》报道称，绥化市纪委表态，庆安县纪委已介入调查副县长被举报一事。同日，社交媒体上流传一段时长31秒的由旁观者拍摄的现场视频，显示面对警察挥舞的警棍，徐一直在躲避周旋。尽管视频片段并非开枪瞬间，也不能反映事发经过，但因官方迟迟不回应，舆论质疑加剧。当天，《新京报》评论文章《车站枪击案，究竟有无安检"截访"》，红网评论文章《庆安击毙案，枪支是否滥用》，《重庆时报》评论文章《应对庆安警察开枪事件进行司法审查》等被累计转载200余次，均呼吁官方出面澄清事实。

5月8日，《南方都市报》评论文章《庆安车站枪案亟待还原真相》被转载135次；红网发布评论《庆安案会否有意外的"拍案惊奇"》聚焦副县长被举报一事，称"新闻中的'次生灾害'，所映射的是孱弱的权力监管，这个短板应该有体制力量的补齐"。

5月9日，新华社发表了题为《真相别总靠"倒逼"》的评论，称"仅靠有限的信息公开和警方人员讲述，显然无法平息公众的疑问，更无法缓解人们对开枪的疑惧。既然事发在众目睽睽之下，现场也有监控录像，不妨公开完整的视频，邀请更权威中立的部门参与调查，以此赢获公信力。"此评论被转载290次。呼吁"有关部门更应公布完整的录像和调查结果，来证明开枪的决定必要和适当"。

《中国日报》《环球时报》等中央级媒体及其他媒体也在事件发酵过程纷纷通过微博、评论文章等形式呼吁庆安官方尽快发布调查进展、公布现场视频。英文版的@中国日报特意译出社论中一段文字，搁置于微博之上以正视听，主题是"没有什么比掩盖真相更愚蠢"；@环球时报则接力发声追问："就是一个视频的事情，却恰恰就是迟迟不给公布，非要最后闹到舆论发酵，公信力被透支才高兴??? 这样的局面，也曾经不止一次在基层官方部门上演。可怎么吃了那么多教训，一些地方官们还是学不会怎么处理这类舆论广泛关注的问题呢？”[①]

5 月 9 日，徐纯合妻子的两位姐姐发表声明称，徐纯合的堂兄弟徐纯静不具有顺序监护人资格，与铁路公安签订的补偿协议无效，并委托两名律师谢燕益、李仲伟调查追责。

高潮

5 月 10 日，开枪民警李乐斌被网友“人肉搜索”，舆情持续升温。当日，《南方都市报》报道称，徐妻两位姐姐称此前与哈尔滨铁路公安达成的补偿协议是无效的，声明授权谢燕益、李仲伟两位律师代理此案。

5 月 10 日，哈尔滨铁路公安处处长汪发林回应《法制晚报》记者，表示不知情，仍在“等待统一口径”，《法制晚报》记者多次致电绥化市委宣传部、庆安县委宣传部，均无人接听。

5 月 11 日，律师谢燕益、李仲伟、谢阳和刘书庆在庆安县中医院见到徐纯合的母亲权玉顺，他们向记者提供了现场视频。在视频中，一名律师问权玉顺，“你愿不愿意委托我们几个帮你去问个真相”，权玉顺答，“好”。该律师还问及徐纯合堂兄弟此前与哈铁公安达成的补偿协议，权玉顺称，“我当时就说了，不要 20 万。”据代理律师透露，权玉顺已在授权委托书上按手印，强调不要那 20 万元补偿，“要开枪民警偿命”。

获得徐纯合家属代理授权后，四位代理律师开始向涉及徐纯合案的相关单位，包括庆安公安局、县政府、火车站等部门进行调查取证，希望了解案件的真相。据介绍，四位律师去了庆安公安局，就 5 月 2 日当天的出警情况，以及善后事宜庆安警方的参与情况调查取证，但对方“总是三缄其口，打太极”。“一再强调案子不归他们管辖，庆安警方只是在接到报警后曾到现场协助维持过秩序，其他事项一概不

① 《高压难疏一声枪响——关于庆安枪击事件的舆情思考》，红网舆情中心，2015 年 5 月 15 日。

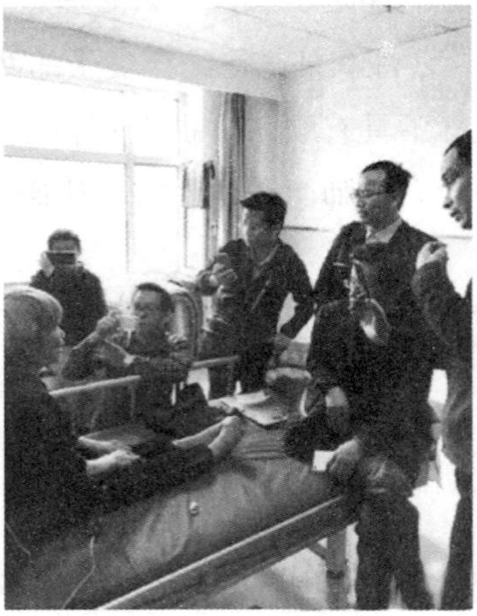

知。”谢燕益称，四位代理律师联名向庆安公安局申请公开当日相关出警信息，包括公开公安局巡警接报警记录信息、案发现场执法记录仪记录的内容。据称，庆安公安局已接受该申请，并表示到时会给一个答复。

在这一背景下，一些流言开始在网上疯传。其中一条称，“开枪的警察李乐斌因不堪忍受网民们的疯狂污蔑和咒骂，于5月9日晚7时20分在家中吞弹自杀”。对此，《南方都市报》记者今日试图向哈尔滨铁路公安处、庆安火车站和庆安火车站派出所等处求证，均未获得回应。

与此同时，舆论对民警开枪行为是否合法的追问以及对官方拒不公开监控视频的质疑推动舆情不断升级，衍生出多起官员被举报事件。庆安县检察院干警隋伟忠在网上实名举报该院检察长魏鹏飞超标用车、悬挂假车牌等行为，5月12日，庆安县民办教师孙广旭、陈船明等实名举报该县部分官员涉嫌联手倒卖教师编制，帖文反映，庆安县教师编制被明码标价，每个编制“售价”3万至5万元不等。举报帖还列出了“官员买编卖编名单”，引发网络热议。据《新京报》盘点，枪击事件发生后，庆安官场举报事件已逾10起。

根据中青舆情监测研究中心的监测结果显示，仅仅在微博平台上，从5月4日至5月15日，出现的各类负面报道达到了207条，其中官员举报就达到了30多起，内容涉及各行各业，方方面面。

5月12日12时26分，“@新华视点”发布消息称，公安部和铁路总公司领导高度重视，责成铁路公安机关全面开展调查，回应社会关切。同日，绥化市纪委证实，经调查，庆安县委常委、副县长董国生因户籍年龄、学历造假以及妻子“吃空饷”等问题被停职。而对于庆安县检察院检察长魏鹏飞被举报的问题，黑龙江省检察院官方微博回应称已展开调查。

绥化市委纪检委的调查结果显示，董国生实际出生日期为 1974 年 11 月，身份证上的出生日期为 1975 年 11 月，其户籍年龄存在造假问题；董国生持有的黑龙江省经济管理干部学院经济管理专业函授本科毕业证书，编号与持有人姓名不符，为假证书。有关纪检部门还发现，董国生妻子姜某自 2011 年 8 月至 2015 年 5 月，假称有病长期请假在家，这期间一直领取工资，存在“吃空饷”问题。

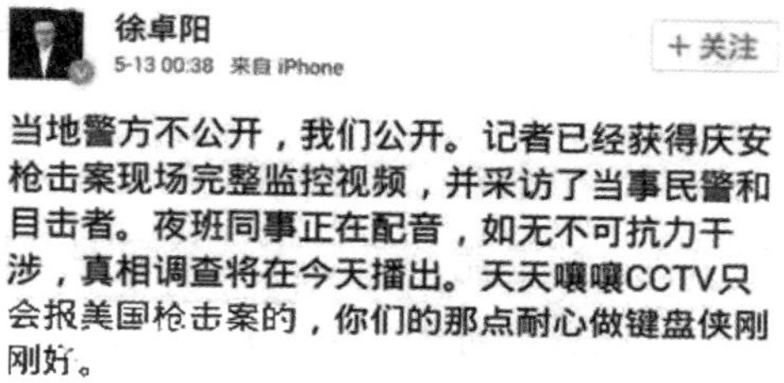

《人民微评：副县长“中枪”有点晚》这样写道：庆安一声枪响，被“撂倒”的除了徐纯合，还有董国生。如果没有高调慰问，也许就不会“中枪”。户籍年龄、学历造假，于党纪国法不容，何以迟迟未被发现？吃空饷性质恶劣，何以不吃白不吃？谁来“慰问”董国生？还有多少董国生？

5 月 13 日凌晨，微博实名认证的央视主持人徐卓阳在微博发帖声称已获得枪击现场完整监控视频，并表示“若当地警方不公开，我们（央视）公开”。一时间，庆安枪击事件的真相更加扑朔迷离，惹人遐思。

5 月 13 日，多家纸媒刊发消息称公安部作出回应，仅《官方回应庆安枪击事件 调查结果将尽快公布》这一消息就被转载 619 次。同日，《北京青年报》报道称，公安部有关人士介绍，连日来，工作组和检察机关调取了事件现场全部视频资料，走访了数十名旅客和群众，获取了大量证人证言材料，称调查工作正加紧进行，结果将尽快公布。至此，网友纷纷表示“耐心等视频，相信会给一个满意结果”。

结果

5 月 14 日 11 时许，“@新华视点”“@央视新闻”“@人民日报”等官微发布消息称，“庆安事件调查结果公布：民警开枪属正当履行职务”，迅速引发各大网站转载，新浪网相关报道跟帖 20 分钟内即超过5 000条。

与此同时，央视《新闻直播间》栏目公布事发时的监控视频。视频内容与5月4日新华网黑龙江频道发布的文字稿大致相同，但当网友看到徐纯合抛摔女儿、打掉民警帽子、抢夺警棍等直观画面时，多数网友表示警察开枪情有可原。然而，仍有部分网友质疑视频遭到剪辑，并追问徐纯合阻拦乘客的原因及其与民警的交谈内容。对于因徐纯合行为过激而支持警方将其击毙的网友，有媒体人斥责称"'这种人就该死'才是超越一切暴力的恐怖"。

5月14日，哈尔滨铁路公安局表示，5月2日黑龙江省庆安火车站派出所民警击毙一名暴力袭警犯罪嫌疑人。事发后，哈尔滨铁路公安局组成调查组对相关情况开展全面调查。截至目前，调查工作已基本结束，事实已查清。调查认为，民警李乐斌开枪是正当履行职务行为，符合人民警察使用警械和武器条例及公安部相关规定。

相关链接

黑龙江庆安枪击事件调查结果公布：民警开枪正当①

据央视报道：哈尔滨铁路公安局调查组今天公布庆安枪案调查结果，调查认为，民警李乐斌开枪是正当履行职务行为，符合人民警察使用警械和武器条例及公安部相关规定。

5月2日黑龙江省庆安火车站派出所民警击毙一名暴力袭警犯罪嫌疑人。事发后，哈尔滨铁路公安局迅速组成调查组对相关情况开展全面调查。进行了现场勘查、尸体及枪弹检验，调取了现场视频资料，赴济南、大连、伊春、齐齐哈尔等十余个城市，走访近100名旅客群众，找到60多名现场目击证人，逐一调查取证。截至目前，调查工作已基本结束，事实已查清。

经查，5月2日，黑龙江省庆安县丰收乡农民徐纯合（男，45岁，持当日庆安—金州的K930次列车硬座客票），与其母亲权玉顺（81

① 中新网：2015年5月14日电。

岁）携3名子女去大连金州走亲。12时许，徐纯合在庆安站候车室进站入口处故意封堵通道，并将安检通道的旅客推出候车室外，关闭大门，致使40余名旅客无法进站，扰乱车站秩序。

保安人员制止无效后，到公安值勤室报警，民警李乐斌接报后前来处置，对徐进行口头警告，责令立即停止违法行为。徐纯合不听劝阻，辱骂并用矿泉水瓶投掷民警。民警随即对徐的双手进行控制，迫其闪开通道，让被阻旅客进站。在民警准备将其带到值勤室时，徐继续对民警辱骂并用拳头击打。

当民警取出防暴棍制伏徐过程中，徐抢夺防暴棍，并拳击民警头部。民警使用防暴棍和拳脚还击，但未能将其制伏。期间，徐先将其母向民警方向猛推，后又将自己6岁的女儿举起向民警抛摔，至其女落地摔伤，徐趁机抢走防暴棍，抡打民警头部。

危急情况下，民警取出佩枪，对徐口头警告，徐继续用防暴棍抡打民警持枪的手，在多次警告无效的情况下，民警开枪将徐击中。车站派出所随即拨打120呼救，25分钟左右120医生赶到现场，确认徐已死亡。

调查认为，民警李乐斌开枪是正当履行职务行为，符合人民警察使用警械和武器条例及公安部相关规定。

央视公布监控视频后，一起掺杂了截访传言、实名举报、网络谣言、维权律师等诸多舆情敏感要素的警察涉枪事件，逐渐开始平息。5月15日，《人民日报》发表评论称，“这次事件就像一面镜子，政府部门、社会公众和舆论，都能从这面镜子中看到存在的短板，看到更加理智、更加成熟、更加完善的必要性”。

余音

5月16日，财经网报道称，安徽省宣城市宁国市公安局官微发布消息称，对该局民警徐宁以警察身份发布涉及庆安事件帖文一事正在调查中，徐宁患有“偏执型精神障碍”一直处于治疗中，自2010年起就不参与公安工作。网易网转载的该报道网友跟帖达1.3万条。还有大量网友据此搜索徐宁所发网帖并进行转发。同日，《东方早报》报道称，新华社黑龙江分社回应“个别微博用户称我社记者在‘庆安枪击事件’采访中‘收受好处费’纯属造谣、诽谤”。

5月17日，央视新闻频道16日播出的《新闻周刊》栏目中，白岩松对枪击事件提出的4个质疑被广泛转载报道。18日，《京华时报》报道称，徐纯合母亲的代理律师谢阳在广西为另一案件取证时遭20余人围殴。对此，有网友质疑律师遭打击，有网友则称“媒体无底线炒作”。互联网尚还出现了对视频完整性和真实性的质疑。有网友呼吁“啥时候公布完整视频?”微博网友@这是广州说，“就算庆安公布了视频我也不相信内容的真实性，如果有利，不用大家要求，他们早就公布了，就因难以自圆其说才迟迟不肯公布吧”。网友 kkkkk _ wo 在天涯论坛发帖说，“这个视频本身是不完整的，至少旅客所拍摄的那部分就不存在，而且是经过编辑的，那么就不可能还原枪击事件全过程……”

这一阶段，尽管舆论在小范围内仍对警察用枪行为有所质疑，但舆情热度相较之前有所降低。

二、“新闻搭车”现象、含义及特征

近年来，在某个舆情事件发生后，常常会伴生着“新闻搭车”现象，两个或多个新闻元素叠加在一起，往往会产生1+1>2的搭车效应，令政府的舆论引导工作陷入被动。庆安枪击事件中此起彼伏的“新闻搭车”现象，就使一起普通的枪击事件愈演愈烈，最终演变成了一次政府公信力危机事件，同时，也引发了互联网上对“新闻搭车”问题的多方讨论。因此，庆安枪击事件无疑是研究“新闻搭车”现象的一个典型案例，本研究将通过梳理枪击事件中的“新闻搭车”现象，对新媒体时代的“新闻搭车”现象进行初步研究探讨。

1. 庆安枪击事件中的“新闻搭车”

2015年5月2号，庆安火车站的一声枪响，击中了黑龙江省绥化市庆安县官员举报的第一枚多米诺骨牌，互联网上出现的对庆安官员的举报潮，像一场无法预料的灾难一样接踵而至，庆安官场过去埋下的各种“舆论隐情”，都被暴露在了舆论的聚光灯下，一起枪击事件，带来了愈演愈烈的舆情，再一次印证了舆论监督难以预估的影响力。

庆安枪击事件中的官员举报是从《南方都市报》发表的一则新闻开始的，在《黑龙江庆安枪击事件死者家属获“救助”》的报道中，提到了副县长董国生于事发次日慰问受伤民警，这一行为遭到了网友的质问“检方还在调查，为何民警已获官方肯定?”于是，当天就有网友发帖举报董国生，曝出其户籍年龄、学历造假以及妻子在政府机构“吃空饷”等问题，由于发帖者自称从小认识董国生，知道董家内部的事，该帖子引起了广泛关注，董国生很快就成为网友“人肉”的对象。

而这，只是庆安官场震动多米诺骨牌连锁反应的开始，5 月 12 日，庆安县民办教师孙广旭、陈船明等在网上发帖，实名举报该县大批官员涉嫌联手倒卖教师编制。举报帖称，原庆安县县委书记、县长、教育局局长、人事局局长等人，从 2000 年至 2004 年合谋把 300 个民转公指标公开拍卖，每个指标从 3 万到 5 万元不等。在媒体深入采访过程中，一名民办教师反映，官员买卖编制事发 2000 年左右，“全县的 300 个转正指标，除 1998 年前后录用 49 人，剩下的指标都被官员瓜分卖出去了”。举报人告诉记者，他们从 2008 年至今向各级纪检干部反映过，甚至还跟对方发生过冲突，但至今无实质回应，问题仍未解决。举报帖还列出了“官员买编卖编名单”，名单里包括原致富乡计生办助理董喜。而据早前举报董国生的网友称，董喜正是董国生的父亲。

同时，庆安县检察院干警隋伟忠在网上实名举报该院检察长魏鹏飞超标用车、悬挂假车牌等行为，举报材料称，魏鹏飞自 2011 年 11 月 25 日开始担任庆安县人民检察院检察长，4 年间，超标违规使用公车并且悬挂假军牌和假牌照。

举报信称，2011 年 11 月，魏鹏飞使用超标的价值 60 余万元的白色丰田霸道吉普车上下班并执行公务，而且悬挂假车牌。2013 年车改，庆安拍卖公务用车，魏鹏飞没有正常交付，将车隐藏在检察院车库，而后该车没有拍卖，现在不知去向。2013 年，魏鹏飞借用企业单位庆安县银泉公司一台黑色帕萨特轿车，使用不到一年。举报信还提到，就在全国开展车改时，魏鹏飞顶风用公款超标购置了一台价值 20 多万元的新大众迈腾，并且以在黑龙江省检察院办理专案为名继续悬挂假车牌，假号牌为“黑 AQK007”，发帖人称，他在庆安县交警大队未查询到该机动车相关信息。

5 月 12 日，庆安县公安局副局长兼交警大队队长王向阳也被网友举报，举报帖称，在 2013 年 10 月 2 日发生的一起交通事故逃逸致一死一伤案中，王向阳涉嫌徇私枉法、滥用职权，将事故责任认定负全责的犯罪嫌疑人王××抓捕后人车放行。对此，王向阳回应媒体采访时称，这是一起普通交通事故，办案是按合法程序进行的，双方笔录、尸检报告等材料齐全，不存在徇私枉法、滥用职权行为，事后法院也宣判了。王向阳猜测，对方可能是对最终的处理结果不满，于是借舆论关注枪击案的热潮举报。

据《新京报》盘点，枪击事件发生后，从事发初期到 5 月 15 日，庆安官场举报事件已逾 10 起。[①]

庆安枪击事件中的官场举报潮，是典型的“新闻搭车”现象，也是一种典型的舆情次生灾害，在近些年来的互联网舆情应对中屡屡出现，这样一种“曲线救国”式的舆情反映形式，对政府形象具有很大的杀伤力，也为新媒体时代政府的舆论引导工作带来了很大的挑战。

《人民日报》评论说：一个生命悲剧，一场舆论风波，应该成为反思进步的契机。多年后，也许庆安枪击事件还将被无数次的提及，那时候，希望我们的目的是，通过对这起事件的反思，在今后每一次有新的舆论发生的时候，我们能更客观、更理智地接近真相，关注事实。因此，虽然庆安枪击事件已尘埃落定，但事件中的“新闻搭车”现象不应该被忽视，更不应该被遗忘。那么，什么是“新闻搭车”？为什么会出现“新闻搭车”？如何才能有效避免“新闻搭车”？只有真正厘清了这些问题，才能从根本上防止“新闻搭车”现象带来的伤害。

2.“新闻搭车”概念辨析

在近年来的互联网舆情应对过程中，不断出现一些新的名词，比

---

① 《“庆安火车站枪击案”震动当地官场大批官员被举报》，解放网，2015 年 5 月 14 日。

如，“次生舆情”“新闻搭车”“第二落点”“次生丑闻”，等等，这些名词听起来意思都差不多，很多时候也都是通用的，但事实上，如果把互联网舆论引导，尤其是把“新闻搭车”作为一个专门的对象来进行研究就会发现，基本概念的廓清，或者说为概念“正名”十分必要。

“次生舆情”“次生丑闻”“新闻搭车”“第二落点”，这几个名词的内涵与外延都有所不同。舆情是“舆论情况”的简称，是群众关于社会中各种现象、问题所表达的信念、态度、意见和情绪等表现的总和。①在新媒体时代，虽然不能简单地把互联网舆情与民意画等号，但是，互联网舆情往往能够直接而集中地反映社会舆情，一起负面舆情，甚至可以在顷刻间摧毁政府长时间建立起来的“公信力”。

什么是“次生舆情”？在灾害学中，由原生灾害所诱导出来的灾害被称为次生灾害，比如，汶川大地震形成的唐家山堰塞湖，严重威胁下游居民的安全。同理，所谓“次生舆情”，即是由原生舆情所诱导出来的新的舆情，亦即在处置原生舆情的过程中，由于处置方式不当等原因导致产生的新的甚至更大的舆情危机。

什么是“第二落点”？所谓新闻的“第二落点”，通常指的是媒体或记者运用纵深思维和发散思维，对某一新闻事件进行深度开掘，广度拓展，从事件的另一个时间点或新的角度组织报道，寻找和挖掘新闻的更多内涵和外延。突发新闻因其发生的突然性且往往具有灾难性，最能吸引受众眼球，成为社会舆论关注的热点和焦点，因此，突发事件现场一定是各级各类媒体记者角逐的重要场地，在这个没有硝烟的战场上，抢占新闻“第一落点”，是在竞争中脱颖而出的制胜法宝，而如果错失新闻的“第一落点”不能做到先声夺人，记者一定会不遗余力地挖掘新闻的“第二落点”，力图实现新闻突围。新闻的“第二落点”不只是背景资料的扩充，更是新闻事件的扩展和延伸，具有独立的新闻价值。它比拼的是一个媒体的策划力、一个记者的发现力和采访水平。②

寻找新闻“第二落点”，通常是在错失“第一落点”之后的无奈选

---

① 百度百科。

② 陆冰梅：《深度体会寻找新闻“第二落点”》，《中国记者》，2010年第3期。

择，但通过追踪报道事件的新变动、新发现和新进展，在追问中质疑，在质疑中查证，往往能够以点带面，透过现象发现本质，揭示事物发展规律，在为受众解疑释惑的同时，带来更加深刻的认识。因此，寻找新闻“第二落点”，越来越成为媒体在日趋激烈的市场竞争中采取的重要策略。[①]事实上，近年来，不少记者在赶赴新闻现场后，由于官方封堵总是被迫转战新闻“第二落点”，而这，也正是突发事件发生后屡屡出现舆情次生灾害的主要原因。

什么是“新闻搭车”？所谓“新闻搭车”，是指爆料人借社会注意力集中于某个新闻事件之际，把与该事件无关的事件公布出来，以期引起社会舆论关注，从而解决自身诉求。在突发事件中，“新闻搭车”往往出其不意，难以预料，一波未平一波又起，天津爆炸案中，有事故亲历者爆料“万科、湖北远大欠薪致无法返乡”，网民“love 黑马中国”在百度贴吧爆料天津政府信访部门及金融工作部门渎职、不作为等均为如此。“新闻搭车”现象不容小觑，客观上会增加突发事件舆情处置的难度。

“次生丑闻”“新闻搭车”“第二落点”都属于“次生舆情”的范畴。“次生丑闻”是对“次生舆情”的负面表述，“新闻搭车”和“第二落点”都是“次生舆情”，是对“次生舆情”更为具体的表述和划分。“新闻搭车”和“第二落点”，都是借助一个舆论热点的既有影响力主动公开新的信息，以期引发新的关注，但二者之间，在舆情主体、舆情生产者和行为动机等方面，都可以较为明确地区别开来。

表 1　“新闻搭车”和“第二落点”的区别

维度/概念	新闻搭车	第二落点
新闻由头	原生舆情	原生舆情
舆情主体	不同舆情	同一舆情的不同角度
舆情生产者	爆料人	媒体或网民
行为动机	个人目的	舆论监督

① 参见黄德华：《如何抢好突发新闻的“第一落点”与“第二落点”》，《传媒》，2014年9月（上）。

3. “新闻搭车”的特征分析

由此可见，“新闻搭车”应该具备以下三个特征：一是“新闻搭车”所搭的“车”，是某个舆论热点事件既有的“舆情”热度；二是“新闻搭车”搭上车的事件已经不是原来那个事件；三是“新闻搭车”者“搭车”的目的是寻求解决自己的问题，达成个人目的，而不是公共利益。

从这个意义上说，杨达才的微笑和表哥舆情并不是“新闻搭车”，因为微笑也好，手表也好，引发舆情的主体事件并没有发生变化，依然是2012年“8·26”延安特大交通事故，只不过是舆情关注的角度是一个新的角度；从行为动机来看，无论是持续爆料，还是人肉搜索，不排除有凑热闹和极个别泄私欲的成分，但基本都是带着“仇官”情绪来对政府官员进行监督，席卷而来的舆论狂潮并不是某一个或几个有爆料诉求的人爆料带来的。

那么，故宫深陷“十重门”，算不算“新闻搭车”现象呢？2011年5月8日，香港两依藏博物馆在故宫斋宫举办展览《交融——两依藏珍选粹展》，发生展品离奇失窃事件，被称为“失窃门”；紧接着，在公安机关神速破案后，故宫博物院赠送北京市公安局的锦旗上，赫然将“捍祖国强盛”的“捍”字错写成“撼”字，闹出“错字门”。就在故宫先是为错字狡辩继而不得不道歉之时，故宫建福宫被改建成全球顶级富豪私人会所的所谓“会所门”又见诸报端。一波未平一波又起，7月底，故宫再陷“哥窑门”，7月31日，故宫公开承认，国家一级文物宋代哥窑代表作品青釉葵瓣口盘在进行无损分析测试时，发生了严重的文物损坏。8月，故宫又相继被曝出近年连发4起珍贵文物人为损坏事件均秘而不宣的“瞒报门”，几年前清宫旧藏木质屏风修复时被水浸泡而隐瞒不报的“屏风门”，私自拍卖5件北宋名人书札的“拍卖门”，内部人员勾结导游私分门票、事情败露后被知情者勒索10万元“封口费”的“封口门”，再加上“门票门”“古籍门”，故宫深陷“十重门”。

从舆情主体不同的“门”来看，虽然同属故宫，但与原生舆情“失窃门”已经不是同一个事件，这似乎应该算是“新闻搭车”，但从行为动机来看，即使是实名举报，比如国家行政学院决策咨询部副主任陈炳才在微博上指称故宫端门的展览涉嫌敛财和逃税，但其根本目的也是出于舆论监督，而不是个人利益诉求，因此，整体来看，故宫深陷“十重门”不能算是“新闻搭车”，而是次生舆情。

应该说，“新闻搭车”不是一个新的现象，在传统媒体时代也同样存在，比如，记者去某地调查某个新闻事件的时候，有当地的爆料者找到记者，向记者反映其他问题，而这一被反映的问题，有可能被记者作为原新闻事件的一个新由头报道出来，或者被作为一个新的选题进行采访报道，从而引起全社会的关注。20 世纪 80 年代，有的记者出去采访，一个星期就会扛回一麻袋读者来信，这些来信的起草者和传递者，都是今天在互联网上主动爆料的网民，写信的目的无非是希冀产生“新闻搭车”效应。

不过，在互联网时代，由于每个网民都是理论意义上的“自媒体”，所以，爆料人不需要再借助记者这个路径对爆料信息进行“二传”，而是自己直接就可以在互联网上把诉求表达出来，所以，就出现了庆安枪击事件中“多点开花”的“新闻搭车”现象。

事实上，“新闻搭车”的本质是舆情和民意的表达，是社会治理中出现的矛盾和问题，这些矛盾和问题只要得不到很好的解决，“搭车”的意愿就得以生成，“搭车”的必然性就已经存在，至于“搭”什么车，是传统媒体还是互联网？怎么“搭”车，是去找记者还是自己发微博？什么时候“搭”车，是借着某个舆情热度“搭”车还是自己直接爆料出来，则是偶然的，不确定的。

“新闻搭车”使政府舆论引导面临巨大的挑战，一是就像不断移动的靶心加大了射中的难度一样，“新闻搭车”使政府舆论引导的靶心不断处于变化之中，难度陡然增加。比如在庆安枪击事件中，副县长被“人肉”，教育系统及检察长被实名举报，再到交警队队长被举报，就是典型的“新闻搭车”，这些搭车而来的舆情事件不断引爆舆论热点，几乎把这个东北边陲的小县城炸晕了，在乱花渐欲迷人眼的应接不暇中，不知道该怎么去收拾这个局面；二是“新闻搭车”通常都携带着利益相关方强烈的主观控诉，这往往会引发网民的“罗宾汉情节”，使互联网舆论出现一边倒的情形，此时，政府的舆论引导面临巨大压力，必须逆势而为，化被动为主动，其中的难度可想而知；三是“新闻搭车”的信息鱼龙混杂，真伪难辨，比如对教育系统的举报是真的，但对交警队队长的举报就不切合实际，一片众声喧哗中，加大了舆论引导的复杂性，如何通过舆论引导调和多元声音，凝聚社会共识，对政府的舆论引导工作提出了更高的能力要求。

三、“新闻搭车”的解决之道

探讨“新闻搭车”的解决之道，并不是说将其视作一个病灶，不论青红皂白，一刀切下去切除了事，事实上，关于“新闻搭车”问题，任何简单粗暴的结论都只会导致此现象愈演愈烈，因此，一定要从“新闻搭车”产生的根源出发，探讨现象背后的各方面深层次原因，以此为基础来探索避免“新闻搭车”的根本路径。

（一）“新闻搭车”出现的原因分析

天津港“8·12”瑞海公司危险品仓库特别重大火灾爆炸事故发生后，天津市政府共举办了十四次新闻发布会，但由于组织和回应不当，前六次新闻发布会几乎每一场都导致了多个次生舆情，招致舆论不满，网络传播中不断生成新的质疑和吐槽，政府公信力严重受损。

第一次新闻发布会：

次生舆情 1. 为什么分管安全的副市长没有出席第一次新闻发布会？为什么安监部门没有官员出席第一次发布会？

问题分析：危化品事故属于安全生产事故，但安监部门的官员却没有出现在第一场发布会上，而天津市一级领导也没有出席第一场新闻发布会，不符合危机传播“顶格回应”的要求，说明这场新闻发布会的组织没有做到“四个适合”，即在适合的时间，把适合的人，安排到适合的地方，说出适合的话。

次生舆情 2. 滨海新区区长张勇在回答危险品爆炸物与居民区之间

的距离时说“还是蛮远的”，引起舆论一片哗然。

问题分析：蛮远是多远？多远算蛮远？30 米？1 公里？还是 100 公里？“还是蛮远的”，这是一句典型的雷人雷语。“模糊回答”是新闻发言人必须掌握的一个答问技巧，但一定要因地制宜，因时制宜，因内容制宜地运用这一技巧，面对这样一个严肃而又具体的问题，模棱两可，含糊其词，再加上不适当的表达方式，结果只能是成为笑柄。

次生舆情 3. 没有回应危化品仓库有没有储存氰化物；回应具体起火爆炸原因时说不清楚。

问题分析： 据报道，天津港爆炸发生后，企业负责人赶到现场后说不清楚危险品存放的数量和类型，不仅为救援工作带来了极大不便，也导致了信息发布时无法回应这一问题的困局。可见，危机沟通的“救急”效果，根本上还是取决于平时的“功夫”，日常实时监管不到位，信息获取和掌握得不够充分，直到出现事故，问题浮出水面，才开始从头调查了解情况，此种状态下，想及时向公众通报信息，做好媒体与公众的解释沟通工作，缓解公众紧张情绪，根本就无从谈起。

次生舆情 4. 发布会直播至记者提问环节中断。

问题分析： 政府举办新闻发布会的主要目的就在于直面舆论监督，提供观点与解释，在回应社会关切的同时疏导社会情绪，从这个意义上说，记者提问环节是新闻发布会不可或缺的重要组成部分，因此，一场新闻发布会到记者提问环节的时候停止直播，肯定会触怒媒体，记者们会觉得受到了不尊重的待遇，公众也会产生怀疑，并进一步联想，你到底有什么怕被问出来？到这个时候，这已经不是一个提问了，而是变成了挑衅，目的也不是为了获取信息，而是为了打击你。

第二次新闻发布会：

次生舆情 1. 无法给出中转仓库危化品的详细信息。

问题分析： 第一场发布会给不出危化品的具体信息，到了第二场，依然不能给出，此时，这一问题就会进一步凸现出来，成为媒体和公众关注的焦点。

次生舆情 2. 消防具体处置方法目前不清楚。

问题分析： 消防局长说不清楚消防的具体处置方法，给公众留下了很大的猜想空间。

次生舆情 3. 安全评估报告需向交通运输部门沟通。

问题分析： 印证了坊间关于天津港“两个婆婆”的说法，暴露出了在出现问题之后彼此之间互相推卸责任的问题。

次生舆情 4. 发布会结束时，现场多名记者大喊“只峰是谁?”

问题分析： 在突发事件发生后政府发布的信息中，大致可以分为四大类，即技术信息，科学信息，社会信息和政治信息，“只峰是谁”是一个政治信息，背后指向的是官员腐败，利益输送等敏感问题，对这类问题保持沉默，意味着不否认问题存在的可能性，而政治领域的各种负面猜测，都很容易点燃公众情绪。

次生舆情 5. 发布会直播至记者提问环节中断。

问题分析： 同上。

第三次新闻发布会：

次生舆情 1. 回应中使用：“这个情况不了解，需要下来问一下。”“这个情况我需要找同事核实一下。”

问题分析： 召开新闻发布会，但又不发布新闻，公众的知情权得不到满足，记者也得不到自己采写报道所需要的信息，将时间浪费在如此无效的新闻发布会上，一定会引起媒体和公众的不满。

次生舆情 2. 发布会直播至记者提问环节中断。

问题分析： 同上。

第四次新闻发布会：

次生舆情 1. 安评情况系交通部门掌握。

问题分析： 进一步印证了坊间关于天津港“两个婆婆”的说法，凸显了在出现问题之后彼此之间互相推卸责任的问题。

次生舆情 2. 记者们要求港口部门出现发声。

问题分析： 天津港（集团）公司作为港区企业管理单位，对辖区内经营企业负有安全生产监管等职责，但一直到第四次新闻发布会，还没有看到天津港的负责人出席发布会，记者们觉得这是匪夷所思的，为什么连个基本态度都没有呢？

次生舆情 3. 回应中多次使用不掌握、不了解、无法回答等否定性词语。

问题分析： 开新闻发布会的目的就是为了发布新闻，既然什么都不掌握、不了解、无法回答，为什么要浪费大家的时间呢？

次生舆情 4. 天津港消防员家属冲击发布会现场。

问题分析： 在前期召开的几次发布会上，主持人宣读的通稿中不包括天津港消防员的情况，在问到天津市公安局消防局局长周天这个问题时，回答说不清楚，这就相当于天津港消防员这个群体，突然之间就从人间蒸发了，亲属们联系不上他们，更无从得知自己的亲人是死是活，因此只能通过冲击发布会现场这种极端的方式来维护自己的权利，但这一举措，就将“家丑”赤裸裸地暴露在了社会面前，成为一个热点舆情。

次生舆情 5. 发布会直播至记者提问环节中断。

问题分析： 同上。

第五次新闻发布会：

次生舆情 1. 爆炸是否确定源头回应不清楚。

问题分析： 两天过去了，还是不能给出瑞海公司危化品仓库内所储存的危险化学品的具体情况，这就让公众加剧了对政府日常监管工作的不信任。

次生舆情 2. 危险品与小区建设距离问题回应：不是我的职责。

问题分析： 推卸责任。

次生舆情 3. 编外消防员谁统计未获回应。

问题分析： “临时工”是一个网络热词，指的是“临时聘用人员”

总是在危机公关时被当作挡箭牌的现象，在天津港爆炸事故中，关于“临时工”的问题始终得不到回应，网友就会进一步追问“每个人都可能是随时被牺牲的临时工，没有人例外，甚至你是临时活着”。

次生舆情 4. 伤亡具体数据回答“不掌握”。

问题分析：突发事件发生后，统计伤亡人员数据确实需要走工作流程，需要一定的时间，但都开第五场发布会了，这个数据还是“不掌握”，这就说不过去了，所以就会成为一个热议的话题。

次生舆情 5. 发布会直播至记者提问环节中断。

问题分析：同上。

第六次新闻发布会：

次生舆情 1. 发布会延迟。

问题分析：突发事件发生后，赶赴现场的记者会争分夺秒地去采访，在这样的情况下，政府的新闻发布会无故延迟，会因为影响到记者的采访工作而引起记者不满。

次生舆情 2. 记者提问谁指挥负责救灾，回应“尽快了解”。

问题分析：谁来指挥救援，这本身不是个问题，因为按照《突发事件应对法》属地管理的原则，指挥权理所当然是属地天津市的，但是，当发言人不能回答这个问题，还要去“尽快了解”的时候，就会让人产生这次的救援工作并不是按照法律规定，由属地管理的联想。更何况，这么重大的突发事件应急救援，如果连总指挥都没有，或者说连总指挥的职责都不能明晰，怎么可能做好救援工作呢？

次生舆情 3. 发布会人员：“大家好，很高兴在这里和大家见面。”

问题分析：在一个有重大人员伤亡的灾难性事件中，政府官员“很高兴”地与记者见面，这是不符合道德规范的。事实上，官员说这句话时也许想表达的只是见到记者的心情，并不是无视死亡的存在，也不是不具备人文关怀，但是，新闻发布会毕竟是一个仪式性的场合，在这样一个悲剧性事件的政务活动中，不适合表达“很高兴”这样的情绪色彩。

次生舆情4. 发布会直播至记者提问环节中断。[①]

问题分析： 同上。

在庆安枪击事件中，庆安县副县长董国生之所以被人肉，触发点就是在最基本的事实真相尚混沌不清、舆论已经开始一边倒地追问的情势下，他却在次日代表省市领导高调慰问了案件中的受伤民警。“对民警为保护人民群众生命、财产安全，在负伤的情况下坚持与歹徒搏斗的行为给予肯定。”因此，正如一篇评论所说：他只是在不恰当的时间、不恰当的地点现身，进而把自己弄成了庆安枪击案舆情关注下举足轻重的一部分。[②]

再如，面对互联网上一浪高过一浪的对于枪击事件真相的追问，特别是面对媒体和公众对于公布监控视频的强烈要求，当地相关部门始终沉默以对，以至于5月9日新华社发表了评论《真相别总靠“倒逼”》，各大媒体也纷纷一个接一个“倒逼”公开，再加上公众对官员形象和政府公信力的习惯性质疑，使得社会情绪发酵到了一种白热化的程度，为接二连三出现“新闻搭车”制造了温床，提供了舆情基础。

从这些案例中我们可以看到，在突发事件发生之后，或者在某个负面的互联网舆情出现之后，如果政府的处置和应对是得当的，即使有人主观上有“搭车”的意愿，“新闻搭车”也不会有存在的基础，可见，之所以出现“新闻搭车”现象，根本原因还在于政府应急管理工作中存在问题和漏洞，或者是在舆情应对中方式方法不得当。因此，探讨“新闻搭车”的解决之道，必须从标本兼治两个维度着手进行。

（二）治标之道：提升政府应急能力

突发事件发生后，一定要两条战线同时作战，一条是应急处置，另一条是舆论引导，两条战线是不可分割的整体，同样重要，不可偏废，无论是哪一条战线出现了问题，都可能引发舆情的关注，带来对

---

① 魏耀奔：《天津爆炸新闻发布会催生次生舆情到底问题在哪》，人民网舆情监测室，2015年8月17日。

② 杨鹏：《董国生“躺枪”是舆情处置失当的必然》，华商网，2015年5月13日。http://hsb.hsw.cn/2015-05/13/content_8572540.htm

政府形象的负面影响，同时，还会给“新闻搭车”制造温床。

从庆安枪击事件来看，首先，应急处置本身是有问题的，在案情不明朗的时候副县长着急忙慌地去慰问开枪的干警，这一举措的失当是导致“新闻搭车”多米诺骨牌的连锁反应的主要原因；为了尽快了结事情，和徐纯合的堂弟签订协议，这并不符合法律，因此导致了几位律师的介入，尤其是律师和家属签订的委托书在网络上的曝光，对当地政府不依法行政行为，产生了高级黑的舆情效果。其次，事件中的舆论引导也并不到位，面对公众强烈要求公开现场视频的诉求，庆安县政府和相关部门一直没有给出任何回应，“久拖不决，疑窦丛生”，这种态度引发“鸵鸟效应”，导致事件真相像谜团一般引人遐思，让事态愈演愈烈，而在一系列的“新闻搭车”现象出现之后，事件处置的难度和复杂性完全超出了当地政府和有关部门的能力范围，推动着舆情一步步高涨，几近不可收拾的状态。一时间，庆安枪击事件闹得沸沸扬扬，引发了中国网络舆论的又一次抨击怒潮。

信息技术发展到今天，已经进入自媒体时代。2016 年 1 月，一段“女孩怒斥号贩子”的视频在网络上热传，视频中，女孩声泪俱下地指责医院号贩子“猖獗”，并质疑医院保安对号贩子不管不顾，导致自己和其他普通人排不上专家号。微视频推动着网络舆情，倒逼着北京市卫生计生委及各大医院出台了一系列新措施，包括北京市属医院之间统筹调剂普通号，而且普通号不限号；实行非急诊预约挂号；建立医疗机构间层级转诊网络；推出知名专家团队服务模式；严格加号管理，取消医生个人手工加号条，等等。

可见，在自媒体时代，任何一个普通公众都有了社会动员和政治动员力，尤其是在微信时代，微信的活跃用户有 5 亿多人，这是一个真正的社会主体社交媒体化，社交传播化的新时代，控制的难度要大得多，一旦传播出现了问题，就会成为社会情绪的触发点和蓄积点。事实上，今天在互联网上，政府的路线方针政策措施，官员的语言行为着装表情，都可能被放在各种环境下做出各种解读，解读后的意思也许并非原意，但被解读后的信息的影响却比原初信息的影响更大，这也是为什么很多“新闻搭车”的次生舆情在热度上甚至超过突发事件本身的原因。所以说，今天的互联网管理，单纯用管控的手段并不能起到管控者期望达到的管控效果，即使信息被删除，快照也会被留在电脑里，当下一次事件发生的时候，旧事就会被重提，此时的压力与伤害就是几何级增长的。

因此，如果要从根本上避免“新闻搭车”，首先，一定要树立一个基本理念，那就是应急处置与舆论引导是一体两翼的，处置就是传播，传播就是处置，没有不是传播的处置，没有不是处置的传播，在处置的时候就要考虑到处置可能产生的传播效果，而传播行为本身，也会被作为处置的不可分割的部分被评判，被解读。其次，一定要努力提升政府应急管理能力，科学有效地处置突发事件，避免因为处置不得当引发媒体关注与社会抨击。最后，一定要做好突发事件信息发布，主动公开相关信息，及时回应社会关切。现代政治权力来源于信息的释放，只有善于利用信息的驱动力才能实现有效善治，因此，在日常的施政中，在突发事件发生后，都要善于运用媒体规律，积极主动发布信息，利用传统媒体以及新兴的社交媒体做好政治传播，通过驱动信息形成借力打力的传播效果。

（三）治本之道：推进社会治理创新

“新闻搭车”无疑具有一定的积极意义和正向功能。比如，庆安县副县长董国生被曝出户籍、年龄、学历造假，以及妻子“吃空饷”等问题，这些问题在枪击事件发生之前举报人就多次上访和举报，但都石沉大海，没有任何反应。这一次，举报人借着枪击事件吸引了全国注意力的风口浪尖，把以前的问题捅了出来，在围魏救赵式的网络舆情倒逼之下，有关部门不得不迅速查处，董国生最终被停职。至此，官员腐败得以清除，公民权利得以伸张，同时，社会上一直以来隐藏的不稳定因素也得以消除。①

从这个意义上说，“新闻搭车”不仅不应该被视为病灶，而且应该得到鼓励和赞赏，因为对公众来说，当“信法不如信访，信访不如信网”，“新闻搭车”就成了他们在无奈之下的一种举措，也是他们可以

① 杨涛：《“新闻搭车”是谁的悲哀?》，红网，2015 年 5 月 15 日。

选择的最后一种有效救济。也就是说，“新闻搭车”只是一个契机，一个载体，一个反映问题的特殊渠道，其本质还是社会治理出现了问题，由于这些问题在现实中无法得到有效解决，他们就会主动去寻求“新闻搭车”的机会，使自己的诉求表达通过某一个新闻事件“借尸还魂”；另一方面，如果不是搭上了这最后一班“车”，估计官员腐败等问题永远都不可能浮出水面，坏行为就可能永远被姑息，问题官员就可能一直滥竽充数下去，也就不可能达到惩前毖后，治病救人的效果。

但是，如果底层诉求都像庆安枪击事件中的“新闻搭车”一样，采用极端的方式在社会治理末端来寻求释放和回应，而不是通过搭建顺畅的民情民意表达平台，理顺群众利益诉求表达机制的脉络，系统性地解决社会治理过程中的群众合法权益保障问题，这样的管理方式肯定是有问题的。所以说，“新闻搭车”固然能使公众诉求得到表达的机会，固然能通过倒逼的方式解决个别社会问题，但这显然是头痛医头、脚痛医脚的江湖郎中方术，长此以往，只会使问题越积越多，矛盾越来越激化，进一步割裂本就脆弱无比的社会信任纽带。

在庆安枪击事件中，候车室监控视频公开之后，舆论出现“U”型反转。在公布视频的同时，徐纯合一家的火车票也被晒了出来。他们买的是到辽宁金州的车票，是去走亲戚，不可能跑到北京上访。晒出火车票有力地击破了徐纯合是访民、遭遇截访的谣言。而晒出火车票，公布视频，公布调查结果等一系列用事实说话的措施，使徐纯合最终被还原成一个失意的中年男人，从监控视频看还是一个酒后肇事、向空中抛出亲生女儿的危险分子。对此，人民日报时评《庆安枪案一波三折谁该反思》一针见血地指出，这本是一次正当履行职务行为，却演变成一波三折的舆论事件，如果当地政府在应对舆论时能够处理得当，或许就能避免无谓的“次生灾害”。[①] 红网则发表评论《新闻搭车，是谁的悲哀》认为，由庆安事件引起“新闻搭车”现象，能解一时之急，却不是长久之计，要让“新闻搭车”现象减少，就必须大力建设

① 李拯：《庆安枪案，我们该从中看到什么?》，《人民日报》，2015年5月15日。

法治，将解决矛盾纳入法制轨道，同时大力加强舆论监督，让舆论监督在公民需要时不会缺位。

因此，研究“新闻搭车”现象，并寻求其解决之道，不是为了堵塞民意，而是为了找到对症的“药方”，疏通民意表达的渠道，使社会肌体本身能够健康良性地运转起来，唯其如此，“新闻搭车”现象才真正能够少出现，乃至不出现。这就需要做到以下几点。

首先，要主动打捞梳理“沉没的声音”。如前所述，“新闻搭车”的本质是民意搭车，是舆情搭车，这些民意和舆情得不到应有的关注，不能被打捞出来，就只能是郁积在民众的内心，隐藏在多数人看不到的渠道中。因此，正如人民网舆情监测室秘书长祝华新在一篇文章《网络舆论倒逼中国改革》中所写到，借助互联网改进公共治理，撬动民间社会，促进官民沟通，是当前成本最小、风险最低的政治体制改革举措。一定要在众声喧哗中积极主动地打捞“沉没的声音”，通过舆情调查和舆情监控的手段，对潜在舆情或尚未形成舆论的舆情进行主动打捞、梳理，及时发现问题、诉求，防患于未然。只有主动系统地监测舆情、打捞舆论，并能对舆情作出准确分析和针对引导，舆情才不会出现压抑的情形，才不会出现舆情的借机表达。① 因此，打捞“沉没的声音”，既是疏导社会情绪的重要路径，更是防患于未然最有效的手段，当然，也是社会管理者应尽的责任。

其次，从根本上看，“新闻搭车”的源头是社会治理。因此，一方面，一定要建立健全群众利益诉求表达渠道。如果舆情表达渠道是畅通的，民众的利益诉求就可以通过正当而有效的政府管理渠道得到回应和解决，舆情就不会被淤积起来，更不会持续发酵，并且积极寻求另一个热点事件作为“新闻搭车”的机会，从而导致舆情扩大化的后果。

回到庆安枪击事件中，如此多的举报，如此多的非议，庆安多年前早已埋下的地雷，随着火车站的一声枪响，一个个地引爆开来。这不得不让我们产生一个疑问：这些年累积的问题，如果都得到了及时

① 李劭强：《“新闻搭车”的舆情分析与引导策略》，南方传媒研究，2015 年 9 月 17 日。

的解决和处理，庆安的震荡还会来得如此猛烈吗？如果这些举报，在舆情发生的初期都得以一一处理，庆安枪击事件事态的发展，会如此出人意料吗？[①]

最后，一定要创新社会管理，从政府权力本位转向公民权利本位，坚守社会主义核心价值体系，以人为本，确保公共利益的最大化，实现国家治理现代化，唯其如此，才能从根本上提升政府公信力，也才是真正意义上避免“新闻搭车”现象出现的解决之道。

① 钟旭：《舆情分析：庆安枪击事件引发的舆论反思》，中青舆情，2015 年 5 月 15 日。

附录2：媒介采访实训的组织与实施

媒介采访实训模拟演练课程是一种行动学习法。实践证明，这是提高领导干部媒介素养的一种十分有效的培训方法。在媒介采访实训模拟演练课程中，通过模拟设置领导干部与媒体打交道的各种情境，采用模拟真实问题的方式调动参训者进入角色，去处理可能面临的沟通困境，回答媒体关注的各种问题，这个亲自“做”的过程能够使学员发现自己在解决问题时存在的能力缺失，从而通过自我反思和教师点评获得相关知识和技能。

媒介采访实训模拟演练课程的组织实施过程主要包括四个主要部分：总体设计、课程开发、演练实施和演练评估。

总体设计

如何与记者打交道演练课程总体设计的主要目的在于确定演练的目标和方向，对整个培训来说，这是最基础的部分。总体设计可分为五步走，第一步，确定演练目标。第二步，确定演练形式。第三步，提炼教学要点。第四步，排列演练顺序。第五步，形成教学大纲。

（一）确定演练目的

确定演练目的就是要为媒体沟通模拟演练课程确定一个明确的方向，也就是说，通过该课程的设置，能够解决当前政府工作中存在的哪一类或者哪一个突出问题，通过培训，学员回到实际工作中后，能够因其培训所掌握的知识做出什么样的行为改变。如何与记者打交道演练的目的，在于提升领导干部与记者打交道及回答记者提问的能力。

（二）确定演练形式

即通过什么形式来展开演练。根据领导干部与媒体打交道的实际，确定了四种演练形式，包括电话采访、拦截采访、深度（电视、广播、网络）访谈和新闻发布会，其中，电话采访、拦截采访和深度访谈演练以提高学员个人与媒体打交道的能力为主，新闻发布会演练则兼顾组织能力和个人能力的综合提升。

（三）提炼教学要点

即把培训目标转化细分为一个个关键节点，由此串联整个教学过程，使培训目标循着这些具体的抓手最终落地。在如何与记者打交道的模拟演练中，教学要点既包括四大类突发事件回应社会关切和媒体关注的不同思路，又包括不同采访形式需要掌握的技巧方法和基本原则，这些都要在课程设计的过程中将其提炼出来，从而有的放矢地展开培训。

（四）排列演练顺序

在演练目的、内容和形式确定之后，基于演练的难易程度、知识点的不同特征及成人学习的特殊规律，将其编排成为合理的教学顺序。在如何与记者打交道演练中，通常会按照难易程度对几种演练形式进行顺序排列，一般是从电话采访开始，接着是拦截采访，然后是深度访谈，最后是新闻发布会。

（五）形成教学大纲

教学大纲是指导课程应用的总体的纲领性的理论基础。如何与记者打交道演练课程最终会形成一个标准化、模块化的教学大纲。因其标准化保证同类同级的学员能够接收到大体一致的知识与技能，因其模块化保证课程体系具有充分的弹性，根据培训的实际需要进行扩展或收缩。其中，每一种演练形式都是一个独立的演练模块，既可以单独开展，也可以组合应用，还可以嵌入其他演练课程，或者成为其他各类培训的一个有机组成部分。

课程开发

课程开发是在教学大纲指导下，逐步将课程目标落到实处的过程。

课程开发可以三步走，第一步，开发演练场景，第二步，开发教学方案，第三步，开发评估材料。

（一）开发演练场景

以国家行政学院应急管理培训中心开展的媒介采访实训演练课程为例，目前，基于四大类突发事件，可用于各类采访演练的场景已经开发出了近 20 个，如地震、泥石流、北京大雨、雾霾事件、校车事故、地铁事故、屯兰矿难、输油管爆炸事故、危化品运输事故、危化品爆炸事故、SARS 事件、黄浦江死猪事件、食品中毒事件、乌坎事件、PX 事件、核项目事件等，可以根据培训对象的不同特点针对性选择使用。

（二）开发教学方案

如何与媒体打交道演练课是一种互动性很强的培训形式，因此，需要有一套完整的教学方案来保证培训过程的顺利实施。通常情况下，教学方案应该包括教师手册模板、学员手册模板、PPT 演示文稿模板、评估表模板以及多媒体课程包，等等。

其中，在学员手册中，除了要提供演练场景的文字材料，演练实施的具体规则等内容外，还可以将本次课程的教学要点一起装订下发，以利于学员能够系统地掌握培训内容。比如表 1、表 2。

表 1　新闻发布会前期准备事项一览表

操作流程	操作要领
1. 跟踪信源	一是列席重要的会议、见证重大决策的早期讨论和产生过程；二是每日追踪媒体的报道了解舆论的热点和焦点问题；三是到事发现场进行调查获取信息；四是与其他人和其他部门协商问题协调口径
2. 分析舆情	对收集到的报纸、电视、网络上的信息加以分析，为信息发布、答记者问、猜测记者的问题和准备回答口径提供参考
3. 确定时机	除按照固定频率定时定点召开的发布会外，也可随机召开新闻发布会，临时召开的新闻发布会的时机选择以掌握舆论主动权为原则，可在重要会议召开、重大政策出台或重要事件发生之际及时发布；突发公共事件发生时利用首因效应在第一时间发布信息

续表

操作流程	操作要领
4. 确定人选	已经设立新闻发言人的组织或机构往往由发言人独立主持发布会。重要信息的发布往往邀请有关部门的负责人出席。应尽量邀请级别高、形象好、善沟通的组织负责人出席发布会
5. 准确押题	事先猜测记者的问题就是押题，像学生在考试前的押题一样。新闻是贬值最快的商品，时效性很强。一般来说，记者的兴趣和注意力主要放在临近新闻发布会的一两天内发生的事情上
6. 准备口径	敏感问题的口径，需要请示上级领导同意。跨部门问题的答问口径一般需要与有关部门协调确定
7. 准备文稿	发布会之前应该准备的文稿包括新闻通稿、背景材料、发言提纲、开场白等。需要散发给记者的主要是新闻通稿和背景材料。背景材料应该包括更多的细节
8. 邀请记者	1. 制作请柬，注明发布会主题、举办的时间、举办地点及简易地图、发言者身份；2. 周二～周四开发布会较合适；3. 发布会一般上午 10 点开始，持续时间一般为 1～2 小时，如想在当天晚报或晚间电视新闻中报道，最好安排在上午；4. 提前一周送达请柬，联系较多的媒体记者可以直接电话邀请；5. 发布会召开前夕通过电话再次确认
9. 模拟彩排	如果发布会十分重要，或者发言人觉得没有经验，没有把握，或者将要出席发布会的领导专家缺乏与媒体沟通的经验，可以事先进行模拟彩排

表 2　新闻发布会操作要领

操作流程	操作要领
1. 设计形象	形象包括仪容、仪表和仪态三方面。仪容指身材外貌，仪表指着装打扮，仪态指言谈举止。仪容、仪表和仪态都要符合发布人的职业要求并与发布会的主题和气氛和谐一致。一般宜着正装以示庄重
2. 自我介绍	主持人或发布人介绍发布会的主题和背景。多人组成团队集体发布，主持人需介绍其他发布人的身份。台上的发布人在自己被介绍的时候只需面对记者席颔首致意即可，没有必要站起来给记者鞠躬

续表

操作流程	操作要领
3. 开场发布	开场发布应尽快结束，把时间尽可能多地留给记者提问。开场白的文稿可事先准备好，现场为每位记者准备一份，供记者做新闻素材
4. 点请记者	在主要负责人做完开场发布后，主持人应马上宣布“下面请记者提问”。此时记者席上常常会有很多只手同时举起来，主持人应以明确的语言点请记者提问，要注意公平分配提问机会
5. 记者提问	记者提问前须先举手，获得主持人邀请后站起来提问。提问前应该先通报自己的来路，声明自己是来自哪家媒体的哪位记者，同时声明自己要向台上哪位负责人提问
6. 答记者问	答记者问应该言简意赅，不要兜圈子，也不要“穿衣戴帽”说“官话”，应该先注意根据记者的来路和提问的方式识别记者提问中有无圈套陷阱
7. 守住底线	发言人为上级和记者两个方面服务，不能发表未经上级同意的言论，不能用无可奉告来封记者的口。不能回答自己未掌握准确信息的问题，不能超越自己的权限回答自己职责范围以外的问题
8. 设置议程	媒体设置的议程会显著影响受众对某一问题的看法和重视程度。发言人也可在发布会上设置议程影响记者对某一问题的看法和重视程度。官员在接受采访时也可引导记者将报道的重点放在自己预设的话题上
9. 控制现场	控制场面，控制时间，稳妥地开始和结束发布会。控制每个记者提问的问题数量；控制发布会的总时间。在发布会即将结束前提醒记者还可以问最后一个或两个问题

（三）开发评估材料

演练效果最终要通过教学评估来反映，如何与记者打交道演练的评估主要包括两部分，一是教师对学员在演练中的表现进行评估，通过现场点评完成，二是对是否达成教学目标进行评估，通过学员反思和教师总体分析来完成。这两种评估方式都需要针对性地开发评估材料。

演练实施

具体到演练课程的实施，主要包括演练准备和教学实施两大步骤。

（一）演练准备

演练准备包括培训师准备和学员准备两大部分。

1. 培训师准备

首先，要进行需求分析，分别对组织和个人的培训需求进行分析，在权衡和兼顾组织需求、岗位需求和个人需求的基础上，确定具体班次的目标。比如，是侧重于提高领导干部的一般媒介素养和能力，还是侧重于提高组织在突发事件和危机处置中的传播能力，是侧重于提高新闻发言人答记者问的技巧，还是提高领导干部互联网舆情研判和处置的能力。

其次，进行演练设计。也就是说，就这一次具体的课程而言，打算如何进行演练？用哪几个演练形式？还是都用？用哪些演练情景？演练的组织是提前安排好每一位参训者的角色和任务，还是学员自主发挥？是邀请专业记者进行现场提问？还是由学员扮演记者提问？还是邀请第三方，如高校新闻专业的学生扮演记者进行现场提问？是否需要邀请专家协助现场点评？

目前，国家行政学院的一节课时间是 2.5 小时，根据这个时间容量，每次课通常会安排一次拦截采访，一次电视访谈和一场新闻发布会。演练手册必须提前下发给学员。

最后，要进行硬件准备。因为是模拟演练，所以需要增加身临其境的感觉，因此，要根据每次演练选择的形式，布置好现场，如访谈是在一张桌子后你问我答，还是坐在几把围椅上侃侃而谈。此外，电脑是否可以播放视频？话筒是否准备齐全？所有教学涉及的硬件设施，都要在上课前检查一遍，确保正常运转。

2. 学员准备

学员在拿到演练手册后，需要进行以下几方面的准备。

首先，查找相关资料，熟悉演练情景和内容。学员需要做大量的案头工作，如上网查找相关资料，尽快熟悉与演练情景相关的案例，收集报纸、广播、电视、网络对此事件的报道情况，并加以分析，为信息发布、猜测记者提问和口径准备提供参考。

其次，根据演练要求，做好角色和任务分配。一般来说，突袭式的采访不需要提前把角色具体到人，如在一次校车事故的拦截采访演练中，谁来扮演常务副县长，通常都是在上课后临时抽选；深度访谈和新闻发布会演练，最好为参与演练的学员事先安排好角色，参与演练的学员可以提前准备，将角色任务分配到人，从内容上、心理上都做好准备，提前进入所要模拟的角色。

再次，根据演练要求，做好内容准备。打有准备之仗。一是要预测记者提问。演练前一定要有针对性地进行问题预测，力争对记者的提问范围有所掌握。二是要准备相应口径。精心准备口径，可以把握采访的主动，有计划地把自己的观点传达出去。三是要准备相关文稿。比如新闻发布会的开场白、新闻通稿、结束语等。

最后，学员在上课前还要做好仪容仪表方面的准备，比如，参加拦截采访的学员通常要考虑到事件的突发性，最好着便装，而参加新闻发布会的学员，则要考虑到场合的仪式感，最好着正装和职业装参与演练。

（二）教学实施

媒体沟通模拟演练的教学实施包括导入和正式演练两个环节。在导入阶段，培训师应对演练的流程、方法、要求等做出说明或提醒。在正式演练阶段，按照既定的教学方案按部就班地进行演练。

以2012年第1期全国新闻发言人培训班为例，这个班次的演练课，按照委托方国新办的要求，主要以新闻发布会的方式来进行，当时，国家行政学院每节课的时间是3个小时，因此，培训班安排了四场新闻发布会，演练的流程如下：

● 教师开场（15分钟）

介绍当天模拟新闻发布会的基本要求和任务分工。其中，模拟新闻发布会包括发布和答问两个环节。发布会总时长20—25分钟，其中发布时间不超过5分钟，答问时间15—20分钟，回答问题不少于8个。

每场新闻发布会之后，进行简要评估。

● 模拟新闻发布会（130分钟）

➢ 《国务院关于加强食品安全工作的决定》政策解读新闻发布会

✓ 专家点评

➢ B市政府在京举行招商引资新闻发布会

✓ 专家点评

➢ A省B市校车事故新闻发布会

✓ 专家点评

➢ 华福市“6·28”事件新闻发布会

✓ 专家点评

● 总结点评（20分钟）

针对四场新闻发布会的演练，授课教师进行总结点评。

中国浦东干部管理学院的媒体沟通模拟演练课程也是相对成熟的，在国内较早配设了专门的媒体沟通情景模拟教室，具体的教学实施是将学员分成两组在两间教室同时学习，第一组学员先在情景模拟一室模拟两场新闻发布会，90分钟后换到情景模拟二室模拟三场电视专栏访谈；第二组参训者先在情景模拟二室模拟三场电视专栏访谈，90分钟后换到情景模拟一室模拟两场新闻发布会。

演练评估

（一）现场点评

现场点评是对学员学习行为的评估。与媒体打交道是一项操作性、技能性很强的工作，因此，从专业的角度对学员在演练中的表现进行细致的分析与点评非常重要。点评需要注意几点：一是点评不能信口开河，想说什么说什么，一定要依据教学大纲中的教学要点来进行。二是点评要及时，演练一结束就趁热打铁，马上开始，这样往往能够给学员留下深刻的印象。如果条件具备，可以一边让学员看课程录像回放，一边进行指导性点评，评估效果更好。三是要在教学安排中保证点评的时间，在我们的实际操作中，点评时间的占比很大，与演练时间通常是 1∶1 的比例。

（二）教学评估

理想的教学评估包含一个重要的评估环节，那就是学员反思，应该留出专门的时间让学员进行“热反馈”（Hotwash)，一是对自己的行为表现进行反思，并为今后的行为改进提出具体意见。二是对演练课本身进行总结评估，做好此类评估，通常需要提前围绕教学设计、教学组织、教学内容、教学效果等方面精心设计量化的评价指标，与主观评价一起，形成一个总体评估报告，作为今后改进演练培训的重要依据。

中国浦东干部管理学院的媒体沟通模拟演练课程评价共从七个方面进行（见表 3)。

表 3　中浦院媒体沟通课评估表

评估项目	评分（数字 5 到 1 对应分值依次递减）			分值
	5	4	3	
课程定位准确、问题聚焦				
场地布景的仿真性、教学性强				
教案设计的实战性、时政性强（课件脉络清晰、制作精美）				
参训者积极参与、互动充分				
培训师点评的技术性、艺术性强				
课堂组织周密、引导得当				
有助于锻炼、提升参训者实战能力（利于解决问题、推动工作）				

附录 3：媒介采访实训演练手册（样本）

教学目的

通过设置突发事件最常见的新闻采访情景，使学员掌握突发事件状态下与媒体打交道的基本思路和应对技巧。

教学目标

一、教师讲授的内容主要包括媒体在突发事件状态下关注与采访的重点以及政府官员与媒体打交道时需要掌握的基本理念、原则和方法，目的在于使学员了解媒体，掌握与媒体打交道时必备的基本知识。

二、突袭式采访中，场景的提问设置都为通用问题，与具体个案案情联系不大，主要是训练和媒体打交道时的通用应急反应。使学员学会在自己不了解情况或者不好回答的情况下，不说“错话”的技巧。

三、深度访谈和新闻发布中，场景的提问设置有一定的难度，会针对某一突发事件进行精心设问，并综合运用记者提问的技巧，如设置陷阱等方法来考量学员的综合应对能力，提高学员在危机面前与媒体打交道的能力。

通过循序渐进的培训，使学员克服与媒体打交道的畏难心理，从态度上能够接纳媒体，并能够运用媒体化解危机，树立政府的良好形象。

教学组织

本次教学过程中，一共会有 13 位学员参与演练，其中——

参加北京大雨演练的学员一共两位，分别扮演北京市政府新闻办主任。

参加校车事故演练的学员一共四位，分别扮演出事县常务副县长。

参加乌坎事件演练的学员一共两位，分别扮演汕尾市市委书记和汕尾市常务副市长。

参加 S 市 PX 事件新闻发布会演练的学员一共五位，分别扮演 S 市市长、S市分管经济的副市长、S市环保局局长、S市公安局局长、S市政府新闻发言人。

教师会在上课伊始随机抽选确定参与演练的13位学员，请大家提前熟悉材料。

情景模拟一：电话采访

演练场景：北京大雨

2012年7月21日中午，北京城遭遇新中国成立以来最大的一场暴雨，导致北京全市受灾面积16 000平方公里，成灾面积14 000平方公里，受灾人口190万人，经济损失近百亿元。其中，最大降雨点房山区河北镇达到460毫米。暴雨引发房山地区山洪暴发，拒马河上游洪峰下泄。

大雨爆发初期，网上到处都有某地淹死人的传言，还有传言说某处交警不作为。大雨爆发后，北京市党委政府领导当天都在各自参加一些外事接待活动，十个小时内没有党政一把手的具体指示和表态被公布，由此公众普遍怀疑党政一把手不作为。公众很愤怒，为什么一场大雨就可以让北京瘫痪成这样，公共设施为何如此脆弱不堪。而实际上，北京市政府一直在尽量试图完善这些公共设施，但是因为涉及面太广，并非短期就可以完成。公众还怀疑，政府是否能及时公布大雨抢救进展，是否有足够完善的应急预案，以及最终是否能公布真实的死亡人数。

舆论哗然中，媒体纷纷致电北京市政府新闻办主任询问相关情况。但是，事件突然爆发，新闻办主任自己掌握情况也非常有限，在这种情形下，应该如何既要不说错话，又要给媒体以表态，同时还要尽量消除媒体的各种猜测和误传呢。

问题设置：（略）

教学要点：

1. 锻炼在一个城市突发公共事件中，如何应对事发初期，媒体的狂轰滥炸和猜测纷纷。

2. 在新闻办主任自己掌握情况也非常有限的情况下，如何既要不说错话，又要给媒体以表态，同时还要尽量消除媒体的各种猜测和误传。

3. 如何接受电话采访。

情景模拟二：拦截采访

演练场景：校车事故

2013年12月6日9时15分，C县D镇小天使幼儿园使用的由黄色金杯面包车改装的校车搭载幼儿及教师64人，在D镇东街十字路口与向西行驶的一辆东风牌自卸货车迎面相撞，当场死亡5人，发生事故的道路限速为60公里/小时，而肇事车辆当时的时速为80公里。

小天使幼儿园是私立幼儿园，长期以来，当地的教育经费对私立幼儿园的投入一直不高，幼儿园和村民都无力承担正规校车的费用，只能雇用黑车。发生这样的恶性事故，当地的交警部门和教育部门显然存在执法不严，管理不善的事实，但是具体定性还在调查过程中，有传言说期间有腐败行为。

事故发生后，分管的教育局副局长已经被停职，但是未来到底是否有更多人的要为此承担责任，承担什么责任还未确定。

12月7日下午，C县常务副县长在县政府门前被一位记者拦住，此时，面对孩子死亡这样一个很容易搅动公众情绪的突发恶性事故，同时，事故还在处理中，没有最终定论，这位常务副县长应该怎样恰如其分地回答记者提问，营造自己代表的当地政府形象呢?

问题设置：（略）

教学要点：

1. 面对正在处理中的未有最终定论的事故，而且面对的是孩子死亡这样很容易激发情绪的事故，如何安抚公众情绪?

2. 在已经因为事故造成恶感的前提下，如何做到不因为自己的轻率表态为接下来的调查制造障碍，给自己“下套”。

3. 如何接受拦截采访?

情景模拟三：电视访谈

演练场景：乌坎事件

近年来，乌坎村民委员会在当地居民不知情的情况下陆续转让3 200亩农用土地，卖地款项达七亿多元人民币，而补助款每户只有550元。

乌坎村党支部书记薛昌是全国劳模，乌坎也多次被评为全国先进基层党组织和文明单位，被誉为汕尾第一村。

以乌坎“最后一块土地”上的碧桂园项目破土动工作为导火线，2011年9月21日，两三千乌坎村民到陆丰市（县级市）集体上访，随后发生了打砸警员、警车事件。

之后，乌坎村民推选出13位代表与政府谈判，东海镇政府为了解决上访问题和维持乌坎正常运转，希望村民们成立一个村民代表组织，并发放补贴，于是，乌坎出现了以“村民临时理事会”代表以及村民代表林祖銮组成的自治领导核心。

9月26日，陆丰市工作组进驻乌坎村，答应每7天公布一次工作进展。但直到11月1日，除了罢免村支部书记薛昌和支部副书记陈舜意职务外，工作组没真正开展调查，7天一公布的许诺也未兑现。

拖延了两个月后，“村民临时理事会”组织了11月21日的5 000人大游行。这次游行的目的不只是要回土地，还要求罢免村干部。

游行前，村民发出《请中外记者报道》网文，游行当天，境内外至少五六家媒体进入乌坎报道。这被官方后来认定为改变了事件性质。12月9日，汕尾市政府发布通告称，事件是“村内外别有用心者煽动”“境外势力推波助澜”，并称“乌坎村民临时代表理事会”“乌坎村妇女代表联合会”是非法组织，要求取缔。而村民打出了标语“拥护共产党、拥护党中央”，并在微博中说：我们不是起义，我们不是分裂国家，我们是单纯的土地问题，我爱党，我爱国，我爱家乡。

同一天，理事会副会长薛锦波等5人在村里被带走。

12月10日，村民罢市堵路，要求政府放人，与官方形成尖锐对峙局面。香港《明报》报道，特警11日凌晨发射数十枚催泪弹和用水炮开路要强攻入村，村民则砍倒大树、拉起铁链做路障，并向入村特警投掷砖块，双方都有人受伤，最后特警在逾万村民阻挡下撤出乌坎村。此后，村民和官方展开长达十天的对峙，官方封锁道路，一度传村民断粮断水。

12月11日，薛锦波的妻子和女儿接到政府通知，薛锦波突然死亡。当局否认虐打之说，拒绝交出尸体。

12月18日，汕尾市委书记郑雁雄召开会议，承认前期处理中存在问题，承诺不会派军警强行进村，但由于其讲话中出现了“你以为请武警不用钱吗？”“境外媒体信得过，母猪都会上树”等个性化语言，被香港媒体剪辑播出，引发舆论热议。

12月20日，广东省委副书记朱明国在汕尾召开干部大会，宣布省委、省政府高度重视和关心乌坎村群众的利益诉求，决定成立省工作组，以最大决心、最大诚意、最大努力解决群众的合理诉求，尽快恢复乌坎村正常的生产生活和社会秩序。

当晚，乌坎村民积极回应，开始撤掉路障结束对峙，并取消了原定在21举行的大规模游行。

12月21日早上9点，村民代表林祖銮和朱明国会谈。朱当面答应了林祖銮的三点要求：释放其他被关押者、归还薛锦波尸体并彻查死因、承认“临时理事会”。此后几天的一次全省会议中，朱明国提到乌坎和广东其他地方的群体性事件时公开说：“群众最可爱、群众最可敬、群众最可亲、群众最可怜，但是群众也最有力量。群众已经被激怒起来了，你才知道什么叫力量。”

2012年1月15日，林祖銮被任命为乌坎村党总支书记，3月3日，乌坎村举行第五届村委会重新选举，林祖銮以村民一人一票海选的方式成功当选乌坎村村委会主任。

受访者身份设定：汕尾市市委书记、汕尾市常务副市长

问题设置：（略）

教学要点：

1. 如何澄清谣言？

2. 如何回应质疑?

3. 如何接受电视访谈?

情景模拟四：新闻发布会

✧ 演练说明

模拟新闻发布会包括发布和答问两个环节。发布会总时长 20 分钟，其中发布时间不超过 3 分钟，答问时间 17 分钟，回答问题不少于 4 个。

新闻发布会演练流程如下：

1. 主持人。逐个介绍出席发布会的各位发言人；并将记者所提问题合理分配给各位发言人；掌控发布会时间与程序。

2. 主发言人。进行新闻发布，回答记者提问。

3. 发言人。回答记者提问，补充发布信息。

4. 其他学员。扮演媒体记者，对本组或其他小组的新闻发言人进行提问。

5. 演练结束后，主讲教师进行点评。

演练场景：S 市 PX 事件

S 市 PX 项目，是 2012 年该市引进的一项总投资额 108 亿元人民币的对二甲苯化工项目，号称该市“有史以来最大工业项目”，选址于 S 市 H 区，投产后每年的工业产值可达 800 亿元人民币。该项目于 2012 年 11 月开工，原计划 2014 年投产。

2012 年 5 月末，反对 PX 项目污染的短信开始在 S 市民中间流传，短信称“已在 H 区动工投资（苯）项目，这种剧毒化工品一旦生产，意味着 S 市放了一颗原子弹，S 市人民以后的生活将在白血病、畸形儿中度过。国际组织要求这类项目要在距离城市 100 公里以外开发，S 市距离此项目才 16 公里！为了我们的子孙后代，见短信后群发给 S 市所有朋友!”

2012 年 6 月 1 日上午 8 时许，三三两两的市民自发上街，手系黄丝带，开始集体“散步”，到下午 14 点 30 分，聚集人数达到上万人，由S市市政府召开紧急新闻发布会，通报相关情况，并回答记者和市民代表提问。

发布者身份设定：

1. S市政府新闻发言人（主持人）

2. S市市长

3. S市分管经济的副市长

4. S市环保局负责人

5. S市公安局负责人

问题设置：（略）

教学要点：

1. 如何正确表态?

2. 如何说服公众?

3. 如何召开新闻发布会?

［**教师简介**］（略）

后　　记

这是我从事应急管理工作之后撰写的第二本书，写作的过程以及落笔之后，感慨良多。

第一本叫《危机应对——政府如何发布新闻》，撰写那本书的时候，我刚刚进入政府危机沟通这个领域，虽然已经有多年的工作经验，但依然感觉自己像一张白纸，在这个领域里什么都是新鲜的。于是，我带着强烈的饥渴感去深入调研，广泛阅读，印象最深的一次是在网上买了将近50本相关书籍，经过长时间的阅读与思考，我带着最初的对该专业的思考写下了那些文字。

付梓之后，我进入了长长的枯竭期，不想写文章，更谈不上大部头作品，很长一段时间里，我甚至怀疑自己是否还具有一个学者必备的研究能力，现在回想起来，这真是一段很长的苦恼困扰期。但是，柳暗花明又一村，在几年的公务员教学培训实践过程中，新的认知在悄悄地从量变走向质变，直到某一天，我突然觉得各种想法又多了起来。我开始下笔，果然文思泉涌，《突破危机——政府如何有效沟通》，这样一本新书居然又可以交付出版社了。令我颇为感慨的是，之前在武侠小说中总是看到“内功精进”这样的桥段，而今，在自己的学术道路上，我竟然获得了同样的感受。正因为此，我甚至开始对自己的下一步作品有了期待，假以时日，如果真的可以奉献一套危机沟通专业“三部曲”，该是一件难得的幸事吧。

感谢国家行政学院出版社的各位同仁，胡敏副社长对书稿结构提出的建设性意见使得本书的框架现在看起来更加完整科学，衷心感谢编辑室主任任燕对书稿的充分肯定，责任编辑的认真审读修正了书中的很多细节问题，使得书稿读起来更加文通字顺，感谢发行部主任张阳、信息服务部主任谢伦在本书出版发行过程中所做的努力。

书稿中不到之处，敬请各位读者指正。

王彩平

2016年5月7日